OUTUBRO 2009, ANO 1, VOL. 2, SEMESTRAL

DIREITO DAS SOCIEDADES
em Revista

DOUTRINA

Admissibilidade de remuneração variável de um gerente de sociedade por quotas
Luís Brito Correia

Business judgment rule, deveres de cuidado e de lealdade, ilicitude e culpa e o artigo 64.º do Código das Sociedades Comerciais
Pedro Pais de Vasconcelos

O regimento do órgão de administração
José Engrácia Antunes

Acordos parassociais "omnilaterais"
Manuel Carneiro da Frada

O (Verdadeiro) *Leitmotiv* da Criação pelo Legislador Alemão das "Sociedades com Responsabilidade Limitada" (Gesellschaften mit beschränkter Haftung)
M. Nogueira Serens

O capital social como entrave ao financiamento das sociedades. Os novos conceitos e regime de capital social introduzidos pelo DL 64/2009 são solução?
Paulo de Tarso Domingues

O âmbito de aplicação do artigo 270.º-F, n.º 4, do CSC e a responsabilidade "ilimitada" do sócio único
Maria de Fátima Ribeiro

CRÓNICAS DE DIREITO ESTRANGEIRO

Congresso Alemão dos Juristas de 2008 em Erfurt: Secção de Direito Económico
Klaus J. Hopt

ÍNDICE

3   Abreviaturas

DOUTRINA

9   *Luís Brito Correia*
    Admissibilidade de remuneração variável de um gerente de sociedade por quotas

41 *Pedro Pais de Vasconcelos*
    Business judgment rule, deveres de cuidado e de lealdade, ilicitude e culpa e o artigo 64.º do Código das Sociedades Comerciais

81 *José Engrácia Antunes*
    O regimento do órgão de administração

97 *Manuel Carneiro da Frada*
    Acordos parassociais "omnilaterais"

137 *M. Nogueira Serens*
    O (Verdadeiro) *Leitmotiv* da Criação pelo Legislador Alemão das "Sociedades com Responsabilidade Limitada" (Gesellschaften mit beschränkter Haftung)

175 *Paulo de Tarso Domingues*
    O capital social como entrave ao financiamento das sociedades. Os novos conceitos e regime de capital social introduzidos pelo DL 64/2009 são solução?

201 *Maria de Fátima Ribeiro*
    O âmbito de aplicação do artigo 270.º-F, n.º 4, do CSC e a responsabilidade "ilimitada" do sócio único

CRÓNICAS DE DIREITO ESTRANGEIRO

239 *Klaus J. Hopt*
    Congresso Alemão dos Juristas de 2008 em Erfurt: Secção de Direito Económico

ABREVIATURAS

AAVV/VVAA	Autores Vários / Vários Autores
AAFDL	Associação Académica da Faculdade de Direito de Lisboa
ac. / acs.	acórdão / acórdãos
ACE	Agrupamento(s) Complementar(es) de Empresas
AEIE	Agrupamento(s) Europeu(s) de Interesse Económico
AG	Die Aktiengesellschaft
AktG	Lei alemã sobre as sociedades anónimas e em comandita por acções, de 6 de Setembro de 1965
al.	alínea
AnnDrComm	Annales de Droit Commercial
AnwBl	Anwaltsblatt
BankLJ	Banking Law Journal
BB	Betriebs-Berater
BFD	Boletim da Faculdade de Direito da Universidade de Coimbra
BGHZ	Entscheidungen des Bundesgerichtshofs in Zivilsachen
BMJ	Boletim do Ministério da Justiça
BulJS	Bulletin Joly des Sociétés
CA 2006	Companies Act, de 2006 (Inglaterra)
CadMVM	Cadernos do Mercado dos Valores Mobiliários
CC	Código Civil
CCit	Codigo civil italiano, de 16 de Março de 1942
CCom	Código Comercial
CComf	Novo código de comércio francês (aprovado pela Ordonnance, de 18 de Setembro de 2000)
CEE	Comunidade Económica Europeia
CeImp	Contratto e Impresa
CEJ	Centro de Estudos Judiciários

cfr.	confronte
CIRC	Código do Imposto sobre o Rendimento das Pessoas Colectivas
CIRE	Código da Insolvência e da Recuperação de Empresas
CIRS	Código do Imposto sobre o Rendimento das Pessoas Singulares
CJ	Colectânea de Jurisprudência
CJ-STJ	Colectânea de Jurisprudência Acórdãos do Supremo Tribunal de Justiça
CLR	Columbia Law Review
CPC	Código de Processo Civil
CPen	Código Penal
CPEREF	Código dos Processos Especiais de Recuperação da Empresa e da Falência
CMVM	Comissão do Mercado de Valores Mobiliários
CódMVM	Código do Mercado de Valores Mobiliários
CRCom	Código do Registo Comercial
CRP	Constituição da República Portuguesa
CSC	Código das Sociedades Comerciais
CT/CTrab	Código do Trabalho
CVM	Código dos Valores Mobiliários
DB	Der Betrieb
DFiscB	Droit Fiscalité Belge
DJ	Revista Direito e Justiça
Dec.-Lei/DL	Decreto-Lei
DG	Diário do Governo
DR	Diário da República
DSR	Direito das Sociedades em Revista
ed.	edição
EBOR	European Business Organization Law Review
ECFR	European Company and Financial Law Review
EIRL	Estabelecimento(s) Individual(ais) de Responsabilidade Limitada
EuZW	Europäische Zeischrift für Wirtschafsrecht
ForI	Forum Iustitiae
ForLR	Fordham Law Review
Giur.Comm.	Giurisprudenza Commerciale
GmbH	Gesellschaft mit beschränkter Haftung (Alemanha)
GmbHG	Lei alemã sobre as sociedades de responsabilidade limitada, de 20 de Abril de 1892
GmbHR	GmbH-Rundschau
HarvLR	Harvard Law Review
id.	*idem*

InsO	Insolvenzordnung (lei alemã da insolvência)
JOCE	Jornal Oficial das Comunidades Europeias
JOUE	Jornal Oficial da União Europeia
L.	Lei
LGT	Lei Geral Tributária
LSGPS	Lei das Sociedades Gestoras de Participações Sociais
LSQ	Lei das Sociedades por Quotas
MoMiG	Gesetz zur Modernisierung des GmbH-Rechts und zur Bekämpfung von Missbräuchen (Alemanha)
NZG	Neue Zeitschrift für Gesellschaftsrecht
n. / nn.	nota / notas
n.º	número
OPA	Oferta(s) Pública(s) de Aquisição
OPV	Oferta(s) Pública(s) de Venda
p. / pp.	página / páginas
p. ex.	por exemplo
POC	Plano Oficial de Contabilidade
RCEJ	Revista de Ciências Empresariais e Jurídicas
RDE	Revista de Direito e Economia
RDES	Revista de Direito e de Estudos Sociais
RDM	Revista de Derecho Mercantil
RdS	Revista de Derecho de Sociedades
RDS	Revista de Direito das Sociedades
RC	Tribunal da Relação de Coimbra
RE	Tribunal da Relação de Évora
RevDBB	Revue de Droit Bancaire et de la Bourse
RevE	Revisores e Empresas
RevF	Revista Fisco
RevOD/O Direito	Revista O Direito
RevTOC	Revista dos Técnicos Oficiais de Contas
RG	Tribunal da Relação de Guimarães
RivDCom	Rivista del Diritto Commerciale e del Diritto Generale delle Obbligazioni
RJOIC	Regime Jurídico dos Organismos de Investimento Colectivo
RJUPort	Revista Jurídica da Universidade Portucalense Infante D. Henrique
RL	Tribunal da Relação de Lisboa
RMBCA	Revised Model Business Corporation Act (EUA)
RP	Tribunal da Relação do Porto
reimp.	reimpressão
RFDUL	Revista da Faculdade de Direito da Universidade de Lisboa

RGICSF	Regime Geral das Instituições de Crédito e Sociedades Financeiras
RIW	Recht der Internationalen Wirtschaft
RLJ	Revista de Legislação e Jurisprudência
RNPC	Registo Nacional de Pessoas Colectivas
ROA	Revista da Ordem dos Advogados
ROC	Revisor Oficial de Contas
RS	Rivista delle Società
s. / ss.	seguinte / seguintes
SA	Sociedade(s) Anónima(s)
SARL	Sociedade de Responsabilidade Limitada (França)
SQ	Sociedade(s) por Quotas
SCE	Sociedade(s) Cooperativa(s) Europeia(s)
SE	Sociedade(s) Europeia(s)
SGPS	Sociedade(s) Gestora(s) de Participações Sociais
SPE	Sociedade(s) Privada(s) Europeia(s)
SRL	Sociedade de Responsabilidade Limitada (Itália)
SROC	Sociedade(s) de Revisores Oficiais de Contas
STJ	Supremo Tribunal de Justiça
SZW	Schweizerische Zeitschrift für Wirtschaftsrecht
tb.	também
Themis	Themis – Revista da Faculdade de Direito da Universidade Nova de Lisboa
TRLSA	Lei espanhola sobre as sociedades anónimas (texto refundido aprovado pelo Real Decreto Legislativo 1564/1989, de 22 de Dezembro)
UCP	Universidade Católica Portuguesa
v.	*vide*
VJud	Vida Judiciária
vol. / vols.	volume / volumes
ZGR	Zeitschrift für Unternehmens- und Gesellschaftsrecht
ZHR	Zeitschrift für das gesamte Handelsrecht und Wirtschaftsrecht
ZIP	Zeitschrift für Wirtschaftsrecht

 **DOUTRINA**

Resumo: O n.º 3 do art. 255.º do Código das Sociedades Comerciais (CSC) não proíbe uma remuneração variável em função das *vendas*, mas apenas a participação dos gerentes nos *lucros*, quando não esteja prevista no contrato. Não vejo nenhum motivo, de ordem literal, sistemática, histórica, comparativa ou racional, para interpretar restritivamente o n.º 1 do art. 255.º do CSC. Pelo contrário, todos os elementos de interpretação apontam no sentido da *admissibilidade* de remuneração de um gerente de sociedade por quotas em percentagem sobre o valor das vendas da sociedade – a começar pelo princípio da liberdade contratual.

Abstract: The No. 3 of article 255 of the Portuguese Companies Act 1986 (CSC) does not forbid a remuneration of a director of a private limited company variable in function of the sales, but only a profit-sharing of the directors, where it is not allowed by the articles of association. I see no reason – be it literal, systematic, historical, comparative or rational – to interpret the No. 1 of article 255 of the CSC in a restrictive way. To the contrary, all the elements of interpretation point towards the admissibility of a remuneration of a director of a private limited company in percentage of the value of the sales of the company – starting with the principle of contractual freedom.

LUÍS BRITO CORREIA
Admissibilidade de remuneração variável de um gerente de sociedade por quotas

Foi pedido o meu parecer sobre a admissibilidade, em face do art. 255.º do Código das Sociedades Comerciais (CSC), de remuneração de um gerente de sociedade por quotas, variável em percentagem do valor das vendas[1].

I – Factos

1. São os seguintes, em resumo, os factos relevantes para responder à questão posta.

a) A Sociedade XPTO, L.da (adiante referida como XPTO), constituída em 1958, tinha, em 1960, *dois sócios, com quotas iguais:* Bento Belo e João

---

[1] Este texto foi redigido, em 14.2.2001, como parecer para ser junto a um processo pendente no Tribunal da Relação de Évora. O relato dos factos é, agora, reduzido ao mínimo necessário para a compreensão das considerações jurídicas a fazer. Os nomes das pessoas envolvidas no caso são todos fictícios; os apelidos servem apenas para evidenciar relações de família. As referências a disposições legais foram actualizadas, mediante menção das disposições actualmente em vigor. Só foi possível actualizar algumas referências de doutrina e jurisprudência.

Jacinto, ambos gerentes. Na sequência de sucessões e cessões de quotas, as duas quotas da XPTO, de 75.000 contos cada, passaram a pertencer: uma, a *Carla Belo Ferro* (já depois de 5.7.1999) e outra, em contitularidade, aos irmãos *Graça, José e Luís Jacinto* (desde 1990). Em 1978, o *Luís Jacinto casou com a filha do Bento Belo,* Diana Belo Jacinto (então, também sócia, como a irmã Carla).

b) O *Luís Jacinto*, filho do sócio fundador João Jacinto, começou a prestar *trabalho subordinado* à XPTO, *em 1974,* exercendo, apenas *de facto,* as funções de gerente único da sociedade. Tinha, então, direito a uma remuneração certa mensal, mais, desde 1985, *uma remuneração anual variável em função das vendas da empresa.*

c) O *Luís Jacinto foi formalmente designado gerente* da XPTO, em 1989. Desde então, os *três gerentes* (Bento Belo, Joana Jacinto e Luís Jacinto) receberam uma *remuneração base igual,* sendo atribuída ao *Luís Jacinto,* com o acordo de todos, mais uma *retribuição variável em função das vendas* (em percentagem crescente de ano para ano), pelo facto de ser o único a exercer de facto tais funções, aliás, com sucesso[2].

d) Após a morte do Bento Belo, foi *deliberado* em assembleia geral, de *10.4.1996,* por unanimidade dos sócios: atribuir aos dois sócios gerentes (Benedita Belo e Luís Jacinto) a *retribuição mensal fixa* de 370 contos e atribuir a este, além disso, a *remuneração variável anual de 0,5 % sobre as vendas líquidas* do ano, em 31 de Dezembro. Desde esta deliberação e até 21.6.2000, o *Luís Jacinto recebeu* a título da referida remuneração variável anual: em 1996, 10.000 contos, em 1997, 11.000 contos, e em 1998, 12.406 contos -, montantes sempre calculados e recebidos antes do apuramento dos resultados líquidos do respectivo exercício e independentemente de a XPTO ter recebido os respectivos preços.

e) Entretanto, em 4.11.1997, o Luís Jacinto e a Diana Belo Jacinto *divorciaram-se,* tendo acordado que ele pagaria *alimentos* à Diana de 100 contos mensais, mais 150 contos mensais para os filhos menores, a cargo dela – montantes fixados considerando a remuneração (certa e variável) por ele auferida.

f) Nas *assembleias gerais, de 29.5.1998 e de 28.5.1999,* a sócia Carla Belo Ferro tentou pôr em causa a referida remuneração variável anual, mas as suas propostas foram rejeitadas pela maioria dos sócios (os irmãos Jacinto).

---

[2] Os lucros líquidos depois de impostos da XPTO, foram de: em 1995, 59.609 contos; em 1996, 64.770 contos; em 1997, 118.086 contos; em 1998, 60.554 contos; e em 1999, 174.618 contos.

g) *Em 5.7.1999*, as sócias Benedita Belo, Carla Belo Ferro e Diana Belo Jacinto intentaram uma *acção ordinária* contra a XPTO e Luís Jacinto, em que *pediram a declaração de nulidade da deliberação de 10.4.1996*, na parte em que atribuiu ao Réu Luís Jacinto a dita remuneração variável anual e, em consequência, a condenação deste Réu a todas as consequências legais resultantes da nulidade.

h) Os Réus *contestaram* a acção e apresentaram pedidos reconvencionais, salientando que a deliberação impugnada, de 10.4.1996, correspondeu à formalização de uma prática que vinha a ser seguida, pelo menos, desde 1985, fixando-se uma percentagem (0,5%) que foi por todos considerada justa, atendendo aos bons resultados da empresa e ao esforço dispendido pelo Luís Jacinto. Aliás, todos os vendedores da XPTO sempre receberam e recebem 0,5% sobre as vendas que efectuam.

i) Em 21.6.2000, foi proferida *sentença*, que *declarou nula a deliberação de 10.4.1996*, na parte em que atribuiu ao Réu Luís Jacinto a referida *remuneração variável* anual, e condenou-o a restituir à XPTO todas as quantias recebidas a esse título, desde 10.4.1996.

j) Não se conformando com a sentença, os Réus interpuseram recurso de *apelação*, alegando, designadamente, que, a manter-se a sentença, o Luís Jacinto teria de restituir a totalidade da remuneração variável, retendo apenas a remuneração mensal certa de 370 contos, quando é certo que ele pagou de alimentos à mulher e aos filhos, nesse período, 250 contos por mês – ou seja, ficaria apenas com 120 contos por mês para si, o que é manifestamente injusto. Houve contra-alegações.

II – Natureza da relação entre a sociedade e o gerente

2. Antes de entrar na análise da questão nuclear da consulta, é conveniente esclarecer, ainda que sumariamente, o problema da *natureza da relação entre a sociedade por quotas e o seu gerente*, porque disso depende a determinação de alguns princípios fundamentais e das normas subsidiariamente aplicáveis, bem como a solução de algumas questões discutidas no processo.

3. Em Portugal, esta questão tem sido muito discutida, sobretudo quanto aos administradores de *sociedades anónimas*.

Citando apenas as obras posteriores ao CSC e que aprofundam a análise desta questão, observo que Ilídio Duarte Rodrigues trata simultaneamente dos administradores de sociedades anónimas e dos gerentes das sociedades por quotas, sustentando, em conclusão, que «o contrato de administração constituirá um *contrato de trabalho* sempre que, tendo o administrador direito a retribuição, tenha sido atribuído à sociedade o poder de organizar a execução do seu trabalho, particularmente pela fixação do tempo de trabalho a prestar e do modo de o executar; constituirá um *contrato de prestação de serviço* sempre que não seja remunerado ou, sendo-o, caiba ao próprio administrador organizar a execução do seu trabalho»[3].

4. Tenho defendido que os administradores de sociedades anónimas são partes numa *relação jurídica* com a sociedade que é, em regra, constituída por um *contrato de administração*, embora possa também ser constituída por acto administrativo ou judicial. O contrato de administração é uma figura jurídica autónoma ou «sui generis», que não se reconduz nem ao mandato, nem à prestação de serviços, nem ao trabalho subordinado, apresentando mais afinidades com o mandato. Entendo que não é nunca um contrato de trabalho, nomeadamente porque não há subordinação jurídica (poder de direcção e poder disciplinar) do administrador à sociedade (que ele próprio representa) nem à colectividade dos sócios (que não têm tais poderes)[4].

Embora não tenha aprofundado tanto a análise do problema quanto aos *gerentes* de *sociedades por quotas*, tenho defendido que a solução deve ser a mesma.

No presente caso, em que um dos gerentes tem uma quota de 50% do capital e o outro tem 1/3 da outra quota de 50%, representando, de facto, os outros contitulares da quota (seus irmãos, com profissões muito diversas e, por isso, não envolvidos na gestão corrente), parece-me óbvio que não são superiores hierárquicos de si próprios e, portanto, *como gerentes, não são trabalhadores subordinados* da mesma sociedade.

5. A. MENEZES CORDEIRO carreia argumentos tendentes a demonstrar que «não é viável, no Direito positivo português vigente, laboralizar a situação jurídica dos administradores»[5]. E conclui sustentando que se trata de uma *situação jurídica absoluta* (não de uma relação jurídica), no essencial composta por *posições potestativas* (poderes de representar e de gerir), completada por múltiplas relações (direitos e deveres, legais, estatutários, convencionais ou deliberados). Considera a «situação jurídica de administração» como «uma *realidade autónoma*, de cariz societário, com factos

---

[3] Cf. *A Administração das Sociedades por Quotas e Anónimas – Organização e Estatuto dos Administradores*, Lisboa, Petrony, 1990, p. 261 e ss. e 295.
[4] Cf. *Os Administradores de Sociedades Anónimas*, Coimbra, Almedina, p. 293 e ss. e 740 (n.º 18).
[5] Cf. *Da Responsabilidade Civil dos Administradores das Sociedades Comerciais*, Coimbra, Almedina, 1997,. p. 384 e ss. e 393.

constitutivos múltiplos, privada, patrimonial, complexa, compreensiva e nuclearmente absoluta. O seu conteúdo deriva da lei, dos estatutos e de deliberações sociais, podendo ainda ser conformado por contrato ou por decisões judiciais»[6].

Para rejeitar a natureza contratual da eleição-aceitação, MENEZES CORDEIRO invoca a «mais simples e definitiva das razões: não se lhe aplica o regime dos contratos mas antes, um conjunto preciso de regras de natureza deliberativa e societária»[7].

6. Este argumento não me parece, de todo, convincente nem simples nem definitivo.

Primeiro, porque a extraordinária complexidade do regime da *deliberação* de eleição não é suficiente para esconder que ela não passa de um processo de formação e expressão da vontade da sociedade (pessoa colectiva), enquanto parte da sua relação com o administrador. A deliberação, em si, não é um contrato[8], mas apenas uma das manifestações de vontade do contrato de administração: a outra é a aceitação do administrador.

Segundo, porque esquece a realidade social que precede a eleição-aceitação: um processo de negociação entre os accionistas dominantes (membros de um órgão social), ou seus representantes, e o candidato a administrador, tal qual como o que precede a celebração de qualquer outro contrato.

Terceiro, porque os poderes de gestão e representação, embora incluindo posições potestativas, são poderes funcionais (poderes-deveres), que não podem ser impostos por uma pessoa privada (a sociedade) a outra pessoa privada (o administrador) sem o consentimento desta. Tal consentimento (a aceitação) é elemento essencial do conjunto eleição--aceitação, sem o qual os efeitos jurídicos da constituição da relação (ou situação) de administração não podem desencadear-se. Não vejo como «isto» possa ser outra coisa senão um contrato. Só não será assim, quando a designação seja um acto administrativo (do Estado ou de uma autarquia local) ou judicial, caso em que a aceitação poderá considerar-se uma mera condição de eficácia desse acto de autoridade. Considero, porém, que esta qualificação jus-publicística não pode ser transposta para o direito privado, em que vigora o fundamental princípio da igualdade (jurídica) entre as pessoas (singulares ou colectivas).

---

[6] Cf. *Ob. cit*, p. 396.
[7] Cf. *Ob. cit*, p. 395.
[8] Como suponho ter demonstrado no meu livro *Os Administradores de Sociedades Anónimas*, cit., p. 438 e ss.

Quarto, porque a extraordinária multiplicidade e variabilidade de poderes, direitos e deveres dos administradores não impede nem esconde a fundamental unidade da sua fonte (o contrato) e da sua função, no contexto de uma única relação jurídica.

7. Consequentemente, ao contrato de administração ou de gerência são aplicáveis as disposições legais que directamente o regulam e, subsidiariamente (por analogia), as disposições legais aplicáveis à figura jurídica mais próxima, que é o mandato.

Em todo o caso, quer o regime específico, quer o regime do mandato apresentam importantes lacunas (v. g., relativas a remunerações), para cuja integração podem e devem aplicar-se (igualmente por analogia) as disposições sobre o contrato de trabalho, que não sejam contrários aos princípios gerais do CSC nem aos princípios informadores da sociedade por quotas[9].

III – Cumulabilidade da qualidade de sócio gerente e de trabalhador de sociedade por quotas

8. Questão diversa, mas que também importa dilucidar, minimamente, neste contexto, é a de saber se a situação de gerente de uma sociedade por quotas é cumulável com a de trabalhador subordinado da mesma sociedade.

9. Para as *sociedades anónimas*, «habemus legem»: o art. 398.º do CSC, que *proíbe a cumulação*, mas *garante ao trabalhador «promovido» a administrador os seus direitos adquiridos naquela qualidade*, impedindo o conhecido «pontapé pela escada acima». Com a particularidade de que o Tribunal Constitucional considerou inconstitucional a parte do n.º 2 que considera extintos os contratos de trabalho celebrados há menos de um ano[10], reforçando, assim, a posição dos trabalhadores eleitos para a administração.

Quanto às sociedades por quotas, o problema tem sido muito controvertido, havendo jurisprudência em ambos os sentidos[11].

Entendo que, na falta de disposição directamente aplicável às sociedades por quotas, a questão terá de ser resolvida *caso a caso*.

Em regra, não é de presumir a cumulação, mas admito que possa haver circunstâncias (como a do caso referido no acórdão acima citado) em que tal cumulação seja de reconhecer. Será o caso, por exemplo, de

---

[9] Cf. o meu livro *Os Administradores de Sociedades Anónimas*, cit., p. 805 e ss.
[10] Cf. ac. TC n.º 1018/96, de 9.10.1996, in *DR*, II série, de 13.12.1996.
[11] Cf. ac. STJ de 29.9.1999, in *BMJ*, n.º 489 (1999), p. 232, e os diversos acórdãos aí citados.

um trabalhador (não sócio) que tenha sido designado gerente (tendo ou não adquirido, simultânea ou posteriormente, uma quota minoritária), mas, além de funções meramente formais de gerência, continue a exercer as mesmas funções que desempenhava antes da designação e, quanto a essas funções esteja, de facto, subordinado ao poder de direcção do sócio (gerente ou não) dominante[12].

10. No presente caso, entendo que o Réu Luís Jacinto, ao ser designado gerente, em 1989, passou a ter uma posição de efectivo superior hierárquico máximo da empresa, não estando subordinado a mais ninguém, senão em termos meramente formais. Nestas circunstâncias, considero que a situação de subordinação jurídica essencial à qualificação de uma relação como laboral não podia manter-se: não pode ser subordinado de si próprio.

11. Neste contexto, e na falta de disposição expressa sobre o caso, deve aplicar-se, por evidente analogia, o disposto no art. 398.º, n.º 2, do CSC: *o contrato de trabalho que ligava o Luís Jacinto à XPTO, deve considerar-se suspenso* – mas não extinto.

12. Em todo o caso, deve aplicar-se a *garantia* fundamental dos trabalhadores de *não diminuição da retribuição*, consagrada no art. 21.º, n.º 1, alínea c), do Regime Jurídico do Contrato Individual de Trabalho (LCT – aprovado pelo Dec.-Lei n.º 49.408, de 24.11.1969).

Efectivamente, seria profundamente injusto que um trabalhador, ao ser promovido a gerente, visse uma parte variável, mas segura, da sua retribuição ser diminuída ou retirada.

Na realidade, a remuneração que ele auferia anteriormente foi mantida, após a designação como gerente, quer na parte certa quer na parte variável em função das vendas.

13. Na *acção intentada* em 5.7.1999, pretende a sócia gerente Carla Belo Ferro *diminuir tal remuneração* do Luís Jacinto, *desde 10.4.1996*, alegando que a *sociedade não pode deliberar a atribuição a um gerente de remuneração variável que não seja baseada nos lucros e na previsão expressa do pacto social* (previsão esta que não existe), sendo uma tal deliberação nula, com base no disposto nos art. 33.º, n.º 1, do art. 217.º, n.º 3, 255.º, 399.º, n.º 3, e 429.º, n.º 2, do CSC.

---

[12] Note-se que, na sociedade por quotas, a posição do gerente é profundamente diversa da do administrador de uma sociedade anónima, uma vez que, nesta, os poderes da assembleia geral em matérias de gestão são muito reduzidos (CSC art. 373.º, n.º 2 e 3, 405.º, 406.º e 409.º), enquanto, naquela, tais poderes são muito amplos (CSC art. 246.º, 259.º e 260.º).

14. A *sentença recorrida*, pressupondo que aquela alegação está correcta, e com base na evidência de que a participação nas vendas é calculada antes do apuramento dos lucros pelo balanço, conclui que a deliberação de 10.4.1996 é nula e condena o Luís Jacinto a reembolsar o que recebeu a esse título.

15. Digo já que *não tem razão*, quer porque *interpreta de modo inadmissivelmente restritivo o disposto no art. 255.º do CSC*, quer porque, mesmo que tal interpretação fosse correcta (que não é), ela conduziria, neste caso, a uma *diminuição retroactiva da remuneração*, em *violação flagrante de uma garantia fundamental dos trabalhadores*, que não pode deixar de aplicar-se por analogia ao gerente Luís Jacinto, que beneficiou de tal remuneração ainda antes de ser gerente.

IV – Interpretação do art. 255.º do CSC

16. Efectivamente, a questão principal da consulta e do recurso de apelação traduz-se em interpretar o disposto no art. 255.º do CSC, que dispõe o seguinte:

«1 – Salvo disposição do contrato de sociedade em contrário, o gerente tem direito a uma remuneração, a fixar pelos sócios.

2 – As remunerações dos sócios gerentes podem ser reduzidas pelo tribunal, a requerimento de qualquer sócio, em processo de inquérito judicial, quando forem gravemente desproporcionadas quer ao trabalho prestado quer à situação económica da sociedade.

3 – Salvo cláusula expressa do contrato de sociedade, a remuneração dos gerentes não pode consistir, total ou parcialmente, em participação nos lucros da sociedade».

17. Desta disposição decorrem alguns princípios que não suscitam controvérsia, no caso concreto em análise.

O primeiro é o princípio da *onerosidade* do trabalho dos gerentes: os gerentes de sociedades por quotas têm direito a uma remuneração, embora o contrato de sociedade possa excluí-la.

O segundo é o da *competência* dos sócios para «fixar» a remuneração. É claro que a remuneração é um elemento importante do contrato de gerência e, portanto, não pode deixar de ser objecto de acordo entre a sociedade e o gerente. O que o CSC pretende é esclarecer a questão de saber quem representa a sociedade perante o gerente. Normalmente, quem representa a sociedade é a gerência ou os gerentes, mas é óbvio que um gerente não pode, em regra, representar a sociedade em negócio consigo mesmo (CSC art. 397.º e CCiv art. 261.º). Nem é conveniente que um gerente represente a sociedade em negócios com outro gerente, pois isso incitaria a favorecimentos recíprocos em prejuízo da sociedade. Por esse motivo, o CSC impõe a intervenção dos sócios na «fixação» da remuneração[13].

O terceiro é o princípio da *proporcionalidade* da remuneração ao trabalho prestado e à situação da sociedade, com possibilidade de redução judicial a requerimento de qualquer sócio, quando ela não for respeitada. É evidente que uma remuneração exagerada diminui os lucros distribuíveis aos sócios, pretendendo o legislador evitar que o interesse dos gerentes (que dominam o dia-a-dia da sociedade) se sobreponha injustamente ao interesse dos sócios.

O quarto é o princípio da *proibição da participação nos lucros* da sociedade, salvo permissão expressa do contrato de sociedade. O motivo desta proibição decorre do princípio de que são os sócios que têm direito aos lucros da sociedade (CSC art. 21.º, n.º 1, alínea a)). É claro que não é um princípio absoluto, podendo os próprios sócios renunciar a parte dos seus lucros, quer a favor dos gerentes quer a favor dos trabalhadores (CSC art. 217.º, n.º 3, LCT art. 89.º[14]). Considerando a importância do direito aos lucros para os sócios, o CSC exige, em todo o caso, que a permissão da participação neles dos gerentes (como dos trabalhadores) seja objecto de estipulação no contrato de sociedade (originário ou mediante alteração posterior, aprovada com maioria especial).

18. É evidente que o interesse dos credores também pode ser afectado por excessos de remuneração de gerentes, uma vez que eles diminuem o património social, que constitui a garantia geral daqueles. As disposições

---

[13] Sendo os gerentes também sócios, é claro que se põe o problema do eventual impedimento de voto por conflito de interesses (CSC art. 251.º). É tema que foi objecto de grande controvérsia na doutrina e na jurisprudência, antes do CSC, tendo este resolvido grande parte das dúvidas anteriormente suscitadas. Tenho defendido que o sócio pode votar sobre a sua própria remuneração de gerente, sendo neste sentido a doutrina e jurisprudência dominantes, embora haja vozes discordantes. Cf. Luís Brito Correia, *Direito Comercial*, 1989, vol. II, p. 147 e ss., e, sobretudo, p. 156 e 163; também a doutrina italiana actualmente dominante é favorável à admissibilidade do voto do sócio-gerente na deliberação sobre a sua remuneração; cf. Caselli in G. E. Colombo E G. B. Portale, *Trattato delle società per azioni*, vol. IV – *Amministratori – Direttore generale*, Torino UTET, 1991, p. 52 e s. Obviamente, os sócios minoritários podem impugnar a deliberação tomada quando haja abuso de direito (CSC art. 58.º, n.º 1, alínea b)), assim como podem requerer a redução da remuneração, quando seja excessiva, nos termos do n.º 2 do art. 255.º do CSC.

[14] Quanto à participação no capital, cf., por exemplo, a 2.ª Directiva do Conselho, de 13.12.1976 (n.º 77/91/CEE), relativa à constituição da sociedade anónima, bem como à conservação e às modificações dos seu capital social, art. 41.º.

referidas não visam, porém, a protecção dos interesses dos credores, mas sim a protecção dos sócios, sendo certo que os credores tanto podem ser prejudicados pelos gerentes como pelos sócios.

19. O que suscita problemas no caso concreto é a *questão* de saber se a *remuneração* do gerente tem de ser *certa* ou pode ser *variável* (v.g., em percentagem do valor das vendas).

20. Em comentário ao art. 255.º do CSC, o Prof. Raúl Ventura[15] diz o seguinte (com sublinhados nossos):

«A lei não estabelece qualquer *periodicidade* para a remuneração do gerente; deverá, pois, ela ser estabelecida pela forma de *fixação* do montante. Também *a lei não prescreve a invariabilidade da remuneração, sendo possível estipular que ela acompanhará as variações das remunerações de trabalhadores ou por outra forma indexá-la.*

Só a participação em lucros da sociedade, como remuneração total ou parcial, *é proibida, sem cláusula expressa do contrato de sociedade a autorizá-la.* Compreende-se que a redução dos lucros de exercício resultante da participação nestes que ao gerente for atribuída deva ser aprovada por todos os sócios eventualmente prejudicados.

Ao contrário do disposto para administradores e directores de sociedades anónimas nos arts. 399.º, n.º 2 n.º 2, e 429.º, n.º 2, o art. 255.º, n.º 3, não manda que do contrato de sociedade conste a percentagem global máxima atribuível ao gerente. É natural que os sócios *fixem* tal percentagem, que completa a autorização dada, mas não há analogia que permita aplicar ao caso o disposto para sociedades anónimas; com efeito, o número de gerentes não é obrigatoriamente fixado no contrato de sociedades por quotas, podendo variar no decurso da vida da sociedade, o que justifica flexibilidade para a assembleia ajustar a participação ao número de gerentes.

Já quanto à regra dos art. 399.º, n.º 3 e 429.º, n.º 3, entendo ser extensiva às sociedades por quotas, pois trata-se de preceito interpretativo da norma permissiva da participação nos lucros; tanto nas sociedades anónimas, como nas sociedades por quotas justifica-se que a participação dos membros do órgão administrativo nos lucros da sociedade não incida sobre distribuições de reservas nem sobre qualquer parte do lucro de exercício que não pudesse, por lei, ser distribuída aos accionistas.

O art. 255.º, n.º 3, permite, nas condições referidas, a participação do gerente nos lucros da sociedade; a prática, pelo menos estrangeira (na Alemanha, Umsatztantieme; SUDHOFF, *Rechte und Pflichten*, p. 18; HACHENBURG/

---

[15] Cf. *Sociedades por quotas – Comentário ao Código das Sociedades Comerciais*, Coimbra, Almedina, 1991, vol. III, p. 72 e s.

Mertens, § 35, Anm. 127; Scholz/Emmerich, § 35, Anm. 185), mostra casos em que a remuneração do gerente é calculada por *percentagem não nos lucros, mas sim noutros elementos económicos da empresa, tais como o volume de negócios*. Não é clara a ilicitude de tais formas de cálculo da remuneração apenas pela letra do art. 255.°, n.° 3, mas o sistema legal clarifica-se pelo disposto no art. 429.°, n.° 2: «*A remuneração pode ser certa ou consistir parcialmente numa percentagem dos lucros de exercício*», não deixando margem para outras modalidades de remuneração percentual».

A – *Elementos literal e sistemático*

21. Neste texto do Prof. Raúl Ventura, é de salientar, primeiro, a afirmação clara de que «*a lei não prescreve a invariabilidade da remuneração, sendo possível estipular que ela acompanhará as variações das remunerações de trabalhadores ou por outra forma indexá-la*».

Este o princípio razoável e lógico: não se compreende que o gerente, que é a figura do topo da hierarquia da empresa, seja pior remunerado que os seus subordinados ou que a sua remuneração sofra limitações que não se aplicam aos seus subordinados. E, como é sabido, estes podem receber remunerações certas, variáveis ou mistas, em dinheiro ou em espécie, calculadas de múltiplos modos (LCT – aprovada pelo Dec.-Lei n.° 49.408, de 24.11.1969 – art. 83.° e ss.[16]).

22. Deve notar-se, em segundo lugar, que *a invocação* do Prof. Raúl Ventura (na parte final do texto acima citado) *do art. 429.°, n.° 2, do CSC se baseia numa versão do CSC que não é a vigente*. Como é fácil verificar, Raúl Ventura comenta um texto do n.° 2 do art. 429.° que se refere a «remuneração *certa*», quando a versão vigente se refere a «remuneração *fixa*»[17].

A diferença é muito importante porque a expressão remuneração *certa* tem um significado preciso, definido no art. 84.° do Regime Jurídico do Contrato de Trabalho (LCT)[18], o que não acontece com a expressão remuneração *fixa*.

Efectivamente, a LCT contrapõe, entre outros, os conceitos de *retribuição* e de *participação nos lucros* (art. 82.° e 89.°[19]), esclarecendo (por

---

[16] Correspondentes ao art. 261.° e ss. do Código do Trabalho (CTrab) de 2009 (aprovado pela Lei n.° 7/2009, de 12.2).
[17] O actual n.° 2 do art. 429.° dispõe que «À remuneração fixa pode acrescer uma percentagem dos lucros do exercício, se o contrato de sociedade o autorizar; neste caso, o contrato estabelecerá a percentagem máxima».
[18] Correspondente ao art. 261.° do CTrab de 2009.
[19] Correspondentes aos art. 258.° e 260.°, n.° 1, alínea d), do CTrab de 2009.

vezes, pouco claramente) em que circunstâncias é que certas componentes da remuneração do trabalhador (ajudas de custo, gratificações, etc.) se incluem ou não no conceito de retribuição (art. 86.º a 88.º[20]) – o que é relevante para diversos efeitos laborais, fiscais e de segurança social.

No art. 83.º, diz que «A retribuição pode ser certa, variável ou mista, isto é, constituída por uma parte certa e uma parte variável»[21].

E, no art. 84.º, n.º 1, acrescenta que «É certa a retribuição calculada em função do tempo de trabalho»[22].

É verdade que este mesmo artigo usa a expressão «parcela fixa» (por oposição a parcela variável), sendo aquela sinónima de parcela certa.

O art. 90.º da LCT[23], atribui, todavia, ao «julgador» competência para «*fixar* a retribuição quando as partes o não fizerem e ela não resulte das normas aplicáveis ao contrato». Ora, sempre se tem entendido que esta «*fixação* judicial da retribuição» tanto pode abranger a parte certa como a parte variável[24]. Aliás, o art. 84.º, n.º 3, da LCT[25] confia no «prudente arbítrio do julgador» para o «cálculo da retribuição variável», quando faltem disposições de convenções colectivas ou de portarias de regulamentação do trabalho. Nem faria sentido o trabalhador não poder pedir ao tribunal a determinação da remuneração variável a que tenha direito.

Se o CSC utilizasse a expressão «remuneração certa» – como constava do Projecto de Código das Sociedades do Prof. Raúl Ventura, de 1983 (art. 405.º, n.º 2) – a interpretação do art. 429.º, n.º 2, dificilmente poderia deixar de levar a admitir apenas uma remuneração «certa» (no sentido do referido art. 84.º, n.º 1, da LCT[26]) ou e, quando prevista no contrato de sociedade, uma participação nos lucros.

23. A versão vigente do art. 429.º, n.º 2, do CSC adoptou, porém, a expressão «*remuneração fixa*». O que significa isto?

Literalmente, fixar é sinónimo de determinar, assentar, acertar (conferir certeza), estabelecer.

---

[20] Correspondentes, com diferenças de redacção importantes, ao art. 260.º do CTrab de 2009.
[21] Correspondente ao art. 261.º, n.º 1, do CTrab de 2009.
[22] Correspondente ao art. 261.º, n.º 2, do CTrab de 2009.
[23] Correspondente, com diferenças de redacção, ao art. 272.º do CTrab de 2009.
[24] Neste sentido, cf. os múltiplos arestos citados por ABÍLIO NETO, *Contrato de Trabalho – Notas Práticas*, 15.ª edição, 1998, p. 289 e ss., em anotação aos art. 83.º a 88.º da LCT, em que o tribunal «fixa» o quantitativo das diversas componentes da remuneração (certas ou variáveis). Cf. também, MONTEIRO FERNANDES, *Direito do Trabalho*, 11.ª edição, 1999, p. 457 e s.
[25] Correspondente ao art. 261.º, n.º 4, do CTrab de 2009.
[26] Correspondente ao art. 261.º, n.º 2, do CTrab de 2009.

O CSC utiliza a expressão fixar (ou derivados) em numerosos preceitos, em relação a datas, prazos, montantes de capital, quotas, despesas, remunerações, cauções, encargos, etc., tendo em vista dados certos ou determinados, pelo que não resulta seguro o significado dela.

De qualquer modo, a substituição da palavra «certa» por «fixa», parece indicar que se pretendeu adoptar uma expressão de significado *mais amplo*.

Assim, *a remuneração «fixa» tanto poderá ser certa, como variável ou mista* – no sentido da LCT.

Deste modo, a dúvida que o Prof. Raúl Ventura formulou quanto ao art. 255.º, n.º 3, subsiste em face do art. 429.º, n.º 2, na sua versão vigente.

24. Por outro lado, a maior flexibilidade que Raúl Ventura (principal autor do CSC) reconhece ao regime das sociedades por quotas (no texto acima transcrito) suscita as maiores dúvidas quanto à aplicabilidade a este tipo do art. 429.º, n.º 2, do CSC – claramente diferente do art. 255.º, n.º 3.

Este preceito não fala em remuneração fixa, mas apenas numa «remuneração, *a fixar* pelos sócios».

Esta expressão aponta para entender esta «fixação» como sinónima de *determinação*. O paralelismo com o art. 90.º da LCT ([27]) é, aqui, flagrante.

25. De qualquer modo, o elemento literal é tudo menos inequívoco – ao contrário do que sustenta a Autora nas contra-alegações do recurso.

B – *Elemento histórico*

26. Mais importantes, porém, do que os elementos literais e sistemáticos de interpretação são os *elementos históricos* e comparativos e, sobretudo, os elementos racionais.

27. A *Lei das Sociedades por Quotas, de 11.4.1901*, não continha nenhuma disposição sobre o assunto, mas dizia que os «direitos e obrigações dos gerentes regulam-se, na parte aplicável, pelas disposições da lei comercial quanto aos directores das sociedades anónimas» (art. 31.º).

A este respeito, dispunha o art. 177.º do Código Comercial de 1888[28] que «As funções dos membros da direcção e do conselho fiscal são remuneradas, salvo disposição dos estatutos em contrário.

---

[27] Correspondente ao art. 272.º do CTrab de 2009.
[28] A Lei das Sociedades Anónimas de 22.6.1867 limitava-se a dizer, no art. 13.º, que «As sociedades anonymas são administradas por mandatarios temporarios, revogaveis, retribuidos ou gratuitos, escolhidos d'entre os associados (...)». Em comentário a este preceito, J. TAVARES DE MEDEIROS (*Commentario da Lei das Sociedades Anonymas de 22 de Junho de*

§ único. Se a remuneração não se achar fixada nos termos deste artigo, sê-lo-á pela assembleia geral».

A este respeito, o VISCONDE DE CARNAXIDE[29] entende que «o mandato dos administradores de sociedades anónimas, quando não é gratuito (...), tem uma de 3 formas de remuneração, a saber: a) – um ordenado fixo para cada administrador, seja feliz ou não o resultado da gerencia annual; b) – uma percentagem sobre os lucros liquidos verificados pelo balanço, com que se encerram as contas do anno; c) – uma parte como ordenado, certa e fixa, e outra como percentagem dos lucros, incerta e variavel, conforme o saldo do exercicio permitir (...).

E esta ultima, a forma mixta (...), é a mais geralmente adoptada para se combinar a justa obrigação de pagar, embora pouco, a quem trabalha sem culpa na pouca fortuna do exito, e o real interesse de estimular os gerentes à obtenção da melhoria possível dos lucros por com uma percentagem deles ser augmentada a sua remuneração.

Ordenado e percentagem são assim duas parcellas da somma, em que tem de vir a importar a remuneração a distribuir *pro rata temporis* entre os que serviram o cargo (...).

O que os estatutos permittem, é que a Direcção distribua desegualmente a percentagem total entre os que a ella adquiriram direito, por poder ser de justiça remunerar melhor algumas vezes o valor de serviços especiaes de determinado administrador» (sic).

Em comentário ao art. 177.º, ADRIANO ANTHERO[30] diz que «Essa remuneração é fixa, ou constituida por uma certa parte nos lucros, o que interessa os administradores no bom andamento dos negocios sociais».

CUNHA GONÇALVES[31], por seu lado, observa que «Os estatutos estabelecem sempre a remuneração dos directores (...). Essa remuneração pode consistir somente em vencimentos mensaes, ou só numa percentagem dos lucros líquidos, ou em vencimentos mensais acrescidos de uma percentagem, quando os lucros ultrapassem uma certa soma, ou os dividendos cheguem a uma certa taxa, – sendo este terceiro sistema o mais usual.

1867, Lisboa, Livraria Ferreira, p. 112) apenas refere que à retribuição dos administradores se aplica o regime do mandato.

[29] Cf. *Sociedades Anonymas – Estudo theorico e pratico de direito interno e comparado*, Coimbra, F. França Amado, 1913, p. 400 e ss.

[30] Cf. *Comentário ao Código Comercial Portuguez*, Lisboa, 1.ª edição, 1913, vol. I, p. 342, e 2.ª edição, 1928, vol. I, p. 398.

[31] Cf. *Comentário ao Código Comercial Português*, Lisboa, Empresa Editora J.B, 1914, vol. I, p. 422 e s.

A remuneração deve ser votada pela assembleia ainda que não haja lucros, ou haja um passivo, salva disposição dos estatutos em contrário (...).

Se a remuneração é fixada colectivamente ao Conselho de administração, cada administrador tem direito a uma parte igual, embora hajam sido diversas as funções por cada um exercidas. Mas se um director estiver em serviço permanente, ao passo que os outros só funcionam em sessões periódicas, terá aquele direito a uma parte maior, que será fixada pelos tribunais em caso de desacordo.

Enfim, se algum dos administradores tiver funcionado somente durante parte do ano social ou do exercício, sendo substituído pelo restante tempo, será a remuneração dividida por aquele e pelo suplente *pro rata temporis*, doutrina que é aplicável também ao sistema da percentagem anual dos lucros líquidos. Tem-se pretendido atribuir esta percentagem a quem está exercendo o cargo *no momento* em que ela é votada pela assembleia. Mas nada há mais absurdo e injusto! Dar-se-ia assim a remuneração a quem não teve trabalho, mórmente quando a substituição se verificasse após o exercício a que a percentagem diz respeito».

Relativamente às sociedades por quotas, SANTOS LOURENÇO[32] observa que «A remuneração dos gerentes, quando o contrato a não determina, deve ser regulada por acordo entre ele e a sociedade, e na falta deste pelos usos da praça em que for executado o mandato (Cod. Com., art. 252.º[33].

(...) A determinação no pacto social da remuneração dos gerentes costuma em geral fazer-se, ou pela absoluta gratuitidade dos serviços, ou por um ordenado periódico e fixo[34], ou por uma percentagem nos lucros líquidos ou brutos da sociedade, e ainda pela entrega à assembleia geral da resolução do assunto».

GAMA PRAZERES[35], por seu lado, entende que «No pacto social ou na assembleia geral pode fixar-se uma remuneração para os sócios-gerentes. Estas remunerações podem ser alteradas no meio de nova deliberação

---

[32] Cf. *Das Sociedades por Quotas – Comentário à Lei de 11 de Abril de 1901*, Lisboa, Ottosgrafica, 1926, p. 33 e s.

[33] Este art. 252.º não trata deste assunto, parecendo tratar-se de um lapso. Pela expressão utilizada, SANTOS LOURENÇO parece querer referir-se ao art. 232.º, § 1.º, que dispõe o seguinte: «A remuneração será regulada por acordo das partes, e não o havendo, pelos usos da praça onde for executado o mandato». Esquece, todavia, o disposto no art. 177.º do CCom, acima transcrito.

[34] Note-se que esta expressão é utilizada aqui no sentido de determinado, tanto podendo ser certo como variável.

[35] Cf. *Das Sociedades por Quotas e Anónimas*, Porto, Liv. Athena, 1971, p. 74.

tomada em outra assembleia. É, porém, ilegal a deliberação que afecte remunerações já vencidas, embora ainda não pagas.

Se, porém, na assembleia se estabelecerem remunerações «chorudas» que absorvam os lucros ou que os absorvam na sua quasi totalidade, com manifesto prejuízo para a sociedade e nomeadamente para um dos sócios, pode tal deliberação ser anulada com fundamento no abuso do direito (...)».

Em anotação ao art. 177.º do Código Comercial, PINTO FURTADO[36], por seu turno, afirma que «A nossa lei deixa uma ampla margem à autonomia privada nesta matéria, parecendo lícito que se estabeleçam remunerações fixas ou variáveis, e podendo estas consistir em senhas de presença ou numa participação dos lucros segundo os resultados do balanço. Nada impedirá – é corrente – que, a remunerações fixas, acresçam participações variáveis em certos termos».

Deste modo, não se pode dizer que os contributos da doutrina portuguesa relativos à questão posta sejam muito esclarecedores[37].

Em confronto com a gama de modalidades de remuneração admitidas para os trabalhadores subordinados[38], *as considerações da doutrina societária apresentam-se como extremamente rudimentares e primitivas.*

Esquecem até o que é *prática corrente*. Na verdade, embora haja alguma preocupação de confidencialidade a este respeito, para evitar reivindicações dos trabalhadores, investidas do Fisco e outros ataques (justificados ou não) ou invejas, muita gente sabe que muitos administradores recebem uma vasta gama de remunerações variáveis, que incluem não só a renda de casa, como os consumos de água, electricidade e telefone, o uso privado de automóveis da empresa (com todas as despesas de combustível, seguro, portagens, etc., pagas), cartões de crédito (por vezes sem limite máximo),

---

[36] Cf. *Código Comercial Anotado*, Coimbra, Almedina, 1979, vol. II, p. 436 e s.
[37] Pouco adiantam sobre o tema outros autores: cf. J.G. PINTO COELHO, *Lições de Direito Comercial – Obrigações Mercantis em Geral – Obrigações Mercantis em Especial*, Lisboa, 2.ª edição, 1966, fasc. II, p. 33; FERNANDO OLAVO, *Direito Comercial* (apontamentos das lições, coligidos por Alberto Xavier e Martim de Albuquerque), Lisboa, 1963, p. 84 e ss.; FERRER CORREIA, *Lições de Direito Comercial – Vol. II – Sociedades Comerciais*, Coimbra, 1968, p. 323 e ss. A jurisprudência anterior ao CSC, decidiu que «a fixação da remuneração aos sócios gerentes das sociedades por quotas, que não tenha sido feita no pacto social, não é da competência dos tribunais judiciais, mas da exclusiva competência da assembleia geral» (Ac. STJ de 15.6.1948, in *BMJ*, n.º 7, p. 292; em sentido semelhante, cf. Ac. STJ de 15.6.1948, in *BMJ*, n.º 7, p. 294). No sentido da admissibilidade de uma remuneração variável de um gerente de SpQ de 3% sobre todos os recebimentos de caixa, cf. Ac. RP, de 5.5.1998, in: JTRP00023651/ITIJ/Net.
[38] Cf., por exemplo, LUÍS BRITO CORREIA, *Direito do Trabalho*, Lisboa, Univ. Cat. Port, 1980-81, vol. I, p. 251 e ss.

várias modalidades de gratificações, despesas de representação elevadas (mesmo sem comprovativos de as ter efectuado), ajudas de custo para viagens turísticas (com pequenas ocupações funcionais, para «disfarçar»), etc.
– para não falar já dos que, abusivamente, guardam para si o montante das chamadas «despesas confidenciais». Inversamente, há muitas empresas que só pagam senhas de presença nas reuniões do conselho de gerência (ou de administração), v. g., quando se trata de numerosas filiais do mesmo grupo e o gerente recebe da sociedade mãe ou de outra filial uma remuneração satisfatória.

Em todo o caso, *a tendência dominante e, sobretudo, a posição mais recente* (de Pinto Furtado), *apontam no sentido de ampla liberdade de estipulação, isto é, de considerar como remuneração «fixa» todas as modalidades de remuneração (certa, variável ou mista) que não consistam em participação nos lucros.*

Compreende-se que assim seja, na medida em que eventuais abusos ou excessos podem sempre evitar-se mediante a *redução judicial* (hoje, prevista no n.º 2 do art. 255.º do CSC e, antes, admitida na base do abuso do direito).

28. O texto do actual art. 255.º do CSC é transcrição quase «ipsis verbis» do art. 70.º do *Anteprojecto* do Prof. Raúl Ventura[39], donde passou para o art. 92.º do Anteprojecto de Ferrer Correia – Vasco Lobo Xavier – Maria Ângela Coelho – António A. Caeiro, de 1977, e para o art. 259.º do Projecto de Raúl Ventura de 1983.

C – *Elemento comparativo*

29. Passando a analisar os contributos do *direito comparado* para o esclarecimento das questões postas, parece interessante atentar, sobretudo, nas experiências da Alemanha, da França e da Itália, tanto mais que os juristas portugueses (incluindo os legisladores) frequentemente buscam soluções nos direitos desses países.

30. É particularmente importante atender à experiência da *Alemanha*, porque a lei portuguesa tem sido decalcada na lei alemã: a Lei portuguesa de 11.4.1901 baseou-se na Lei alemã de 20.4.1892 (alterada pela Lei de 20.5.1898), e o CSC adopta a generalidade das soluções da Lei de 11.4.1901, com algumas alterações baseadas na Lei alemã de 4.7.1980.

---

[39] Inédito, citado por Ferrer Correia – Vasco Lobo Xavier – Maria Ângela Coelho – António A. Caeiro, *Sociedade por Quotas de Responsabilidade Limitada – Anteprojecto de Lei – 2.ª Redacção*, (Separata da *Rev. Dir. Econ.*, ano 3 (1977), n.os 1 e 2, e ano 5 (1979), n.º 1), p. 4 (n.º 2 da Nota prévia).

Por outro lado, a Alemanha é o país em que, proporcionalmente, há mais sociedades por quotas[40], compreendendo-se, por isso, que seja aí que a doutrina mais tem aprofundado o estudo do seu regime jurídico.

31. No direito alemão, a doutrina chama a atenção para a *variedade de situações* em que pode encontrar-se um gerente: sócio-gerente ou gerente não sócio; mero executante de instruções do(s) sócio(s) maioritário(s) ou personalidade dominante (v. g., quando sócio maioritário) ou único decisor (quando sócio-gerente único de uma sociedade unipessoal)[41].

32. Quanto à *natureza da relação* entre a sociedade e o gerente, e tal como nas sociedades anónimas, a doutrina dominante defende a chamada *teoria dualista*, que distingue a nomeação («Bestellung») e o contrato de emprego («Anstellungsvertrag»), considerando a primeira um negócio unilateral condicionado e o segundo um contrato de prestação de serviço ou de mandato (não um contrato de trabalho subordinado)[42].

33. Entende-se que os gerentes têm *direito à remuneração estipulada*, admitindo-se que o exercício de funções possa ser *gratuito*, sobretudo quando se trate de gerentes não sócios.

Quanto ao *montante* e às *modalidades* da remuneração, a Lei das Sociedades por Quotas (GmbHG) não contém nenhuma disposição explícita, entendendo a doutrina que há completa *liberdade contratual* (salvo eventuais disposições legais imperativas).

Além de uma remuneração mensal ou anual *certa*, podem ser atribuídos ao gerente remunerações *variáveis* segundo diversos critérios, em dinheiro ou em espécie: participação nos lucros, percentagens sobre vendas («Tantiemen»), prémios, gratificações, ajudas de custo, despesas de representação, provisões, abonos para seguros, uso privado de automóveis da sociedade, cartões de crédito para uso privado, empréstimos sem juros,

---

[40] Em 1990, havia, na Alemanha, 2.508 sociedades anónimas (0,6%) e 401.887 sociedades por quotas (99,4%). No mesmo ano, em Portugal, havia 5654 sociedades anónimas (3%) e 185.233 sociedades por quotas (97%). Em contrapartida, é muito menor a percentagem de sociedades por quotas, em Espanha (19%) e em França (78%) e na Itália (81%). Cf. L. BRITO CORREIA, *Os Administradores de Sociedades Anónimas*, p. 67. Segundo informação do RNPC, havia em Portugal, em 31.1.1995, 10.040 sociedades anónimas e 262.261 sociedades por quotas; e em 30.6.2009, 35.578 sociedades anónimas e 572.370 sociedades por quotas, mais 100.607 sociedades por quotas unipessoais.

[41] Cf. UWE SCHNEIDER IN SCHOLZ/EMMERICH, *GmbHG*, 8. Aufl. 1993, § 35, Anm. 149.

[42] Cf. URSULA STEIN in HACHENBURG, *GmbHG-Kommentar*, Berlim, W. De Gruyter, 8. Aufl., 1997, § 35, Anm. 170; UWE SCHNEIDER in SCHOLZ/EMMERICH, *GmbHG*, 8. Aufl., 1993, § 35, Anm. 150, 151 e 159; para maiores desenvolvimentos, cf. o meu livro *Os Administradores de Sociedades Anónimas*, p. 357 e ss.

subsídios de doença, contribuições para segurança social, subsídios complementares dos da segurança social e outras prestações análogas[43].

Não há *limites* legais ao montante da remuneração, embora se considere aplicável um princípio de *razoabilidade*, atendendo, nomeadamente, à dimensão e situação da sociedade, à idade, aptidões, formação, experiência e importância do serviço prestado pelo gerente[44].

Caso o *montante* da remuneração seja *excessivamente elevado*, a ponto de se tornar uma forma de distribuição ilegal de lucros ou de bens não distribuíveis, em prejuízo dos credores e dos (demais) sócios, o gerente é obrigado a restituir o excesso, podendo ser responsabilizado civil e mesmo criminalmente por isso, v. g. por infidelidade[45].

34. Em *França*, a doutrina dominante considera os gerentes de sociedades por quotas como mandatários[46], órgãos[47] ou representantes da sociedade[48] – em qualquer caso, não trabalhadores subordinados.

35. A Lei francesa das sociedades comerciais, n.º 66-537, de 24.7.1966, não diz, no art. 49.º, se os gerentes das sociedades por quotas podem ser remunerados ou não, diversamente do que dizia a Lei de 1925, no art. 24.º. A doutrina admite, todavia, as duas alternativas.

Não havendo nenhuma regulamentação legal sobre a remuneração dos gerentes, entende-se que os sócios têm *liberdade total* para a fixar, quer nos estatutos quer em deliberação posterior. Geralmente, a remuneração compreende uma parte fixa e uma parte *variável em função dos lucros ou das vendas*.

Caso o gerente seja sócio, a fixação da remuneração está sujeita ao procedimento de *controlo* pela assembleia geral dos contratos entre a sociedade e os gerentes, previsto no art. 50.º[49].

---

[43] Cf. U. Stein in Hachenburg, *GmbHG-Kommentar*, § 35, Anm. 192; U. Schneider in Scholz/Emmerich, *GmbHG*, § 35, Anm. 180; Rowedder-Koppensteiner, *GmbHG*, München, F. Vahlen, 1990, § 35, Anm. 72 a 90.
[44] Cf. U. Stein in Hachenburg, *GmbHG-Kommentar*, § 35, Anm. 194; U. Schneider in Scholz/Emmerich, *GmbHG*, § 35, Anm. 181.
[45] Cf. H. P. Westermann e U. Schneider in Scholz/Emmerich, *GmbHG*, § 30, Anm. 7 ff., e § 35, Anm. 181, respectivamente.
[46] Cf. Hémard – Terré – Mabilat, *Sociétés commerciales*, Paris, Dalloz, 1972, p. 454;
[47] Cf. Ripert – Roblot, *Traité de droit commercial*, Paris, L.G.D.J., 15.º edição, 1993, p. 750; Philippe Merle, *Droit commercial – Sociétés commerciales*, Paris, Dalloz, 4.ª edição, 1994, p. 179 e s.
[48] Cf. Yves Guyon, *Droit des affaires*, Paris, Economica, 5.ª edição, 1988, vol. I, p. 468.
[49] Cf. Hémard – Terré – Mabilat, *ob. cit.*, p. 462 e s.; Philippe Merle, *ob. cit.*, p. 180; em sentido contrário, cf., porém, Ripert – Roblot, *ob. cit.*, p. 752. Caso a remuneração seja insuficiente e os sócios recusem aumentá-la, a doutrina entende que o tribunal não pode fazê-lo, imiscuindo-se nos assuntos da sociedade. Neste sentido, cf. Yves Guyon, *ob. cit.*, p.

36. Na *Itália*, o art. 2487.º do Código Civil de 1942 manda aplicar aos gerentes das sociedades por quotas diversas disposições relativas aos administradores de sociedades anónimas, entre as quais se inclui o art. 2389.º, sobre remunerações dos administradores[50]. Por isso, importa atender ao que, a este respeito, é dito pela doutrina relativa aos administradores de sociedades anónimas.

37. Quanto à *natureza da relação de administração*, a doutrina italiana está muito dividida, encontrando-se defensores de todas as teorias conhecidas[51].

38. Quanto à *remuneração* dos administradores, a doutrina dominante considera, actualmente, que o direito a ela é um elemento natural (mas não essencial) do contrato de administração (mesmo quanto a administradores não executivos), admitindo, portanto, que seja expressamente excluído pelo acto constitutivo ou objecto de renúncia pelo administra-

---

470. Num caso de bloqueio resultante de discordância entre dois grupos de sócios, cada um com 50% do capital, o Tribunal de Versalhes reconheceu aos tribunais o direito de fixar a remuneração dos gerentes, atendendo ao trabalho efectuado e às responsabilidades assumidas. Cf. Ripert – Roblot, *ob. cit.*, p. 752.

[50] Este preceito estabelece que «As remunerações e as participações nos lucros (2431) respeitantes aos membros do conselho de administração e da comissão executiva são estabelecidos no acto constitutivo ou pela assembleia (2630², n.º 1).
A remuneração dos administradores investidos de particulares cargos em conformidade com o acto constitutivo é estabelecida pelo conselho de administração ouvido o parecer do conselho fiscal (2630; Trans. 209)».
O art. 2431.º do C. Civ. it., citado no 1.º §, dispõe o seguinte: «As participações nos lucros eventualmente respeitantes aos promotores (2337), aos sócios fundadores (2341) e aos administradores são calculadas sobre os lucros líquidos resultantes do balanço, após dedução das quotas da reserva legal». Sobre este preceito, considerado inderrogável em detrimento dos credores, mas de resto derrogável, cf. Minervini, *Gli amministratori di società per azioni*, Milano, Giuffrè, 1956, p. 378; e Gherardo Santini, *Società a responsabilità limitata*, Bologna, Zanicchelli, 1968, p. 164 e ss.

[51] A doutrina largamente dominante rejeita, porém, que os administradores sejam trabalhadores subordinados. Para maiores desenvolvimentos, cf. L. Brito Correia, *Os Administradores de Sociedades Anónimas*, p. 325 e ss. Quanto a desenvolvimentos recentes, nomeadamente a ideia de *parasubordinação*, adoptada pelo Tribunal da Cassação em Pleno, no acórdão de 14.12.1994, que conduz à atribuição ao tribunal do trabalho de competência para julgar sobre o assunto, e as críticas que lhe têm sido dirigidas, cf. Paolo Cecchi, *Gli amministratori di società di capitali*, Milão, Giuffrè, 1999, p. 14 e ss., que defende a qualificação da relação como de serviço de natureza contratual. Cf. também G. Caselli in G. E. Colombo e G. B. Portale, *Trattato delle società per azioni*, vol. IV - *Amministratori – Direttore generale*, Torino Utet, 1991, p. 66 e s.; Silvio D'Andrea, *Manuale delle società – Disciplina delle società di persone e di capitale*, Milão, Pirola, 1996, p. 332.

dor[52] e, bem assim, que a remuneração seja garantida por terceiro interessado na actividade do administrador[53].

A remuneração pode ser estabelecida pelo acto constitutivo, por deliberação dos sócios ou por decisão judicial[54].

Em face do disposto no citado art. 2389.º, a doutrina distingue entre a *remuneração fixa* («compenso fisso»[55]) e *participação nos lucros* («partecipazione agli utili»)[56].

A remuneração fixa, que constitui um custo da empresa (a deduzir dos proveitos, conduzindo sempre a diminuir os lucros), pode ser definida de vários modos, eventualmente em função da participação nas reuniões do conselho, como senhas de presença, ou qualificado como reembolso de despesas[57].

A participação nos lucros (a distribuir depois de apurados os lucros no balanço e de deduzido o montante para a reserva legal) é variável e

---

[52] Cf. Silvetti – G. Cavalli, *Le società per azioni*, Torino, Utet, 2.ª edição, 1983, vol. II, p. 275 e ss.; Paolo Cecchi, *ob. cit.*, p. 29 e ss.; G. Frè (*Società per azioni*, Bologna, Zanicchelli, 1966, p. 394) considera que o direito a remuneração deriva do acto constitutivo da sociedade, na medida em que assenta no direito-dever dos sócios de administrar a sociedade – o que explica que a função possa ser gratuita, sobretudo quando todos os administradores sejam sócios (o que foi a regra durante muito tempo).

[53] Cf. Paolo Cecchi, *ob. cit.*, p. 35 e ss.

[54] Entre outros, cf. A. Graziani, *Diritto delle società*, Nápoles, Morano, 5.ª edição, 1963, p. 373; Silvetti – G. Cavalli, *ob. cit.*, vol. II, p. 276 e ss.; F. Ferrara – F. Corsi, *Gli imprenditori e le società*, Milano, Giuffrè, 7.ª edição, 1987, p. 517 e s.; Silvio D'Andrea, *Manuale delle società – Disciplina delle società di persone e di capitale*, Milão, Pirola, 1996, p. 370 e ss.

[55] Note-se que o adjectivo «fixa» não consta da lei, mas é pressuposto em todo o debate doutrinal, por contraposição à participação nos lucros.

[56] O Código de Comércio italiano de 1882 atribuía à assembleia competência para determinar a retribuição dos administradores, se não estivesse estabelecida no acto constitutivo (art. 154.º, n.º 4.º). A doutrina entendia que a retribuição podia consistir num estipêndio fixo anual, ou numa comissão ou percentagem sobre os negócios realizados, ou numa participação nos lucros em medida determinada ou a determinar pela assembleia, ou em senhas de presença, ou num honorário, ou numa gratificação, ou numa combinação de algumas destas modalidades. Admite inclusivamente, que um determinado administrador (v. g., advogado ou engenheiro) seja remunerado diferenciadamente dos demais e especialmente por determinados serviços prestados. Cf. V. Mori, *Società anonima – Amministrazione*, Torino, Fr. Bocca, 1897, p. 26 e s.; Soprano, *Trattato teorico-pratico delle società commerciali*, Torino, Utet, 1934, vol. II, p. 657 e s.

[57] Cf. G. Frè, *ob. cit.*, p. 396; F. Bonelli, *Gli amministratori di società per azioni*, Milano, Giuffrè, 1985, p. 134; F. Di Sabato, *Manuale delle società*, Torino, Utet, 2.ª edição, 1988, p. 411 e s.; Silvio D'Andrea, *Manuale delle società – Disciplina delle società di persone e di capitale*, Milão, Pirola, 1996, p. 370 e ss.; Giorgio e Roberto Moro Visconti, *Amministratori – Direttori generali – Assemblee de società – Nomine – Funzioni – Compensi – Responsabilità*, Roma, Buffetti Editore, 2.ª edição, 2000, p. 69 e ss.

aleatória, levando a que o administrador participe, também, nos riscos da empresa[58].

A possibilidade de a remuneração («compenso») ser *variável*, nomeadamente em função de factores diversos dos lucros e, mais concretamente, em função da facturação tem sido objecto de grande debate.

O Tribunal de Milão decidiu, em 17.9.1987, que a remuneração variável em função da facturação (das vendas) da empresa não é admissível, por considerar o n.º 1 do art. 2389.º do Código Civil como inderrogável, não permitindo senão uma remuneração fixa (não variável, seja mensal, seja anual, seja *una tantum* pela totalidade da duração de funções) ou participação nos lucros (variável e aleatória) ou a conjugação de ambas[59].

JAEGER contestou esta decisão, por negar que a norma do art. 2389.º, n.º 1 seja inderrogável (imperativa) e por considerar arbitrária a afirmação da natureza de remuneração fixa e constante do «compenso»[60].

O Tribunal de Apelação de Milão confirmou, todavia, a orientação desfavorável à remuneração em função da facturação, por considerar que ela «pode induzir o administrador a uma gestão alegre que não tenha em conta a solvabilidade das eventuais partes contratantes»[61].

Esta decisão foi objecto de críticas de G. CASELLI[62]. Este autor põe a questão de saber se a permissão da remuneração em função da facturação deve considerar-se como forma de iludir o disposto no art. 2431.º (considerado inderrogável em prejuízo dos credores). Isso leva-o a analisar o «difícil problema de individualizar a *ratio*» do art. 2431.º do C. Civ. it. (para que remete o referido art. 2389.º), observando que a participação

---

[58] Cf. BONELLI, *ob. cit.* p. 136 e s.; PAOLO CECCHI, *ob. cit.*, p. 48 e ss.
[59] In *Giur. Comm.*, 1987, II, 797, com nota crítica de JAEGER; in *RivDCom*, 1988, II, p. 281, com nota favorável de CHIOMENTI; e cit. por PAOLO CECCHI, *ob. cit.*, p. 50 e s. CHIOMENTI observa que «a composição dos interesses querida pela lei na hipótese de retribuição participativa seria, de facto, facilmente iludida se a autonomia privada fosse livre de escolher o parâmetro (volume de negócios, facturação, lucros brutos ou lucros líquidos) de referência da percentagem e assim mudar o parâmetro indicado na lei», donde deduz que «o art. 2431.º C.C. indica a única forma de retribuição participativa ou paramétrica admitida para os administradores e, portanto, que as remunerações postas no art. 2389.º em alternativa à participação nos lucros só podem ser retribuições fixas» («Compenso degli amministratori mediante partecipazini agli utili e clausula di compenso mediante partecipazini al fatturato», na cit. *RivDCom*, 1988, II, p. 281).
[60] Cf. JAEGER, «Ancora sulla determinazione del compenso degli amministratori, conflito de interessi, commisurazione al fatturato, principio di ragionevolezza», in *Giur. Comm.*, 1987, II, p. 805, cit. por PAOLO CECCHI, *ob. cit.*, p. 50 e s.
[61] Cf. Ac. de 8.12.1990, in *Giur. Comm.*, 1991, I, 2, 793, cit. por PAOLO CECCHI, *ob. cit.*, p. 52 e s.
[62] *Ob. cit.*, p. 56 e ss.

nos lucros é melhor para o património social que a remuneração fixa, pois «a atribuição de uma participação nos lucros, por muito generosa que seja, pressupõe sempre um andamento favorável e, portanto, o equilíbrio da sociedade, enquanto uma remuneração fixa exagerada pode minar este último». Considera que à remuneração em função da facturação deve aplicar-se o mesmo critério de moderação que à remuneração fixa. Conclui que não pode ver-se naquela remuneração uma forma de iludir o disposto no art. 2431.º e, menos ainda, que possa encontrar-se nesta última disposição base para afirmar que a única forma de remuneração variável seja a participação nos lucros.

Alguns autores italianos admitem que o administrador impugne uma deliberação dos sócios que estabeleça uma remuneração insuficiente[63].

A remuneração pode ser aumentada, do mesmo modo que terá sido estabelecida: a fixada pelo pacto social deve ser aumentada mediante alteração do pacto; a fixada por deliberação dos sócios pode ser aumentada por este mesmo modo. Inversamente, a remuneração não pode ser diminuída sem o consentimento do administrador, uma vez que constitui para este um direito subjectivo adquirido[64].

39. Que *concluir* desta análise comparativa?

O texto do art. 255.º do CSC não tem correspondentes na lei alemã nem na lei francesa e é significativamente diferente do disposto no art. 2389.º do Código Civil italiano.

A doutrina *alemã* e *francesa* consideram aplicável o princípio da *liberdade contratual*, entendido em termos muito amplos, admitindo que as remunerações dos gerentes sejam certas, variáveis ou mistas, incluindo não só participação nos lucros do exercício, como também diversas outras modalidades de remunerações variáveis, v. g., em função das vendas.

A doutrina italiana é predominantemente favorável a modalidades diversas de remuneração («compenso»), quer certa ou fixa, quer variável, v. g., sob a forma de senhas de presença ou mesmo calculada em função da facturação ou das vendas. É certo que esta última modalidade é expressamente rejeitada por duas decisões judiciais (de 1.ª e 2.ª instância) relativamente recentes, que suscitaram alguns apoios, mas também fortes críticas.

Em qualquer caso, não encontramos na lei portuguesa disposição equivalente à que, na Itália, serve de base a tais decisões.

O preceito actual da nossa lei reflecte as considerações da doutrina comercialista anterior, que apenas se referia a remuneração fixa por opo-

---

[63] Cf. CASELLI, *ob. cit.*, p. 62.
[64] Cf. BONELLI, *ob. cit.*, p. 147; CASELLI, *ob. cit.*, p. 65.

sição a participação nos lucros, sem atender às múltiplas distinções posteriormente elaboradas pela doutrina jus-laboralista ([65]).

D – *Elemento racional*

40. Que elementos de ordem racional («ratio legis») poderemos invocar para esclarecer a questão da consulta?

Estamos no domínio das relações entre particulares, em que vigora o princípio da *liberdade contratual*, v. g., da liberdade de estipulação (CCiv art. 405.º). A regra é, pois, a da liberdade, só sendo de impor-lhe restrições quando haja motivos fortes que as justifiquem.

Por outras palavras, admitindo o termo «fixar» do art. 255.º, n.º 1, do CSC uma interpretação ampla (determinar) e uma interpretação restrita (determinar num montante certo), para optar por esta é preciso demonstrar a existência de motivos que justifiquem restrições à liberdade de estipulação de remunerações variáveis.

41. Importa, por isso, analisar, sobretudo, a *razão de ser* (a *ratio legis*) da hipotética proibição de uma remuneração variável.

42. Note-se, em primeiro lugar, que a *remuneração variável* (v. g., em percentagem das vendas) *não se confunde* com a *participação nos lucros*.

A *participação nos lucros* é calculada após o apuramento dos *lucros* (diferença entre os *proveitos* – de vendas, de prestações de serviços, financeiros e outros – e os *custos*), normalmente, no final de cada exercício (no balanço, sujeito a aprovação dos sócios).

A *remuneração variável* pode ser calculada em função de diversos critérios, nomeadamente, atendendo às *vendas* (mensalmente ou com outra periodicidade), independentemente dos custos e de haver ou não lucros.

Consequentemente, *não se pode dizer que a proibição (condicionada) da participação nos lucros (n.º 3 do art. 255.º) implique necessariamente a proibição da remuneração variável em função das vendas.*

Por outras palavras, *o n.º 3 do art. 255.º do CSC não proíbe uma remuneração variável em função das vendas.*

43. A participação nos lucros é proibida porque os lucros são um dos direitos mais importantes dos sócios (CSC art. 21.º, n.º 1, alínea a)). O

---

[65] Na doutrina portuguesa, o primeiro estudo sério sobre a retribuição do trabalho é de A. Mota Veiga, *A Regulamentação do Trabalho*, Porto, Imprensa Portuguesa, 1944. Deve ter-se presente, também que a prática das convenções colectivas de trabalho começou, em Portugal, em 1933, após o Estatuto do Trabalho Nacional (Dec.-Lei n.º 23.048, de 23.9.1933).

fim lucrativo é um dos elementos essenciais do conceito de sociedade – elemento teleológico (Cód. Civil, art. 980.º; e CSC art. 21.º, n.º 1, alínea a)).

No entanto, o direito aos lucros é, em certa medida, *renunciável* (como a generalidade dos direitos de conteúdo patrimonial): não no sentido de excluir totalmente do direito aos lucros um sócio em benefício de outros (o que conduziria a uma sociedade leonina – proibida pelo art. 22.º, n.º 3, do CSC), mas sim no sentido de admitir a retenção (não distribuição anual) dos lucros (CSC art. 217.º, n.º 1), a estipulação de um critério diverso da proporção da participação no capital (CSC art. 22.º, n.º 1) e a atribuição de parte dos lucros aos gerentes (CSC art. 217.º, n.º 3, e 255.º, n.º 3) ou a trabalhadores (LCT, art. 89.º([66])).

A lei apenas exige que estas limitações ao direito aos lucros constem do contrato de sociedade, não bastando mera deliberação (ordinária) dos sócios.

44. Dir-se-á que *a remuneração variável pode levar a que não haja lucros para distribuir aos sócios* – e, por isso, seria proibida, quer por não estar prevista nos estatutos da XPTO (pelo que violaria o disposto no n.º 3 do art. 255.º do CSC), quer por ser paga antes do pagamento dos dividendos aos sócios (pelo que violaria o disposto no n.º 3 do art. 217.º do CSC), quer por poder pôr em perigo a intangibilidade do capital e as regras de protecção dos credores (CSC art. 31.º a 35.º).

Este argumento não pode, todavia, proceder, porque *prova demais*.

Primeiro, o n.º 3 do art. 255.º, como vimos, não proíbe a «participação» nas vendas, mas só e condicionalmente a participação nos lucros, o que é muito diferente.

Segundo, todas as remunerações (certas ou variáveis) dos gerentes (como dos trabalhadores) correspondem a custos da sociedade que, inevitavelmente, reduzem, em maior ou menor medida, os lucros a distribuir pelos sócios.

Se o fundamento das duas disposições citadas fosse evitar qualquer diminuição dos lucros por efeito das remunerações dos gerentes, o cargo destes teria de ser sempre gratuito, o que seria manifestamente injusto: os gerentes têm direito a remuneração pelos serviços que prestam, como qualquer trabalhador, mesmo que não haja lucros.

O fundamento da exigência de que o pagamento dos lucros seja efectuado, primeiro aos sócios e só depois aos gerentes (CSC art. 217.º, n.º 3) está, antes, na protecção do *direito dos **sócios** aos lucros*, visando a evitar que, no caso de haver lucros, os gerentes se apropriem deles todos ou cobrem

---

[66] Correspondente ao art. 260.º, n.º 1, alínea d) dp CTrab. de 2009.

primeiro os seus, deixando a sociedade sem liquidez para pagar os dividendos aos sócios.

A razão de ser da exigência de cláusula estatutária a permitir a participação dos gerentes nos lucros (CSC art. 255.º, n.º 2) está no princípio de que os *lucros* constituem um direito dos sócios – não na ideia de que a totalidade das *receitas* (ou dos proveitos) constitua direito dos sócios. Tal exigência visa dificultar a atribuição pelos sócios maioritários a si próprios, como gerentes, de percentagens sobre os lucros que afectem inesperadamente os direitos dos minoritários.

O que pode afectar seriamente os interesses dos sócios é uma remuneração quantitativamente *elevada*, seja certa seja variável. Uma remuneração *certa elevada* pode ser mais gravosa que uma remuneração *variável reduzida*. Para evitar abusos desse género, num caso ou noutro, parece adequado o recurso a redução equitativa pelo tribunal, previsto no n.º 3 do art. 255.º do CSC.

45. Dir-se-á que a remuneração variável em percentagem das vendas *incentiva as vendas, mas não os lucros*.

O argumento também pode aplicar-se, todavia, à remuneração certa, por maioria de razão: a remuneração certa nem incentiva os lucros nem as vendas, porque o gerente recebe o mesmo quer os lucros ou as vendas sejam elevados, quer diminutos.

Assim, de novo, o argumento *prova demais*.

No presente caso, dá-se até a circunstância de o gerente ser também sócio e, portanto, receber uma participação nos lucros que o incentiva a aumentar estes.

46. Nem se diga que *a remuneração variável em percentagem das vendas pode levar a distribuir aos gerentes fundos necessários para cobrir prejuízos transitados ou para formar ou reconstituir reservas obrigatórias*, pelo que violaria o art. 33.º do CSC.

Deve notar-se, primeiro, que este preceito proíbe a distribuição de *lucros* aos sócios, não o pagamento de remunerações a gerentes.

Em segundo lugar, se a remuneração certa for excessivamente elevada, o mesmo resultado poderá produzir-se, sem que isso nos leve a proibir a remuneração certa. Ou seja, mais uma vez, o argumento *prova demais*.

Tais argumentos servem para levar os sócios a estabelecer uma remuneração de *montante* comportável para a sociedade, mas não para favorecer a remuneração certa em relação à variável ou vice-versa.

Por outro lado, no presente caso, a verdade é que, apesar de pagas remunerações variáveis elevadas durante muitos anos, nunca esteve em causa a distribuição aos sócios (ou gerentes) de lucros necessários para cobrir prejuízos transitados ou formar ou reconstituir reservas obrigatórias.

A *sociedade tem tido sempre lucros relativamente elevados*, como se disse acima, não havendo prejuízos transitados; e as *reservas obrigatórias estão totalmente realizadas*.

Se necessário fosse, este seria um *argumento irrefutável* contra a posição da Autora na acção e da sentença recorrida, neste aspecto.

47. Dir-se-á, porventura, que *a remuneração variável em percentagem das vendas agrava a situação da sociedade* (argumento que, em bom rigor, pode reconduzir-se aos anteriores).

Se bem observarmos, parece-me, todavia, que *é o contrário que se verifica*.

O *valor das vendas depende muito do trabalho prestado pelo gerente* (e pelos colaboradores que ele escolhe e dirige) – embora dependa também, em parte, de factores externos e conjunturais, fora do seu controlo.

Mesmo que haja um aumento da procura, por motivos alheios ao trabalho dos gerentes, a concretização das vendas acrescidas aumenta sempre o trabalho dos gerentes e dos seus colaboradores: há que produzir, embalar, transportar, entregar, facturar, cobrar, etc.

Afirmar o contrário – como faz a Apelada, nas suas alegações – apenas revela completa ignorância sobre o que seja a gestão de uma empresa!

Não se vê, pois, motivo para que o aumento das vendas por factores conjunturais independentes da vontade do gerente (e, por maioria de razão, da vontade dos sócios) aproveite apenas aos sócios e não também aos gerentes (sobretudo àqueles que contribuíram com o seu trabalho para esse aumento).

Por outro lado, o valor das vendas é um dos mais importantes factores de avaliação da situação de uma empresa[67].

Pode, até, dizer-se que uma remuneração variável em percentagem das vendas é mesmo das que melhor se adaptam quer ao *trabalho prestado* quer à *situação da sociedade* – os dois critérios fundamentais do art. 255.º, n.º 2, do CSC.

48. Não é verdade que a remuneração variável em função das *vendas facturadas* incentive vendas com *descontos acima da média*.

No presente caso, ficou provado que a remuneração variável incide sobre as vendas *líquidas* do IVA e também dos descontos comerciais e financeiros. Nestas condições, ao conceder descontos maiores, o gerente reduziria a sua remuneração, de modo que, obviamente, não lhe interessa.

---

[67] Nas sociedades com acções cotadas na bolsa, atende-se muito ao PER («price earnings ratio» – rácio do preço sobre os lucros). Este critério não é, todavia, utilizável relativamente a sociedades por quotas, que não podem ser cotadas.

49. Poderá dizer-se que uma remuneração variável em função das *vendas facturadas* incentiva vendas sem garantias de cobrança, contribuindo, indirectamente, para o aumento de créditos *incobráveis*.

Em geral, este argumento tem alguma razão de ser.

Em todo o caso, tal situação não costuma inibir as empresas de conceder aos seus vendedores comissões sobre as vendas facturadas (embora seja certo que, muitas vezes, a administração mantém controlo sobre a celebração de negócios mais importantes).

No caso concreto, o argumento parece pouco relevante, porque o gerente também é sócio com 16,6% do capital, tendo, nesta qualidade, claro interesse em receber dividendos. Acresce que mais 33,3% do capital pertence aos irmãos do Luís Jacinto, com quem sempre se deu bem e que não tem nenhum interesse nem vontade de prejudicar.

Por outro lado, o que se observa, na realidade, é que a participação do gerente nas vendas tem incentivado os lucros. O valor dos créditos incobráveis da XPTO, não tem nada de anómalo.

Por outras palavras, os sócios poderiam ponderar a conveniência de calcular a remuneração variável em função das *vendas facturadas* ou das *vendas cobradas*: uma e outra são, a meu ver, legalmente admissíveis. Optaram pelo primeiro sistema, muito antes de o gerente em causa dominar a sociedade. Não parece que isso tenha causado prejuízo à sociedade (o valor dos incobráveis não é exagerado).

50. Tão pouco pode dizer-se que a remuneração (variável) paga até agora seja *excessiva*, atendendo quer ao trabalho prestado quer à situação da sociedade.

O gerente em causa tem sido o único gerente executivo, exercendo, de facto, a direcção-geral da empresa, a tempo completo, há mais de 25 anos, e tem conseguido realizar lucros relativamente elevados para a sociedade, apesar da remuneração variável.

Injusta parece ser a situação de gerentes com remuneração certa e relativamente elevada, apesar de não prestarem nenhum (ou quase nenhum) trabalho – se não se atender a considerações de ordem histórica e familiar que, porventura, explicam a situação no caso concreto.

Por outro lado, a situação da sociedade é próspera: como vimos, apesar de pagas remunerações variáveis elevadas durante muitos anos, a sociedade tem tido sempre lucros, não havendo prejuízos transitados; e as reservas obrigatórias estão totalmente realizadas.

51. Questão diferente é saber se é *preferível* uma remuneração variável em percentagem das vendas ou uma participação nos lucros.

É uma opção de mera *conveniência* mútua da sociedade e do gerente.

É claro que para a sociedade (e os demais sócios) é melhor a participação nos lucros, porque, se não houver lucros, a sociedade não paga nada.

Para o gerente esta solução pode, todavia, ser inaceitável, porque ele trabalha intensa e regularmente e a sociedade pode não ter lucros por motivos alheios à vontade do gerente (v. g., os mesmos factores conjunturais que, às vezes, fazem aumentar a procura, mas outras vezes a diminuem), podendo, mesmo, os sócios (em geral) manipular o montante dos lucros quase arbitrariamente (aumentando as amortizações e provisões, etc.) – apenas com limites para efeitos fiscais[68].

A situação do gerente, neste aspecto, é semelhante à do trabalhador, obviamente mais interessado numa remuneração certa.

Assim, na determinação da remuneração – certa, variável, mista ou com participação nos lucros – é sempre necessário um compromisso entre as partes (sociedade e gerente).

52. Deste modo, *não vejo nenhum argumento consistente contra a admissibilidade de remuneração variável* e, pelo contrário, tudo me parece indicar que *esta é mesmo a que melhor pode ser proporcionada ao trabalho prestado e à situação da sociedade*.

A questão que pode pôr-se é a de saber *se 0,5% será adequado*.

Esta percentagem é a que *sempre tem sido paga aos vendedores da própria sociedade*, relativamente a vendas que cada um deles promove.

É um valor *corrente* no mercado, chegando, mesmo, a pagar-se muito mais (5%).

Em escudos, 12.000 contos por ano equivale a 1000 contos por mês, o que, sendo um valor elevado (acrescendo aos 370 contos de remuneração certa), porque superior ao topo da função pública, não é exagerado em relação a empresas desta dimensão e com o valor de vendas e de lucros da Sociedade XPTO.

53. Assim, *não vejo nenhum motivo para uma interpretação restritiva do n.º 1 do art. 255.º do CSC*.

Pelo contrário, encontro no princípio da *liberdade contratual* um forte argumento para uma interpretação ampla do preceito, *permitindo o estabelecimento de uma remuneração variável, nomeadamente em função das vendas*, como é, aliás, prática corrente.

---

[68] No caso concreto, o sócio-gerente executivo (com o apoio sistemático dos irmãos) controla 50% do capital e, por essa via, poderia sempre opor-se a tal manipulação.

IV – A pretensa violação das normas de protecção do capital e do direito aos lucros

54. Parece-me evidente que a *remuneração* do gerente, seja certa seja variável (em função das vendas ou de outro factor), é *calculada* e, normalmente, paga *antes de se apurar o lucro do exercício*, pelo balanço – do mesmo modo que as remunerações dos trabalhadores da sociedade.

55. Por outro lado, como vimos, resulta do n.º 3 do art. 255.º do CSC que, em regra, a remuneração dos gerentes não pode consistir em *participação nos lucros*. Só quando o contrato de sociedade expressamente a permita é que a lei a admite.

Apenas a *participação nos lucros* (*não nas vendas*!), caso seja admitida pelo contrato de sociedade, é que «só pode ser paga depois de postos a pagamento os lucros dos sócios» (CSC art. 217.º, n.º 3).

Mas *não é esse o caso!* Nem o contrato de sociedade prevê participação dos gerentes nos lucros, *nem a remuneração variável em função das vendas é uma forma de participação nos lucros!*

São duas realidades completamente distintas!

Uma é comparável à comissão sobre as vendas que a generalidade dos vendedores (sejam trabalhadores subordinados sejam comissionistas autónomos) habitualmente auferem (aliás, o Luís Jacinto começou por receber tal participação nas vendas quando ainda era trabalhador).

A outra é característica dos sócios ou de pessoas a eles equiparados por estipulação expressa (v. g., gerentes, administradores, directores ou trabalhadores).

Têm *bases de cálculo* diferentes: uma é calculada sobre parte dos proveitos (ou receitas, sem ter em conta os custos); outra, sobre os lucros (diferença entre os proveitos e os gastos ou custos).

E têm *regimes* diferentes, do ponto de vista laboral («lato sensu»), fiscal e da segurança social.

Basta observar que as comissões sobre vendas são consideradas uma modalidade de *retribuição* variável (LCT art. 82.º e 84.º[69]) e de rendimento de trabalho dependente (da categoria A) para efeitos de IRS (Cód. IRS, art. 2.º, n.º 1, alínea a), e n.º 3, alínea a)[70]), constituindo base de incidência das contribuições para a Segurança Social (Dec. Reg. n.º 12/83, de 12.2, art. 2.º, alínea c)).

---

[69] Correspondentes aos art. 258.º e 261.º, n.º 2 a 4, do CTrab de 2009.
[70] Correspondentes ao art. 2.º, n.º 1, alínea a), n.º 2 e 3, alínea b), do Código do IRS, actualmente em vigor.

Diversamente, a participação nos lucros não se considera, em regra, «retribuição» (LCT art. 89.º[71]), constitui rendimento de trabalho dependente (da categoria A) para efeitos de IRS (Cód. IRS, art. 2.º, n.º 1, alínea a), e n.º 3, alínea a)[72]), mas não constitui base de incidência das contribuições de trabalhadores nem de gerentes de sociedades para a Segurança Social[73].

Por outras palavras, *o art. 217.º, n.º 3, do CSC visa proteger o interesse dos sócios aos lucros distribuíveis (já apurados), contra abusos dos gerentes, não o interesse dos credores sociais, mas não é aplicável ao presente caso, pois a remuneração não incide sobre o lucros apurados, mas sim sobre as vendas (antes de apurados os lucros)!*

56. Tão pouco se aplica ao presente caso o disposto no art. 33.º do CSC, que proíbe a *distribuição aos sócios* (não aos gerentes!) de *lucros* necessários para cobrir prejuízos transitados ou para formar ou reconstituir reservas obrigatórias.

Esta norma tem em vista *lucros* já apurados pelo balanço, não *remunerações* a gerentes ou trabalhadores, que constituem *custos* (ou despesas) a deduzir aos proveitos (ou receitas), necessariamente antes de apurar os lucros.

Há normas de protecção do capital contra abusos dos gerentes na realização de despesas (v. g., os art. 72.º a 79.º), mas não é esse o objectivo do art. 33.º do CSC!

Este preceito é certamente imperativo e visa proteger os credores sociais, mas não se aplica ao presente caso!

A atribuição ao gerente de uma sociedade por quotas de uma *remuneração variável em função das vendas* não viola o disposto em tais normas de protecção do capital nem do direito aos lucros, pela mesmíssima razão que as remunerações dos trabalhadores as não violam.

Os art. 33.º e 217.º do CSC não foram violados pela deliberação agora em causa!

---

[71] Correspondente ao art. 260.º, n.º 1, alínea d), do CTrab de 2009.
[72] Neste sentido, cf. Circular n.º 14/92, de 3.9.1992, do SAIR, in HERCULANO MADEIRA CURVELO – VASCO BRANCO GUIMARÃES – J. RAMOS DA COSTA, *Código do Imposto sobre o Rendimento das Pessoas Singulares Comentado e Anotado*, Lisboa, Rei dos Livros, 2.ª edição, 1993, p. 126.
[73] Quanto aos trabalhadores, desde o Dec. Reg. n.º 53/83, de 22.6; quanto aos gerentes, administradores e directores de sociedades, por força do art. 10.º do Dec.-Lei n.º 327/93, de 25.9. Estes diplomas foram mantidos em vigor pelo art. 109.º da Lei n.º 4/2007, de 12.1, até revogação expressa, de que não tenho notícia. A Proposta de Lei n.º 270/X, do Código dos Regimes Contributivos do Sistema Previdencial da Segurança Social, aprovada pelo Governo, em 4.5.2009, não foi ainda aprovada e publicada, em 29.7.2009.

Por isso, a sentença recorrida não pode ser confirmada nesta parte, porque aplica erradamente tais preceitos.

V – Violação da garantia fundamental de não diminuição da remuneração

57. Acresce, no presente caso, que *a eliminação da remuneração variável equivaleria a uma diminuição muito significativa da remuneração total do gerente, que constitui um direito adquirido por ele quando ainda era trabalhador e mantida, durante anos, já depois da sua designação como gerente*.

Tal diminuição traduzir-se-ia na *violação de uma garantia fundamental* dos trabalhadores (LCT art. 21.º, n.º 1, alínea c)[74]), que não pode deixar de se aplicar, por analogia, a um *gerente executivo*, que dedica a quase totalidade da sua capacidade de trabalho a esta empresa.

58. Tal diminuição seria tanto mais grave quanto *a situação próspera da empresa não a justifica* – nem tal foi articulado.

E *iria beneficiar sócios* (a Autora/Apelada e os irmãos do Réu/Apelante) *que em nada ou quase nada têm contribuído para os lucros da empresa*. A Autora/Apelada só há poucos anos ocupa o seu tempo na empresa, a controlar a actividade do Luís Jacinto e pouco mais.

Conclusões

59. Em resumo e conclusão:

a) O n.º 3 do art. 255.º do CSC não proíbe uma remuneração variável em função das *vendas*, mas apenas a participação dos gerentes nos *lucros*, quando não esteja prevista no contrato;

b) Não vejo nenhum motivo, de ordem literal, sistemática, histórica, comparativa ou racional, para interpretar restritivamente o n.º 1 do art. 255.º do CSC;

c) Pelo contrário, todos os elementos de interpretação apontam no sentido da *admissibilidade* de remuneração de um gerente de sociedade por quotas em percentagem sobre o valor das vendas da sociedade – a começar pelo princípio da liberdade contratual.

Este o meu parecer, salvo melhor opinião[75].

---

[74] Correspondente ao art. 129.º, n.º 1, alínea d), do CTrab de 2009.
[75] O processo a que este parecer foi junto veio a terminar, alguns meses depois, por transacção, tendo a «Carla Belo Ferro» cedido a sua quota ao «Luís Jacinto».

Resumo: a reforma de 2006 do Código das Sociedades Comerciais, a responsabilidade dos gestores foi modificada com a introdução do d*uty of care* do d*uty of loyalty* e da *business judgment rule*, importados directamente do sistema de Delaware. Esta importação tinha-se tornado necessária pela globalização dos mercados financeiros, principalmente do mercado de capitais. Mas desta transposição resultam três dificuldades. A diversidade estrutural dos sistemas de responsabilidade civil no Delaware e em Portugal suscita a primeira dificuldade: a *business judgment rule* não trabalha com a separação entre ilicitude e culpa e a responsabilidade civil, em Portugal, dificilmente trabalha sem ela. Em segundo lugar, a lei portuguesa, na nova redacção do artigo 72.°, n.° 2, inverteu o sistema da *business judgment rule* impondo sobre o gestor, a quem é pedida a responsabilidade, que demonstre ter cumprido os deveres de cuidado e de lealdade, isto é, que demonstra a licitude da sua conduta. Em terceiro lugar, determinou a aplicação indistinta da *business judgment rule* à responsabilidade do gestor perante a sociedade, e também à sua responsabilidade perante sócios, credores e *stakeholders*. Este estudo trata do modo de concretizar o novo sistema de responsabilidade dos gestores do Código português das Sociedades Comerciais e das dificuldades de transposição do sistema do Delaware para um Código estruturalmente influenciado pelo direito europeu continental.

Abstract: In 2006 the Companies Code went through a major alteration. Among other issues, the duties and the liability of directors changed. In line with the globalization of securities and capital markets, it was adapted to the Delaware system by introducing the duties of care (dever de cuidado), the duty of loyalty (dever de lealdade) – art. 64 – and the business judgment rule – art. 72/2. This alteration raised three major difficulties: First, the Portuguese system of liability works with the separation of illicit and culpa, which does not occur in the Delaware system. Second, the new wording of art. 72/2 inverted the functioning of the business judgement rule by charging the directors with the burden to prove the compliance with the duties of care and loyalty. Third, arts 72/2, 78/5 and 79/2 enlarge the business judgement rule indistinctly to the liability of directors towards the company and its shareholders, creditors and stakeholders. This paper deals with these three main difficulties of transposing the Delaware system of the liability of directors to the Portuguese Companies Code which is structurally influenced by the European continental statute law.

PEDRO PAIS DE VASCONCELOS[*]

Business judgment rule, deveres de cuidado e de lealdade, ilicitude e culpa e o artigo 64.° do Código das Sociedades Comerciais

1. A «*business judgment rule*» no contexto do direito do Delaware

A *business judgment rule* tem génese jurisprudencial. Foi sendo sedimentada paulatinamente pelas decisões que foram tomadas pelos tribunais do

[*] Professor da Faculdade de Direito da Universidade de Lisboa

Estado do Delaware nos variados casos que lhes foram sendo submetidos e nem sempre proporciona uma orientação linear e clara. Ainda hoje há controvérsia sobre o seu sentido, mesmo no sistema que a gerou.

A principal divergência de entendimento da *business judgment rule* consiste na sua concepção como um limite à jurisdição dos tribunais – a *abstention doctrine* – e como critério de licitude – *standard of liability*. Na primeira versão, a questão é encarada dum modo fundamentalmente processual e formal; na segunda, dum modo substancial ou material.

a. A «business judgment rule» na concepção da «abstention doctrine»

Constituem paradigma da *abstention doctrine* os casos *Smith v. Van Gorkom* e *Shlensky v. Wrigley*.

O caso *Van Gorkom*[1] é talvez o precedente mais invocado nesta matéria. Foi julgado com fundamento no modo precipitado como foi construída, tomada e executada a decisão de proceder à fusão da sociedade, sem dar aos membros do *board* a oportunidade de conhecer e estudar os textos contratuais. Nas palavras do tribunal, o réu violou o dever *to act in an informed and deliberate manner*. No decorrer do processo veio a apurar-se que a fusão até talvez tenha sido boa no aspecto comercial, mas foi a violação do dever de cuidado – *duty of care* – que conduziu à decisão de condenar. Embora a primeira instância tivesse concluído pela absolvição, o *Supreme*

---

[1] *Smith v. Van Gorkom*, 488 A.2d 858 (Del. 1985). Van Gorkom, CEO da Trans Union Corporation, pretendia proceder ao *merger* da companhia com uma de maior dimensão, considerando que esta seria a única maneira de ultrapassar problemas de rentabilidade que não interessa aqui descrever. Contactou com um seu amigo, Jay Pritzker, especialista em *takeovers*, a quem propôs a venda da companhia por $55 por acção. Dias depois, Pritzker aceitou a proposta e exigiu que houvesse uma deliberação concordante do *board* da companhia até 21 de Setembro. No dia 20 de Setembro, Van Gorkom consultou os quadros seniores da companhia, que se opuseram na sua quase totalidade, mas o *board*, depois de fortemente pressionado pelo *chairman*, tomou a deliberação concordante, ao fim de duas horas. Um grupo de accionistas propôs uma *class action*, com procuração de milhares de accionistas. Reuniu então uma assembleia geral que aprovou a *merger* por uma substancial maioria. O *Court of Chancery* indeferiu o pedido, com fundamento em que na *business judgment rule*, considerando que os accionistas tinham sido suficientemente informados. Houve recurso e o *Supreme Court* reverteu a decisão anterior e decidiu que os *Directors* violaram o *duty of care* ao tomarem precipitadamente a deliberação de aprovar o *merger agreement* sem se valerem de qualquer estudo relativo ao preço acordado, sem tentarem discutir as cláusulas do *agreement* sem nada contraproporem, e decidiu que o processo baixasse à primeira instância para se determinar o *fair market value* das acções, condenando os *Directors* na diferença que viesse a ser apurada. Não veio a saber-se se havia, ou não, essa diferença, porque o processo não chegou ao fim, tendo terminado por acordo.

Court do Delaware condenou à reavaliação da relação de troca na fusão, decisão que acabou por não ser executada porque as partes chegaram a um acordo com um conteúdo diferente. Neste caso, o que determinou a condenação não foi a boa ou má qualidade comercial do acto de gestão, mas sim o deficiente processo de tomada da decisão de gestão.

No caso *Wrigley*[2] tratou-se dum litígio sobre a decisão de não instalar, num estádio de baseball profissional[3], um sistema de iluminação que permitisse a sua utilização nocturna. A administração da sociedade dona do clube recusou proceder à instalação da iluminação do estádio com argumentos ligados à prática daquele desporto e às possíveis reacções desfavoráveis da vizinhança. O autor, um sócio da mesma sociedade – foi uma *derivative action*[4] – não alegou que o réu, na sua administração tivesse agido com fraude, ilegalidade ou conflito de interesses. O tribunal recusou-se a entrar na apreciação da boa ou má gestão da sociedade sem que tivesse sido invocada a sua ilicitude: *absent of colorable allegations of fraud, illegality, or conflict of interest, the court must abstain from reviewing the directors' decision*. Nesta linha de orientação, desde que não sejam ultrapassados os limites da licitude, a boa ou má gestão da sociedade está vedada à apreciação do tribunal: *the courts will not step in and interfere with honest business judgment of the directors unless there is a showing of fraud, illegality or conflict of interest*.

STEPHEN BAINBRIDGE[5] cita estes casos como paradigmas da *doctrine of abstention*, da qual é, talvez, o mais típico defensor.

b. A «business judgment rule» na sua concepção como «standard of liability»

O entendimento da *business judgment rule* como *standard of liability* tem como paradigma do caso *Cede & Co. v. Technicolor, Inc.*[6]

Neste caso, o *board of directors* da *Technicolor* aprovou a sua *merger* como subsidiária do Grupo *MacAndrews and Forbes Group, Inc.* Nesta operação, os accionistas da *Technicolor* receberam $23,56 por acção, em dinheiro. A autora, *Cinerama Inc.*, titular de uma participação de 4,4% na *Technicolor* discordou da operação e da respectiva avaliação e accionou. Começou por

---

[2] *Shlensky v. Wrigley*, Illinois Appellate Court, 1968, 95 Ill. App. 2d 173, 237 N.E.2d 776.
[3] Do «The Chicago National League Ball Club, Inc.»
[4] Acção subrogatória dos sócios correspondente à que está prevista no artigo 77.º do CSC.
[5] STEPHEN BAINBRIDGE, *The Business Judgment Rule as Abstention Doctrine*, University of California, Los Angeles School of Law, Law & Economics Research Papers Series, nr. 03-18.
[6] *634 A.2d 345 (Del. 1993)*.

pedir a avaliação judicial e depois intentou uma acção de indemnização, invocando o precedente do caso *Van Gorkom* e com fundamento em violação do *duty of care* pela administração da *Technicolor*. Em primeira instância os *directors* foram absolvidos. No processo relativo à avaliação, o juiz tinha já chegado à conclusão de que as acções valiam apenas $21.6 e, com base na «*causation*», o Tribunal entendeu não haver dano indemnizável. Em recurso, o *Supreme Court* admitiu que o *Board* tinha violado o *duty of care* num conjunto de comportamentos negligentes e concluiu que *Cinerama clearly met its burden of proof for the purpose of rebutting the rule's presumption by showing that the defendant directors of Technicolor failed to inform themselves fully concerning all material information reasonably available prior to approving the merger agreement.*

A partir daqui, de acordo com a doutrina *Van Gorkom*, o processo deveria ter sido julgado procedente e a *business judgment rule* teria sido afastada por violação do *duty of care*. Porém, o *Supreme Court* argumentou que a *business judgment rule* tem por fim *to preclude a court from imposing itself unreasonably on the business and affairs of a corporation* e descreveu a *business judgment rule* como *a powerful presumption* contra a intromissão judicial no processo de decisão do *Board* e imediatamente procedeu à ilisão desta presunção. Entendeu que o accionista que põe em causa uma decisão do Conselho tem o ónus de ilidir aquela presunção. Para tanto, tem o ónus de provar que os administradores, ao tomarem a deliberação em questão, violaram alguma da tripla regra do seu dever fiduciário: o dever de boa fé, de lealdade e de cuidado. Se o accionista falhar nesta demonstração, os administradores ficam protegidos pela *business judgment rule* e os tribunais não poderão sindicá-la. Se os accionistas conseguirem ilidir a presunção, recai então sobre os administradores o ónus de provar que cumpriram o *duty of care*.

c. A diferença de perspectivas subjacentes às duas concepções, como «abstention doctrine» e como «standard of liability»

Nesta decisão, o *Supreme Court* entendeu que os accionistas autores na acção têm de demonstrar a violação do *duty of care* por parte dos administradores para poderem afastar a *business judgment rule*. Se o conseguirem, cabe então aos administradores demonstrar que não violaram o *duty of care*.

Os tribunais americanos continuam incertos nos critérios de decisão. Umas vezes aplicam a *business judgment rule* de acordo com a *abstention doctrine* e outras, raras, como *standard of liability*. A diferença é subtil.

As duas concepções da *business judgment rule* como *abstention doctrine* e como *standard of liability* assentam em modos diversos de entender as sociedades comerciais – as *corporations*, as *companies* – de construir esses entes jurídicos. Trata-se principalmente da diferença de colocação do acento tónico, nos sócios, na sociedade, ou nos gestores. É uma questão que já abordámos no primeiro número desta revista.

A *abstention doctrine* assenta numa concepção da *corporation* muito centrada sobre a *director primacy*. Na visão de Bainbridge, seu convicto defensor, a *business judgment rule* não permite que o tribunal proceda a uma apreciação «substancial» da decisão do *director* para determinar se este cumpriu ou violou os seus *fiduciary duties*; essa apreciação só pode ser «formal» e limitar-se à verificação do modo como formalmente decorreu o processo de decisão (*duty of care*) e da existência ou inexistência, no caso, também apenas formalmente, de um *conflict of interests* entre o *director* e a *corporation*. Na concepção da *abstention doctrine* o tribunal não pode ir além de uma apreciação meramente formal – procedimental – do processo de decisão e do conflito de interesses.

Diversamente a construção da *business judgment rule* como *standard of liability* admite que o tribunal proceda a uma apreciação «substancial» da decisão de gestão para verificar se violou o *duty of care* ou o *duty of loyalty*. O paradigma desta construção é, segundo creio, David Rosenberg, num *paper* cujo título é bem sujestivo: *Galactic Stupidity and the Business Judgment Rule*[7]. Neste estudo, o autor admite que *it is a truth almost universally acknowledged that American courts will not review the substance of the business decisions of corporate directors except under extraordinary circumstances*. Este princípio da acção não parte da assumpção de que os gestores actuam sempre bem, antes pelo contrário, nem tem um fundamento moral: assenta na ideia profundamente utilitarista de que *shareholders make more money when directors know that they can make decisions – especially risky decisions – without the fear that they or the company will be subject of successfull legal actions should those decisions not utimately benefit the company or the shareholders themselves (…) it simply means that these communities do not wish to impose legal liability on directors or the coporation they oversee for the negative consequences of such decisions*. Em termos práticos a *business judgment rule* constitui *simply a policy of judicial non review*.

Rosenberg tenta demonstrar, com base no caso *Disney*[8], que existe nos tribunais do Delaware uma nova tendência para entrarem numa apreciação substantiva das decisões de gestão. O caso *Disney* foi uma *derivative*

---

[7] The Berkeley Electronic Press (bepress), http://law.bepress.com/expresso/eps/1067.
[8] *Brehm v. Eisner*, 746 A.2d 244 (Del. 2000) (Brehm).

action proposta por um sócio contra a *Walt Disney Company* que acusava os *directors* de terem pago $140 milhões a título de *severance package*[9] a um *executive*, Michael Ovitz, que só tinha ocupado o cargo durante catorze meses. Alegava que os *directors* não tinham actuado com *substantive due care*. O tribunal respondeu que o conceito de *substantive due care é foreign to the business judgment rule* e que *due care in the decision-making context is process due care only*. Não obstante, permitiu que o pedido fosse reformulado. Em 2003, o pedido foi aperfeiçoado com a alegação de que *the defendant directors consciously and intentionally disregarded their responsabilities, adopting a 'we don't care about the risks' attitude concerning a corporate decision*. O tribunal deu especial atenção à alegação de que os *directors* sabiam que estavam a tomar uma decisão sem a adequada informação e que simplesmente não cuidaram se essa decisão causava danos e perdas à sociedade e aos seus accionistas, e concluiu que, se tal alegação for verdadeira, os réus podem ter violado o seu dever *to act honestly and in good faith in the corporation's best interests* e que a sua conduta poderia, assim, ficar fora da protecção da *business judgment rule*[10].

d. O «duty of goof faith», como terceiro dever fiduciário autónomo?

O caso *Disney* suscitou controvérsia quanto à aparente introdução de mais um parâmetro na *business judgment rule*: o *duty of good faith*, que seria diferente e autónomo dos dois deveres que tradicionalmente integram a *business judgment rule*: o *duty of care* e o *duty of loyalty*.

Segundo HILLARY SALE[11], uma vez que este *duty of good faith* tinha sido entendido como não integrado no *duty of care*, ele tinha de ser diferente e autónomo. E concluiu que *conscious disregard of one's duties to the company presents a good faith issue, not simply a procedural lapse of due care*. Trata-se, nesta perspectiva, de um estado de espírito, da consciência da violação dos deveres fiduciários.

Mas a autonomização do *duty of good faith*, proposta por HILLARY SALE, não logrou consolidar-se. ROSENBERG considerou que o *duty of good faith* não constitui um terceiro dever que possa ser autonomizado, ao lado do *duty of care* e do *duty of loyalty*, mas antes um dever genérico aplicável ao cumprimento de todos os outros deveres fiduciários dos gestores, que os

---

[9] Quantia paga por ocasião ou como compensação da extinção do contrato.
[10] *Disney II*, 825 A.2d at 289.
[11] SALE, HILLARY A., *Delaware's Good Faith*, Cornell Law Review, Vol. 89, 2004, disponível em SSRN: http://ssrn.com/abstract=456060 or DOI: 10.2139/ssrn.456060.

obriga a fazer um esforço no sentido de cumprir o *duty of care* e o *duty of loyalty*, como é próprio das partes em qualquer contrato; não é um dever autónomo e só vigora em relação e em ligação com os outros deveres[12]. Também SEAN GRIFFITH[13] recusou autonomia ao *duty of good faith*, que considerou mais um argumento de retórica judiciária do que um *substantive standard*.

O *duty of good faith* surge muito na proximidade do *duty of loyalty*, naquilo que só muito dificilmente da violação deste não implicará a violação daquele. Mas não é principalmente nesse sentido que o *duty of good faith* tem sido concretizado.

A invocação da *good faith* – ou da sua quebra – tem servido para qualificar o agravamento da violação de um dos outros dois deveres. Ocorre a violação do *duty of good faith* quando um desses outros dois deveres é violado com consciência da violação – *scienter* – e mesmo com desprezo pelo cumprimento do dever. É isso que surge com muita clareza nas palavras do juiz ALLEN, do Chancery Court do Delaware:

> *Whether a judge or jury considering the matter after the fact, believes a decision substantively wrong, or degrees of wrong extending through 'stupidity' to 'egregious' or 'irrational' provides no ground for director liability, so long as the court determines that the process employed was either rational or employed in a good faith effort to advance corporate interests.*[14]

Uma perspectiva como esta acabaria por introduzir na questão um novo *standard*, o do *reasonable director*. Mas este *standard* é claramente substancial: como pode um tribunal decidir sobre a razoabilidade do *director* sem entrar na substância da decisão, sem ir para além do processo meramente formal da tomada de decisão?

E vem daí a célebre conclusão de ROSENBERG:

> *There must be a point at which a court will look at a decision that appears to be free from any hint of disloyalty and review it simply because of its utter galactic stupidity.*

---

[12] ROSENBERG, *Galactic Stupidity and The Business Judgment Rule*, Bepress Legal Series, http://law.bepress.com/expresso/eps/1067, p. 10.
[13] GRIFFITH, SEAN J., *Good Faith Business Judgment: A Theory of Rhetoric in Corporate Law Jurisprudence*. Duke Law Journal, Vol. 55, No. 1, 2005. Disponível em SSRN: http://ssrn.com/abstract=728431: «...*good faith functions as a rhetorical device rather than a substantive standard. That is, it operates as a speech-act, a performance, as opposed to a careful method of analysis*».
[14] *Caremark*, 698 A.2d at 967.

Mas a sindicação da estupidez da decisão de gestão corre o risco de se deixar deslizar para uma apreciação substantiva, mesmo a *galactic stupidity*. E sabe-se como os tribunais americanos são avessos à reapreciação (*second guessing*) da substância de uma decisão de gestão já anteriormente tomada. Sem entrar numa apreciação substantiva, a decisão inadmissivelmente incompetente, irracional ou mesmo *galacticamente estúpida* ou violaria o *duty of care*, por falta de cuidado na decisão, ou o *duty of loyalty* por displicência, negligência grave – *gross negligence* – ou mesmo *recklessness*.

O *duty of good faith* acaba por se confundir com o *duty of care*, ou com o *duty of loyalty*, ou com ambos, como qualificação de uma maior gravidade da violação. Por isso, não creio que tenha o condão de transformar o tradicional binómio – *duty of care / duty of loyalty* – num trinómio.

Sem estar no mesmo plano que o *duty of care* e o *duty of loyalty*, o *duty of good faith* não deixa, porém, de ser relevante na qualificação de comportamentos dos gestores que revelem, como escreve Hillary Sale[15], *deliberate indifference to their tasks or intentional subversion of their duties or roles* e como conclui:

> The key to good faith based on liability, then is in upping the bar from negligent behavior to deliberately indifferent, egregious, or knowing behavior, and thereby, rising issues related to the motives of the actors.

Ou, nas palavras de Chandler[16]:

> Upon long and careful consideration, I am of the opinion that the concept of <u>intentional dereliction of duty, a conscious disregard for one's responsibilities</u>, is an appropriate (although not the only) standard for determining whether fiduciaries have acted in good faith. Deliberate indifference and inaction in the face of duty to act is, in my mind, conduct that is clearly disloyal to the corporation. It is the epitome of faithless conduct.[17]

É fundamental nunca perder de vista que toda esta apreciação só pode ser *procedimental* e nunca pode ser *substancial*. Neste sentido, importa reler as palavras do juiz Allen do Delaware Court of Chancery, no caso Caremark[18]:

---

[15] Hillary A. Sale, *Delaware's Good Faith*, p. 127.
[16] *Disney IV*, 2005 WL 1875804 at 105.
[17] *Disney IV*, 2005 WL 1875804 at 123.
[18] *In re Caremark International Inc. derivative action*, 698 A.2d at 967.

What should be understood but may not widely be understood by courts or commentators who are not often required to face such questions, is that compliance with a director's duty of care can never appropriately be judicially determined by reference to <u>the content of the board decision</u> that leads to a corporate loss, apart from consideration of the good faith or rationality of the process employed. That is, whether a judge or jury considering the matter after the fact, believes a decision substantively wrong, or degrees of wrong extending through "stupid" to "egregious" or "irrational", provides no ground for director liability, so long as the court determines that the process employed was either rational or employed in <u>a good faith</u> effort to advance corporate interests.

To employ a different rule – one that permitted an "objective" evaluation of the decision – would expose directors to substantive second guessing by ill-equipped judges or juries, which would, in the long run, be injurious to investor interests. Thus, the business judgment rule is process oriented and informed by a deep respect for <u>good faith</u> board decisions.

Do caso *Caremark* resultou sobretudo um dever específico de monitorização e controlo interno – o *duty to monitor the on-goin operations of the corporation* – que tem por conteúdo o dever que recai sobre os *Directores* de controlarem e conhecerem os comportamentos dos empregados da sociedade no exercício de funções, não lhes sendo lícito invocar o seu desconhecimento: se não souberem ou se não souberam, é como se soubessem.[19] Mas não é qualquer falha de controlo que constitui violação do *duty to monitor*,

---

[19] Leo E. Strine Jr., Lawrence A. Hamermesh, R. Franklin Balotti, Jeffrey M. Gorris, *Loyalty's Core Demand: The Defining Role of Good Faith in Corporation Law*, The Harvard John M. Olin Center for Law, Economics and Business, p. 77s., http://www.law.harvard.edu/programs.olin_center acessível em http://ssrn.com/abstracta=1349971. No caso discutia-se a responsabilidade dos *Directors* por comportamentos comerciais adoptados pela sociedade, mas directamente da iniciativa e da autoria de empregados da mesma, dos quais haviam resultado a aplicação de multas e outras sanções que tinham causado danos à sociedade. Este *duty to monitor* é hoje particularmente interessante em Portugal quando se começa a generalizar a prática, por parte de administradores, de invocar o desconhecimento do que se passava na sociedade ou de certos actos ou operações da mesma. Sobre o dever de vigilância, João Soares da Silva, *Responsabilidade Civil dos Administradores de Sociedades: os Deveres Gerais e os Princípios da Corporate Governance*, ROA, 1997, II, pp. 623-624, e especificamente quanto ao dever de vigilância dos gestores não executivos em relação à actividade dos demais, Alexandre Soveral Martins, *A Responsabilidade dos Membros do Conselho de Administração por Actos ou Omissões dos Administradores Delegados ou dos Membros da Comissão Executiva*, BFD, 2002, p. 376-377.

only a sustained or systematic failure of the board to exercise oversight – such as an <u>utter attempt to assure a reasonable information and reporting system exists</u> – will establish the lack of good faith that is a necessary condition to liability.[20]

Durante alguns anos houve uma certa incerteza sobre a qualificação do *duty of good faith* como um terceiro *fiduciary duty* susceptível de constituir um trinómio conjuntamente com o *duty of care* eo *duty of loyalty*. Essa incerteza terminou com o caso *Stone v. Ritter*.[21]Neste caso, o tribunal seguiu a doutrina *Caremark*, mas aproveitou para deixar claro que o dever de agir com boa fé é um elemento subsidiário *of the fundamental duty of loyalty*, que o dever fiduciário fundamental que é violado pela actuação com má fé é o dever de lealdade, que não existe um trinómio de deveres fundamentais dos administradores e que *the fiduciary duty of loyalty is not limited to cases involving a financial or other recognizable fiduciary conflict of interest. It also encompasses cases where the fiduciary fails to act in goo faith.*

Passados treze anos de relativa incerteza, ficou claro que se mantém, no sistema do Delaware, o binómio de deveres fiduciários fundamentais: *duty of care* e *duty of loyalty*; este último integra o *duty of goo faith*.[22]

2. A relevância do sistema de Delaware na concretização do direito português das sociedades comerciais

Posto isto, cabe perguntar para quê tanta atenção ao sistema norte-americano, mais concretamente ao sistema de Delaware, quando o sistema jurídico-privado português contém as normas necessárias no Código das Sociedades Comerciais e quando a principal referência exógena doutrinário-metodológica tem sido a alemã. A doutrina portuguesa de direito societário (e não só essa), de há anos para cá, está pejada de referências doutrinárias e metodológicas a autores e obras de língua alemã.

O novo direito societário, principalmente no que tange às sociedades anónimas cotadas, mais ainda às que estão cotadas em bolsas transnacionais (como, por exemplo, a Euronext), não pode desligar-se dos padrões normativos e dogmáticos, dos usos, das práticas típicas, das terminologias

---

[20] *Caremark*, 698 A.2d at 971.
[21] S<small>TONE</small> V. R<small>ITTER</small>, 911 A.2d at 369 .29. O caso é semelhante ao *Caremark*: tratou-se de um Banco cujos empregados omitiram os comportamentos necessários a evitar operações de branqueamento de capitais sem que os administradores se tivessem apercebido.
[22] L<small>EO</small> E. S<small>TRINE</small> J<small>R</small>., L<small>AWRENCE</small> A. H<small>AMERMESH</small>, R. F<small>RANKLIN</small> B<small>ALOTTI</small>, J<small>EFFREY</small> M. G<small>ORRIS</small>, Loyalty´s Core Demand: *The Defining Role of Good Faith in Corporation Law*, cit., p. 85.

e até do que pode chamar-se a cultura das *securities*. No mundo globalizado onde se inserem, os mercados financeiros da actualidade são dominados pelos padrões anglo-americanos, mais concretamente pelos da lei do Delaware. A própria doutrina alemã, nestas matérias, é directamente influenciada pela doutrina, pela jurisprudência e pela lei do Estado norte-americano do Delaware. Não tem, para mim, sentido nem me parece sensato, importar o sistema do Delaware através da doutrina alemã. Porque não recorrer directamente à fonte?

Por outro lado, a nova redacção dos artigos 64.° e 72.° do CSC, e os trabalhos preparatórios da CMVM que lhe está na origem, são bem claros na inspiração que os rege. As referências, no artigo 64.° ao dever de cuidado e ao dever de lealdade, correspondem com toda a clareza a uma transposição do *duty of care* e do *duty of loyalty*. O n.° 2 do artigo 72.°, confrontado com o artigo 64.° revela bem claramente a influência da *business judgment rule*, embora tenha sofrido uma peculiar inversão e o texto preparatório da CMVM é mesmo expresso em tal sentido.[23]

Já foi contra-argumentado com a soberania legislativa portuguesa, mas tal não me impressiona. Esta matéria é de Direito Comercial. O Direito Comercial é um direito naturalmente cosmopolita. Hoje, em Portugal, o próprio regime do *mercado único*, impede o nacionalismo jurídico. O Direito Comercial português já não pode, hoje, ser encarado como direito puramente nacional, é comunitário. E a própria União Europeia, em matéria de mercado financeiro, bolsista e de *securities* adoptou já com naturalidade o sistema de Delaware.

As sociedades anónimas portuguesas (de estatuto português, para ser mais preciso), que estejam cotadas na Bolsa de Lisboa, não podem deixar de se reger pelas regras de Delaware, que são as que regem na Euronext.

É, pois, comercialmente insensato e juridicamente incorrecto ignorar o sistema de Delaware.

Não pretendo que o direito do Delaware seja directamente aplicável em Portugal. Não é isso. Mas é imprescindível que, ao estudar, interpretar e concretizar o sistema de responsabilidade dos administradores, tal como consta dos artigos 64.° e 72.° e seguintes do CSC se não perca de vista o sistema de Delaware.

---

[23] Pais de Vasconcelos, *Responsabilidade Civil dos Gestores das Sociedades Comerciais*, DSR, 1, p. 23. Fátima Gomes, *Reflexões em torno dos Deveres Fundamentais dos Membros do Órgão de Gestão (e Fiscalização) das Sociedades Comerciais à Luz da Nova Redacção do Artigo 64.° do CSC*, Os 20 Anos do Código das Sociedades Comerciais, II, pp. 554, António Fernandes de Oliveira, *Responsabilidade Civil dos Administradores, Código das Sociedades Comerciais e Governo das Sociedades*, Almedina, Coimbra, 2008, pp.

Não podem, porém, ser desconsideradas as dificuldades dogmáticas envolvidas pelas diferenças dos dois sistemas, principalmente no que respeita aos parâmetros da responsabilidade civil.

3. O problema da ilicitude e da culpa no sistema de responsabilidade dos administradores

No sistema português de responsabilidade civil é doutrinariamente dominante, em Portugal, a diferenciação entre a ilicitude e a culpa[24]. A ilicitude assenta num juízo objectivo de desconformidade entre um comportamento ou um resultado e o plano objectivo do dever-ser; a culpa, diversamente, assenta num juízo subjectivo de reprovação do comportamento de certa e determinada pessoa a quem é imputado um ilícito. Esta dualidade – ilicitude e culpa – permite concluir que certos actos ilícitos não sejam culposos porque, embora contrários ao plano objectivo do dever-ser, embora sejam comportamentos ou resultados que, em abstracto, não deviam ter acontecido, a sua prática por aquela pessoa e naquelas circunstâncias seja ou não seja concreta e subjectivamente exigível e, consequentemente, reprovável.

Mas a responsabilidade civil pode estruturar-se de outro modo, sem esta dualização entre a ilicitude e a culpa. É mesmo muito frequente que seja construída sobre um factor unitário que, no fundo, engloba a ilicitude e a culpa. Concepções jusfilosóficas como o finalismo, por exemplo, não prescindem de um elemento subjectivo no juízo de ilicitude[25]. No sistema português, PESSOA JORGE[26], por exemplo, reduz os pressupostos da responsabilidade civil a dois: acto ilícito e prejuízo reparável. Mas a questão mais difícil vem do facto de o sistema de Delaware não fazer de todo a distinção entre ilicitude e culpa. Neste sistema, a responsabilidade civil trabalha com um outro operador: o *wrongdoing*.[27]

Desta discrepância de configuração de sistemas de responsabilidade civil emerge uma dificuldade que não tem sido, em minha opinião, sufi-

---

[24] Por todos, ANTUNES VARELA, *Das Obrigações em Geral*, I, 10.ª ed., Almedina, Coimbra, 2000, pp. 525 SS.

[25] RIBEIRO DE FARIA, *Algumas Notas sobre o Finalismo*, BFD 69 (1993), pp. 71-160.

[26] PESSOA JORGE, *Ensaio Sobre os Pressupostos da Responsabilidade Civil*, Cadernos de Ciência e Técnica Fiscal, 80, Lisboa, 1968, pp. 55 s.

[27] JOHN C. P. GOLDBERG / BENJAMIN C. ZIPURSKY, *Tort Law and Moral Luck*, Cornell Law Review, 92, Sept. 2007, nr 6, p. 1172: *Whether in law or morality, the matter of one's responsibility for another's injury because of misconduct is distinct from the matter of one's culpability or blameworthiness for that conduct.*

cientemente tida em conta: não é fácil transpor directamente o sistema de responsabilidade civil do Delaware para o dos artigos 64.º/72.º e seguintes do CSC.

O n.º 1 do artigo 72.º do CSC, autonomiza com clareza a culpa, quando a presume, e também o n.º 1 do artigo 78.º o faz, quando a não presume. O binómio constituído pelos artigos 72.º e 78.º do CSC enquadra-se bem na configuração dual da responsabilidade civil, dominante em Portugal, que separa a ilicitude e a culpa (artigo 483.º do CC), que presume a culpa na responsabilidade civil contratual (artigo 799.º) e que impõe sobre a vítima o ónus da sua prova na responsabilidade civil delitual (artigo 487.º). Essa diversidade de configurações da responsabilidade civil será de molde a impedir a concretização do regime de responsabilidade dos gestores, constante dos artigos 64.º e 72.º e seguintes do CSC, do modo como é feita no sistema de Delaware?

A minha resposta é negativa. O sistema de responsabilidade de Delaware tem sido transposto, melhor ou pior, para outros ordenamentos, embora nem sempre da melhor maneira. Sem dificuldades no sistema inglês, embora com uma pulverização de *duties* na *section* 40 do *Companies Act 2006*, sem o enquadramento nos dois principais *fiduciary duties* – *duty of care* e *duty of loyalty*; no direito alemão, o sistema funciona com dualização de ilicitude e culpa; no francês, com o operador *faute*, no brasileiro, com um conceito amplo de ilicitude que não prescinde da imputação subjectiva. Enfim, cada ordenamento transpõe o sistema de Delaware adaptado à configuração da responsabilidade civil que lhe é própria.

Não me parece, pois, que haja razão para afastar o sistema de Delaware com fundamento na diferente configuração da responsabilidade civil. Não obstante, não me parece também que na transposição ou, se se preferir, na concretização, se deva deixar de ter em conta a diversidade das configurações, que se possa simplesmente ignorá-las.

Por outro lado, não me parece, ainda, que haja que alterar o modo como o sistema de responsabilidade civil é configurado no direito português. Embora não haja unanimidade entre os autores, pode assumir-se como dominante a dualização da ilicitude e da culpa. Sem tomar partido numa questão que ultrapassa o tema deste texto, parece-me mais adequado à própria redacção dos preceitos relativos à responsabilidade civil dos gestores, distinguir a ilicitude e a culpa. Tal distinção é mesmo exigida, como disse já, pelos artigo 72.º, n.º 1 e 78.º, n.º 1.

4. Uma presunção de ilicitude no n.º 2 do artigo 72.º do CSC

Em *D&O Insurance*[28], imediatamente a seguir à alteração dos artigos 64.º e 72.ºss. do CSC, sustentei que o artigo 64.º contém os critérios de licitude e que, no artigo 72.º, o n.º 1 estabelece a presunção de culpa característica da responsabilidade obrigacional e o n.º 2 contém uma presunção de ilicitude da actuação do gestor e reafirmei esta orientação no primeiro número desta revista[29]. Defendo criticamente esta posição. Deixo claro ser uma péssima opção legislativa. Mas é o que está na lei. Não sou, por opção metodológica e jus-filosófica, adepto de um legalismo que deixe o intérprete e o aplicador do Direito sem defesas perante leis iníquas ou simplesmente mal escritas. Não sou positivista e muito menos positivista-legalista. O meu respeito pela letra da lei não me impede de aceitar e de proceder a interpretações correctivas e ao desenvolvimento do direito *praeter* e até *contra legem* se houver fundamento para tal e quando se mostre necessário. Mas, esta presunção de ilicitude, por mais que a consideremos uma violência legal, está lá bem plasmada na letra da lei e nos trabalhos preparatórios elaborados pela CMVM[30].

No entanto, não posso ser insensível a outras posições tomadas por juristas que muito respeito e que pensam de modo diferente. Há fundamentalmente duas linhas de orientação diferentes da minha: uma que interpreta o n.º 2 do artigo 72.º em ligação com o n.º 1 do mesmo artigo e como uma limitação à presunção de culpa que ali está consagrada, e outra que o lê como estabelecendo uma «causa de exclusão da responsabilidade». É importante dialogar sobre o assunto.

A primeira destas posições trabalha o n.º 2 do artigo 72.º como matéria de culpa, a segunda como de ilicitude.

O n.º 2 amaciaria a dureza da presunção de culpa que está no n.º 1. O gestor, segundo a regra geral da responsabilidade civil contratual, teria o ónus de convencer que, embora ilícita a sua acção ou omissão, a sua gestão, no caso e nas circunstâncias concretas, não teria culpa pessoal, não lhe seria pessoalmente reprovável o que sucedera. Este é um ónus pesado, que

---

[28] Pais de Vasconcelos, *D&O Insurance – O Seguro de Responsabilidade Civil dos Administradores e outros Dirigentes da Sociedade Anónima*, Estudos em Homenagem ao Prof. Doutor Incência Galvão Telles, Almedina, Coimbra, 2007, pp. 1168-1175 (também disponível em Edições Almedina Online).

[29] Pais de Vasconcelos, *Responsabilidade Civil dos Gestores das Sociedades Comerciais*, DSR, 1, pp. 2425 e 30-31.

[30] Pais de Vasconcelos, *D&O Insurance – O Seguro de Responsabilidade Civil dos Administradores e outros Dirigentes da Sociedade Anónima*, cit., pp. 1168-1175 e *Responsabilidade Civil dos Gestores das Sociedades Comerciais*, cit., pp. 24-25 e 30-31.

seria adequado aos casos normais de incumprimento do contrato, mas que no caso específico do contrato de gestão, entre a sociedade e o gestor, seria excessivo. Daí ser amaciado com o n.º 2, segundo o qual a presunção de culpa não subsistiria se fosse demonstrado pelo gestor *que actuou em termos informados, livre de qualquer interesse pessoal e segundo critério de racionalidade empresarial.* A presunção de culpa seria assim ilidida[31].

A segunda das posições encara o regime do n.º 2 do artigo 72.º como uma questão de licitude. A referência à ilicitude é claramente mais justificada que a convocação da culpa. A actuação do gestor «em termos informados, livre de qualquer interesse pessoal e segundo critérios de racionalidade empresarial» corresponde, embora por palavras bem pouco diferentes, ao que está no artigo 64.º. A actuação «em termos informados» corresponde claramente ao dever de cuidado (*duty of care*), tal como concretizado no caso *Von Gorkom*; a actuação «livre de qualquer interesse pessoal» corresponde também exactamente ao dever de lealdade (*duty of loyalty*), tal como concretizado, em geral, pelos tribunais de Delaware; a actuação «segundo critério de racionalidade empresarial» enquadra-se novamente no dever de lealdade (*duty of loyalty*, através do *duty of good faith*), tal como concretizado no caso *Disney*, embora formalmente, no direito português, caiba na alínea a) do n.º 1 do artigo 64.º por referência à expressão «...revelando (...) a competência técnica e o conhecimento da actividade da sociedade adequados às suas funções...»[32]. Não me parece, porém, que faça

---

[31] Numa segunda tomada de posição, a CMVM (Complemento ao processo de consulta pública n.º 1/2006) veio tentar emendar a mão, dizendo que *a influência da* business judgment rule *foi acolhida apenas quanto à explicitação dos elementos probatórios a ser utilizados pelo administrador demandado para ilidir a presunção de culpa*. A CMVM não tem poder nem competência para fazer uma espécie de *interpretação autêntica* da lei. Esta orientação coincide com Calvão da Silva, *"Corporate Governance" – Responsabilidade de Administradores não Executivos, da Comissão de Auditoria e do Conselho Geral e de Supervisão*, RLJ, ano 136.º, n.º 3940 (Setembro-Outubro de 2006), p. 54. António Pereira de Almeida, *Sociedades Comerciais e Valores Mobiliários*, Coimbra Editora, Coimbra, 2008, p. 262, desliga o n.º 2 do artigo 72.º da licitude: *em caso de violação de deveres gerais de conduta dos administradores, competirá à sociedade demandante o ónus da prova – ainda que indiciária – de factos integrantes da violação desses deveres – por acção ou omissão – ficando a cargo do administrador demandado a impugnação dessa prova.*
[32] A referência à licitude surge com clareza em Gabriela Figueiredo Dias, *Estruturas de Fiscalização de Sociedades e Responsabilidade Civil*, Nos 20 Anos do Código das Sociedades Comerciais, I, Coimbra Editora, Coimbra, 2007, pág. 828-831, e em *A Fiscalização Societária Redesenhada: Independência, Exclusão de Responsabilidade e Caução Obrigatória dos Fiscalizadores*, Reformas do Código das Sociedades, IDET, Colóquios n.º 3, pp. 310-311. Também em Coutinho de Abreu, *Responsabilidade Civil dos Administradores de Sociedades*, cit., p. 43: *o administrador, porém, que prove terem-se verificado as condições postas na norma do n.º 2 do art. 72.º não poderá ser responsabilizado (por ausência de ilicitude)*. Este Autor, no entanto, qualifica também a questão como de culpa: *não só ilidirá a presunção de culpa (estabelecida no n.º 1 do art. 72.º) como*

alguma diferença subsumir esta matéria ao dever de cuidado ou ao dever de lealdade, porque não são estanques, como bem demonstra Rosenberg.[33]

A opção pela interpretação do n.º 2 do artigo 72.º como uma causa de exclusão da culpa assenta em duas premissas. Uma vem da consideração do artigo 64.º do CSC como uma norma vazia, sem conteúdo prestacional.[34] O n.º 2 do artigo 72.º não teria, assim, qualquer ligação com o artigo 64.º, mas antes com o modo como o gestor cumpria os seus deveres consagrados noutros preceitos da lei ou dos estatutos. Se, não obstante a violação de tais preceitos pelo gestor, este tivesse agido *em termos informados, livre de qualquer interesse pessoal e segundo critérios de racionalidade empresarial*, haveria ilicitude mas faltaria a culpa porque, em tais circunstâncias, a concreta actuação do gestor não lhe seria pessoalmente reprovável, não lhe seria pessoalmente exigível que tivesse agido doutro modo. Este seria um dos modos pelos quais o gestor demonstraria ter agido sem culpa, o que seria relevante perante o n.º 1 do artigo 72.º. Outra vem da interpretação do n.º 2 do artigo 72.º como fixando o critério da diligência devida na gestão e com a identificação da negligência com a culpa. Ao demonstrar ter agido como refere o n.º 2 do artigo 72.º, o gestor estaria a provar que agiu com a diligência devida, isto é, sem negligência, quer dizer, sem culpa. Também deste modo a sua responsabilidade seria excluída por falta de culpa. O artigo 72.º conteria, então, dois preceitos, o n.º 1 e o n.º 2, sobre a culpa e a sua presunção, no primeiro, e a respectiva ilisão, no segundo.

Estes argumentos não me convencem.

Em primeiro lugar, o artigo 64.º do CSC contém uma norma perceptiva com um claro conteúdo prestacional. Contém os dois principais deveres fiduciários a que obriga os gestores no exercício da gestão das sociedades comerciais: o dever de cuidado e o dever de lealdade. E não é correcta uma interpretação que prive a lei interpretada de conteúdo útil. Esta desvalorização do artigo 64.º vem na esteira da opinião de Raúl Ventura[35] que, numa linha de pensamento orientada para a *shareholder primacy*, tenta

---

também (e mais decisivamente) demonstrará a licitude da sua conduta) (ob. e loc. cit.); e, no mesmo sentido, *Deveres de Cuidado e de Lealdade dos Administradores e Interesse Social*, IDET, Colóquios, n.º 3, p.30. António Fernandes de Oliveira, *Responsabilidade dos Administradores*, Código das Sociedades Comerciais e Governo das Sociedades, Almedina, Coimbra, 2008, p. 259, vê no n.º 2 do artigo 72.º uma *causa de exclusão da ilicitude* ou de *delimitação negativa da ilicitude*.

[33] Rosenberg, *Galactic Stupidity and The Business Judgment Rule*, cit.

[34] Esta atitude faz-me recordar a interpretação «oficial» do artigo 8.º da Constituição de 1933, que continha os direitos fundamentais, como uma norma «programática».

[35] Raúl Ventura, *Sociedade por Quotas*, III, Almedina, Coimbra, 1996, pp. 150-151.

evitar a prioridade do interesse da sociedade sobre o interesse do sócio e a consideração de outros interesses para além deste. Esta concepção está desactualizada, como demonstrei já no primeiro número desta revista[36].

Em segundo lugar, a convocação do binómio diligência/negligência para a concretização do n.º 2 do artigo 72.º não me parece de aceitar. A diligência pode ser entendida em sentido subjectivo como *a tensão da vontade para o cumprimento do dever* ou em sentido normativo como *o grau de esforço exigível para determinar e executar a conduta que representa o cumprimento do dever* e em sentido objectivo como *o grau de esforço necessário para atingir certo fim, independentemente de saber se este é devido e sem referência a nenhuma pessoa concreta.*[37] A diligência funciona de modo diverso consoante se dirige a deveres e conteúdo determinado ou indeterminado. Quando o dever é de conteúdo indeterminado e a sua determinação é feita em função de um fim, como sucede com o dever de administrar bens alheios, como sucede com o dever do gestor, a diligência contribui para a determinação do próprio conteúdo do comportamento devido, o que *não se reporta ao aspecto subjectivo da culpa (...), mas, sim, ao aspecto objectivo da omissão do comportamento devido*, isto é, à licitude ou ilicitude do agir do gestor.[38]

Em terceiro lugar, não há razão para ver no n.º 2 do artigo 72.º uma referência, ainda que indirecta ao dever de diligência, tal como costuma ser entendido no Direito das Obrigações em Portugal. Aliás, a epígrafe originária do artigo 64.º, que era *dever de diligência*, foi substituída por *deveres fundamentais*. O que está no n.º 2 do artigo 72.º são os dois principais (fundamentais) deveres fiduciários dos gestores, o dever de cuidado (*duty of care*) e o dever de lealdade (*duty of loyalty*), tal como no sistema de Delaware. É importante ter em mente que o âmbito material de aplicação da *business judgmente rule* deve ser limitado à relação interna entre o administrador e a sociedade e ao campo em que existe a discricionariedade e o risco típicos da gestão comercial da sociedade. Toda a sua génese e desenvolvimento histórico, assim como a sua funcionalidade tem a ver unicamente com os riscos comerciais que o gestor tem de assumir no exercício da administração. Trata-se de gestão de interesses e bens alheios em que,

---

[36] Pais de Vasconcelos, *Responsabilidade Civil dos Gestores das Sociedades Comerciais*, cit., pp. 11 ss. e também *A Participação Social nas Sociedades Comerciais*, 2.ª ed., Almedina, Coimbra, 2006, pp. 313 ss.

[37] Pessoa Jorge, *Ensaio sobre os Pressupostos da Responsabilidade Civil*, cit., pp. 76-77.

[38] Pessoa Jorge, *Ensaio sobre os Pressupostos da Responsabilidade Civil*, cit., pp. 83-91, 98-102. No mesmo sentido, Menezes Cordeiro, *Manual de Direito das Sociedades*, I, *Das Sociedades em geral*, 2.ª ed., Almedina, Coimbra, 2007, pp. 808-811 3 839.

como bem observa Pessoa Jorge[39], a diligência é definidora do cumprimento devido e, como tal, matéria de licitude.

Mantenho, pois, a minha opinião já expressa anteriormente. No n.º 2 do artigo 72.º do CSC a desresponsabilização do gestor ocorre por falta de ilicitude e não por falta de culpa. Esta minha conclusão assenta em vários fundamentos.

Em primeiro lugar, e como acabo de escrever, o artigo 64.º e o n.º 2 do artigo 72.º contêm os critérios da definição do comportamento devido pelo gestor, do seu *dever-agir*, o que, como bem se compreende constitui matéria de licitude e não matéria de culpa.[40]

Em segundo lugar, a referência, no n.º 2 do artigo 72.º, à actuação *em termos informados, livre de qualquer interesse pessoal e segundo critérios de racionalidade empresarial*, corresponde substancialmente ao que consta dos dois números do artigo 64.º, isto é, ao cumprimento dos deveres de cuidado e de lealdade. Tudo o que ficou descrito da jurisprudência e da doutrina do Delaware sobre o assunto o confirma. E isto significa que o gestor a quem seja imputada responsabilidade pode defender-se provando que cumpriu os deveres de cuidado e de lealdade a que está vinculado, quer dizer, que satisfez o comportamento devido. Ora, se agiu de acordo com o devido, se cumpriu o comportamento devido, é indiscutível que agiu licitamente. Não chega, então a suscitar-se o juízo de culpa ou de desculpa, porque o juízo de licitude foi positivo. A acção do gestor foi lícita.

Choca que se obrigue o gestor a demonstrar que agiu licitamente em vez de se impor esse ónus a quem exige a responsabilidade, isto é, a quem se coloca como vítima, ao autor na acção. No sistema de Delaware, como se viu já, o ónus da legação e prova da violação pelo gestor do *duty of care* e do *duty of loyalty* cabe ao autor, a quem vem reclamar a indemnização. Quem invoca a ilicitude do comportamento do gestor tem de o provar. E, se não alegar e provar (convencer o tribunal) a violação do *duty of care* ou do *duty of loyalty*, a acção soçobra. O ónus da prova é do autor.

No sistema do Código das Sociedades Comerciais, quem propuser acção contra um gestor, tem de alegar os factos que lhe imputa e tem de os provar e tem ainda de alegar a sua ilicitude. No sistema de Delaware,

---

[39] Pessoa Jorge, *Ensaio sobre os Pressupostos da Responsabilidade Civil*, cit., pp. 83-91.
[40] Diversamente, Coutinho de Abreu, *Responsabilidade dos Administradores de Sociedades*, cit., p. 24, que conclui que *a norma do art. 64.º, 1, a), releva, por si só, em sede de (i)licitude e de culpa*, e p. 43, em que entende que o administrador que provar que cumpriu as três condições mencionadas no n.º 2 do artigo 72.º, *não só ilidirá a presunção de culpa (estabelecida no n.º 1 do art. 72.º) como também (e mais decisivamente) demonstrará a licitude da sua conduta*. Em minha opinião, porém, uma vez demonstrada a licitude da conduta, já não há lugar à ilisão da presunção de culpa.

tem de alegar e provar que tais factos constituem violação do *duty of care* ou do *duty of loyalty*, ou de ambos; se não o fizer, não há *cause of action*. No sistema do Código das Sociedades Comerciais, cabe ao réu, alegar e demonstrar (convencer) que ao ter praticado os factos que lhe são imputados (se não os impugnar), o fez com respeito pelos seus deveres fiduciários, tal como previstos nos artigos 64.° e 72.°, n.° 2.[41] Se o conseguir fazer, a acção é improcedente, na melhor interpretação, por falta de ilicitude; na outra, por falta de culpa. Em ambas as interpretações a acção não tem êxito. A invocação do cumprimento do dever não constitui, porém, segundo julgo, excepção de falta de culpa; o cumprimento de um dever constitui causa de justificação[42].

---

[41] CARNEIRO DA FRADA, *A business judgment rule no Quadro dos Deveres Gerais dos Administradores*, Nos 20 Anos do Código das Sociedades Comerciais, III, Coimbra Editora, Coimbra, 2007, p. 230: *no actual art. 72, n.° 2, a business judgment rule está formalmente concebida como causa de extinção da responsabilidade. Quer dizer que, para o legislador português – e ao contrário do que ocorre noutros entendimentos –, a boa administração se apresenta, por princípio, com questão judicialmente sindicável. (...) Apenas se exclui a responsabilidade do administrador se ele logra fazer prova da verificação das exigências do art. 72, n.° 2. Na medida em que faça essa demonstração, não pode ser responsabilizado pelos resultados danosos ou prejudiciais do seu empenho.* O mesmo Autor, em *Direito Civil - Responsabilidade Civil - O Método do Caso*, Almedina, Coimbra, 2006, p. 119, entende que *o art. 64.° contém um critério, não apenas de culpa, mas, desde logo, de ilicitude*. No que tange ao ónus da prova, sustenta que *cabe aos prejudicados (sociedade, sócio, terceiros) a demonstração da violação de um dever por parte* (dos administradores); *no entanto, eles raramente estão em condições de individualizar uma concreta conduta dos administradores susceptível de conduzir a responsabilidade quando está em causa um dever em cujo cumprimento há autonomia* por sua parte. E conclui: *daí que se tenha de auxiliar o lesado permitindo-lhe satisfazer essa necessidade de prova com a mera demonstração de um dano tão-só plausível ou (talvez melhor) eventualmente susceptível de conduzir a responsabilidade; devolvendo-se aos administradores o ónus de provar que observaram todas as exigências postas por uma boa administração (por exemplo, que respeitaram a referida* business judgment rule*)*. Em minha opinião, esta devolução aos gestores do ónus de provar que observaram todas as exigências postas por uma boa administração, corresponde a uma inversão do ónus da demonstração da ilicitude que confirma, no fundo, que foi presumida a ilicitude. A explicação dada pelo Autor para este regime parece-me justa: aplicar a regra geral de onerar as vítimas com o ónus de alegar e demonstrar a ilicitude da acção do gestor tornaria bem difícil a posição dos autores no processo, Mas parece-me também que essa é precisamente a intenção da *business judgment rule* no sistema de Delaware.
[42] ANA PERESTERELO DE OLIVEIRA, *A Responsabilidade Civil dos Administradores nas Sociedades em Relação de Grupo*, Almedina, Coimbra, 2007, p. 146-150, entende que *a* business judgment rule *funciona entre nós como uma causa de exclusão da ilicitude* e que *assim, caberá ao administrador provar que cumpriu as exigências contidas no art. 72.°, n.° 2, com vista a afastar uma eventual ilicitude da respectiva conduta*. Recusa todavia *admitir uma verdadeira presunção de ilicitude, apenas susceptível de ser afastada através da prova, pelo administrador, dos elementos enunciados no art. 72.°, n.° 2, do CSC*. Acrescenta que *não parece, contudo, que haja fundamentos para ir tão longe, tanto mais que essa solução envolveria o risco de uma expansão excessiva da responsabilidade dos administradores*. Invocando Caetano Nunes e Carneiro da Frada, prefere,

Como explicar estas aparentes anomalias? É necessário distinguir na responsabilidade dos gestores de sociedades comerciais as relações internas e as relações externas; o que é regido pela autonomia privada e o que é regime legal heterónomo; e também que a responsabilidade contratual abrange a relação entre o gestor e a sociedade e que a responsabilidade aquiliana que respeita à relação do gestor com terceiros (sócios, credores e outros).

5. Relação interna e relação externa

É preciso distinguir a responsabilidade do gestor na relação interna e na relação externa. Na relação interna, o gestor está ligado à sociedade. Entre eles vigora a relação de gestão. Esta relação assenta no contrato de gestão (ou de administração, se se preferir). Este contrato raramente é expresso; normalmente é tácito. Diversa é a relação que se pode estabelecer entre o gestor e terceiros (sócios, credores e outros).

O artigo 72.º só tem a ver com a relação interna, entre o gestor e a sociedade. Esta relação é interprivada e tem fundamento na autonomia privada. A responsabilidade, neste âmbito, é contratual (não aquiliana), e decorre da violação de um vínculo autónomo. Diferentemente, nos artigos 78.º e 79.º do CSC, a responsabilidade decorre de vinculações heterónomas, não contratuais, mas legais. É reconhecidamente daí que vêm o regime de presunção de culpa no n.º 1 do artigo 72.º e o regime de não presunção de culpa nos artigos 78.º e 79.º. O gestor não tem uma relação interprivada, negocial, autónoma com os terceiros: só a tem com a sociedade. É apenas perante a sociedade que ele se autovincula.[43]

O artigo 72.º só se aplica, pois, a actos imputáveis subjectivamente ao administrador e não a actos imputáveis subjectivamente à sociedade.

A responsabilidade civil de que trata o artigo 72.º só rege na relação interna, entre a sociedade e o gestor, mas não na relação externa entre a

---

quanto à ilicitude, *a exigência ao lesado da prova indiciária do facto ilícito, mais concretamente da prova de primeira aparência ou da prova prima facie*, como modo de conseguir *uma equilibrada distribuição do ónus da prova da ilicitude.*

[43] Na autovinculação autónoma e negocial entre o gestor e a sociedade, seja no início do contrato, seja durante a sua execução, pode, por exemplo, ser estipulado o grau de risco da gestão, mais activa e agressiva ou mais prudente e conservadora. O que for estipulado não pode deixar de ser tido em conta na apreciação da responsabilidade do gestor. E note-se que o regime dos artigos 64.º, 72.º e seguintes do CSC se aplica a todos os tipos de sociedades comerciais e não apenas às sociedades anónimas, em que os gestores são muito independentes da assembleia geral.

sociedade e o Estado ou outros terceiros. Esta relação interna é regida pelo dever fiduciário de gestão de bens e interesses alheios (*agency*)[44]. O critério do dever fiduciário de gestão da sociedade é o que está no artigo 64.º do CSC e, por outras, mais curtas palavras, no n.º 2 do artigo 72.º.

6. Actos propriamente de gestão e actos vinculados de administração

COUTINHO DE ABREU, nesta matéria, distingue *deveres contratuais, deveres legais específicos* e *deveres legais gerais*.[45] Estou fundamentalmente de acordo com o seu pensamento, salvo em algumas questões de detalhe. No entanto, prefiro distinguir categorias de actos em vez de categorias de deveres.

A *business judgment rule* está construída para proteger os gestores da apreciação judiciária dos *actos propriamente de gestão*, isto é, dos actos que pratiquem, das decisões que tomem, das orientações que deliberem e sigam em matéria de discricionariedade de gestão. Faz parte da gestão das sociedades comerciais que os gestores tomem decisões de risco[46], que querem que resultem bem, mas que podem resultar mal, e que ninguém pode ter a certeza de antemão como irão resultar. O lucro é a contrapartida do risco (não é do investimento) e sem risco não há comércio (especulação) nem gestão comercial. É típico da gestão das sociedades comerciais os riscos de os negócios correrem mal. Uma gestão sem risco não é um bem desejado no comércio, é o contrário disso; gestores que não corram qualquer risco gerem ilicitamente mal as respectivas sociedades. A *business judgment rule* tem como função, como *telos*, evitar que os gestores, assustados pelos tribunais, adoptem práticas de *gestão defensiva*[47] e evitar que

---

[44] PAIS DE VASCONCELOS, *Responsabilidade Civil dos Gestores das Sociedades Comerciais*, cit., pp. 112-13.
[45] COUTINHO DE ABREU, *Responsabilidade dos Administradores de Sociedades*, cit., pp. 9 ss.
[46] MARIA ELISABETE RAMOS, *Aspectos Substantivos da Responsabilidade Civil dos membros do Órgão de Administração Perante a Sociedade*, BFD, 1997, pp. 232-233.
[47] O termo *gestão defensiva* é, que eu saiba, novo. Inspira-se na *medicina defensiva*, resultado perverso da excessiva responsabilização judicial dos médicos. Assustados com as acções de *malpractice* os médicos acabaram por evitar todos os riscos na terapia e principalmente na cirurgia com resultados terríveis para os doentes. Assim como a *medicina defensiva* é um produto perverso da hiper responsabilização dos médicos e tem causado prejuízos graves aos doentes, a *gestão defensiva*, com a fuga ao risco mercantil, teria péssimas consequências no comércio e na gestão das sociedades mercantis. A principal função da *business judgment rule* consiste em evitar que uma hiper responsabilização dos gestores conduza a uma *gestão defensiva*.

sejam julgados por um negócio que correu mal. O dever de gestão, com a assunção de riscos que é inerente a uma boa gestão, é um dever fiduciário, que ocupa um lugar central na relação de *agency* entre o gestor e a sociedade que gere.[48]

Cabe, então, perguntar se é adequado, se tem sentido, aplicar a *business judgment rule* fora do âmbito material dos *actos propriamente de* gestão.[49] Parece-me que não.

A *business judgment rule* só tem sentido quando aplicada a *actos propriamente de gestão* e não a todos os actos ilícitos que o gestor eventualmente pratique. Se os gestores resolverem manipular ou falsificar, a escrita, para ocultarem lucros de modo que a sociedade pague menos impostos, se o fizerem no interesse da sociedade sem qualquer interesse próprio, se o fizerem estudada e ponderadamente, mesmo com o apoio de consultores reputados, e se a sociedade vier a ser multada por esse facto, a sociedade tem de pagar a multa e pode responsabilizar os gestores pelo seu valor. A *business judgment rule* não os pode isentar de responsabilidade, porque defraudar ou não defraudar o fisco e falsificar ou não falsificar a escrita não são *actos propriamente de gestão* em cuja prática haja discricionariedade, são *actos vinculados*.

Não obsta a esta conclusão a redacção dos artigos 64.° e 72.°, quando refere deveres legais e estatutários. O facto de certo dever constar de uma lei ou de um código não significa que não tenha natureza contratual ou negocial. Já tive a oportunidade de o demonstrar.[50] Em direito privado, como é o Direito Comercial e o Direito das Sociedades Comerciais, os tipos contratuais têm frequentemente uma regulamentação detalhada na lei. Mas essa regulamentação nem por isso deixa de fazer parte do tipo legal do contrato ou do negócio. Assim sucede com o artigo 64.° que, ao reger sobre os deveres do gestor perante a sociedade, faz parte dos tipos legais de sociedades comerciais. A referência, no n.° 1 do artigo 72.°, a deveres legais ou contratuais é útil ao impedir que a distinção se centre sobre a sua localização em instrumentos formalmente legais ou formalmente contratuais. O que interessa é a natureza substancial dos deveres e

---

[48] CARNEIRO DA FRADA, *Direito Civil – Responsabilidade Civil – O Método do Caso*, cit., pp. 118--123, em sentido semelhante, distingue deveres *que não conferem espaço de discricionariedade* que *não consentem margens de apreciação e que são, nesse sentido, de cumprimento estrito* e deveres *que envolvem uma autonomia de julgamento*.

[49] COUTINHO DE ABREU, *Responsabilidade dos Administradores de Sociedades*, cit., pp. 45-47, procede também à restrição do âmbito material de aplicação da *business judgment rule*, que limita a violações do *dever de cuidado*, excluindo as violações do *dever de lealdade*, do *dever de tomar decisões procedimentalmente razoáveis* e ainda dos *deveres legais específicos*.

[50] PAIS DE VASCONCELOS, *Contratos Atípicos*, 2ª ed., Almedina, Coimbra, 2009, pp. 319 s.

não a natureza do seu suporte formal. São deveres que integram a relação fiduciária de gestão entre a sociedade e o gestor[51]. Esses deveres são os que estão no artigo 64.º do CSC: o dever de cuidado (*duty of care*) e o dever de lealdade (*duty of loyalty*)[52].

Para a concretização destes dois deveres deve contribuir o texto do artigo 64.º e ainda o adquirido jus-cultural da *business judgment rule* nos direitos das nações civilizadas.[53] Do texto do artigo 64.º retira-se, em primeiro lugar, da nova epígrafe, que consagra os *deveres fundamentais* dos gestores. Desta referência pode (deve) retirar-se o sentido de que há dois níveis de deveres dos gestores: um nível superior, em que se situam os deveres de cuidado e de lealdade; e um nível inferior onde se situam os demais deveres relativos à prática de *actos propriamente de gestão*, que são discricionários, de *deveres operacionais de* gestão a que os gestores estão vinculados sem margem de discricionariedade.

No primeiro nível, dos deveres fundamentais, os deveres de cuidado e de lealdade devem ser concretizados de acordo com o texto do artigo 64.º.

O dever de cuidado obriga os gestores a prepararem cautelosamente as decisões (*Von Gorkom*), recorrendo para isso ao auxílio de especialistas internos ou externos e organizando os processos (como os processos instrutórios do Direito Administrativo) que sejam necessários para que as suas decisões possam ser sindicadas e avaliadas.

O n.º 1 do artigo 64.º exige ainda que o gestor exerça a sua função *revelando a disponibilidade, a competência técnica e o conhecimento da actividade da sociedade adequados às suas funções e empregando nesse âmbito a diligência de um gestor criterioso e ordenado*. Não se trata, penso eu, de deveres autónomos, mas antes do *modo* como o dever de cuidado deve ser cumprido. Só perante as circunstâncias do exercício do cargo, o tipo legal e social de sociedade, o conteúdo do contrato de administração, etc., se pode saber determinar com que grau de disponibilidade e assiduidade o cargo deve ser exercido, a competência técnica, o conhecimento da actividade da sociedade e até qual o grau de diligência exigível. É completamente diferente a concretização no que tange a gestores profissionais, a simples sócios, a administradores executivos ou a administradores não executivos, a gerentes duma sociedade em nome colectivo em que todos os sócios

---

[51] Não fazem parte destes deveres os que emerjam de acordos parassociais, que integram tipicamente relações entre sócios não oponíveis à sociedade e muito menos aos seus gestores.
[52] Diversamente, Coutinho de Abreu, *Responsabilidade Civil dos Administradores*, cit., p. 46.
[53] Faço aqui uso intencional da célebre expressão da Lei da Boa Razão: *Ou aquela boa razão, que se funda nas outras Regras, que de universal consentimento estabeleceu o Direito das Gentes para a direcção, e governo de todas as Nações civilizadas.*

são, ou não, gerentes, a gerentes duma sociedade por quotas, sócios ou não sócios, de uma comandita, simples ou por acções, ou a administradores de sociedades anónimas, familiares, fechadas, abertas, multinacionais. São tão diversos os casos e as circunstâncias, que estas referências da lei só podem ser concretizadas *in* casu.[54]

O dever de lealdade veda, desde logo, a contratação consigo mesmo (*selfdealing*) e a sobreposição do interesse do administrador ao interesse da sociedade. Fica muito claro que o interesse da sociedade sobrevale o do gestor, o que tem inegável interesse perante os casos – poder-se-ia dizer *epidémicos* – em que gestores sacrificaram os interesses das sociedades que geriam aos seus próprios, simulando ganhos e dissimulando perdas, de modo a apresentarem resultados falsamente positivos e inflacionados, para ganharem prémios de gestão e outros *fringe benefits*. São também contrários ao dever de lealdade, o aproveitamento de oportunidades de negócios da sociedade, as remunerações excessivamente elevadas, as compensações excessivas pelo termo do mandato, etc.

O n.° 2 do artigo 64.° impõe que o dever de lealdade seja cumprido *no interesse da sociedade, atendendo aos interesses de longo prazo dos sócios e ponderando os interesses dos outros sujeitos relevantes para a sustentabilidade da sociedade, tais como os trabalhadores, clientes e credores*. Também aqui, como no número anterior, não se trata de deveres autónomos mas antes da explicitação do modo como o dever de lealdade deve ser cumprido. Já falei sobre a prevalência do interesse da sociedade. No que tange aos interesses *de longo prazo* dos sócios e dos *stake holders*, já me pronunciei.[55]

Este dois deveres são principais, são *deveres fundamentais de gestão*. A sua superioridade em relação aos *deveres operacionais de gestão* decorre de a prova do seu cumprimento eximir de responsabilidade o gestor. Já no que respeita a *actos vinculados na administração*, correspondente ao cumprimento de deveres operacionais sem discricionariedade, nem o n.° 2 do artigo 72.°, nem a prova do cumprimento do artigo 64.°, podem ter efeito justificativo.

---

[54] CARNEIRO DA FRADA, *Direito Civil – Responsabilidade Civil – O Método do Caso*, cit., p. 120, refere apenas o *tipo de sociedade*, embora não me pareça de excluir, muito pelo contrário, uma apreciação casuística.
[55] PAIS DE VASCONCELOS, *Responsabilidade Civil dos Gestores das Sociedades Comerciais*, cit., pp. 20-21.

7. Deveres fundamentais e deveres operacionais de gestão *versus* deveres vinculados na administração

A concatenação do artigo 64.º com os artigos 72.º e seguintes leva-me a propor esta distinção e classificação dos deveres fiduciários de gestão em *deveres fundamentais de gestão* e *deveres operacionais de gestão*.

O regime do n.º 2 do artigo 72.º (alargado depois aos artigos 78.º e 79.º)[56] só tem sentido se o cumprimento dos *deveres fundamentais de gestão* der lugar à exclusão da responsabilidade que seria emergente da violação de outros deveres que não apenas aqueles.

Assim, proponho também que, provado que respeitou os *deveres fundamentais de gestão* constantes no artigo 64.º e, referido por outras palavras, no n.º 2 do artigo 72.º, o gestor deixe de ser responsabilizado pela violação dos *deveres operacionais de* gestão mas não pela violação de *deveres vinculados na administração*. Este sistema, que aqui proponho para discussão, permitiria dar ao sistema uma clareza e uma operacionalidade que não tem.

Para tanto, é útil afastar, desde logo, a violação de *deveres vinculados na administração* cuja ilicitude não é excluída, nem pelo n.º 2 do artigo 72.º (aplicado directamente ou por remissão), nem pela prova do respeito pelo artigo 64.º.

Sem ser exaustivo (seria impossível), vou-me ater a alguns deveres vinculados do gestor na administração:[57]

---

[56] Na versão original, a reforma de 2006 não aplicava o n.º 2 do artigo 72.º aos artigos 78.º e 79.º. Nas suas originais redacções, do n.º 5 do artigo 78.º e do n.º 2 do artigo 79.º constava: *Ao direito de indemnização previsto neste artigo é aplicável o disposto nos n.ºs 3 a 6 do artigo 72.º*... Só mais tarde, estes dois preceitos foram objecto de uma rectificação – Declaração de rectificação n.º 28-A/2006, de 26-5-2006, publicada DR n.º 102, Série I, Parte A, de 26/5/2006, Suplemento I – com o seguinte teor:
    No n.º 5 do artigo 78.º da republicação do Código das Sociedades Comerciais, onde se lê «é aplicável o disposto nos n.ºs 3 a 6 do artigo 72.º» deve ler-se «é aplicável o disposto nos n.ºs 2 a 6 do artigo 72.º».
    No n.º 2 do artigo 79.º da republicação do Código das Sociedades Comerciais, onde se lê «é aplicável o disposto nos n.ºs 3 a 6 do artigo 72.º» deve ler-se «é aplicável o disposto nos n.ºs 2 a 6 do artigo 72.º».
Além de constituir um hábito reprovável, este de legislar por rectificação, esta alteração é profunda e não deveria ter sido feita.
[57] Por comodidade e para facilitar o diálogo doutrinário, em que este escrito se insere, vou trabalhar com os mesmos deveres já referidos por COUTINHO DE ABREU em *A responsabilidade Civil dos Administradores de Sociedades*, cit.

– *Dever de não ultrapassar o objecto social, previsto no artigo 6.°, n.° 4 do CSC.*

Independentemente das consequências jurídicas externas, nas relações externas, da sociedade com terceiros, de actos praticados *ultra vires*, a sua prática pode conduzir ao dever de indemnizar a sociedade. Em que termos? A solução vem da 1ª Directiva das Sociedades e resolve inteligentemente o problema. Se os gestores agirem fora do objecto social, os actos que praticarem são válidos e vinculam a sociedade. Se forem lucrativos, o lucro é da sociedade; se derem prejuízo, os gestores têm de indemnizar esse dano à sociedade. Isto no sistema geral em que a fixação do objecto social é livre e constitui uma manifestação de autonomia privada. Nos pouco e excepcionais casos em que assim não é, por exemplo, nas instituições financeiras, a resposta é diferente em muitos aspectos, mas não no que respeita à responsabilidade dos gestores. Mas é importante não confundir o acto do gestor ao ultrapassar o limite do objecto social e o acto que o gestor pratica ao fazê-lo. Só o segundo é um *acto propriamente de gestão*; o primeiro não é. Importa pois distinguir bem, de um lado, o acto de ultrapassar o limite do objecto social, do outro o acto que os gestores deliberam praticar e praticam fora do objecto social. Não é pela deliberação e pela prática deste último acto que os gestores são responsabilizados, mas antes por terem excedido o objecto social. A decisão de exceder ou não exceder o objecto social não é um *acto propriamente de gestão*; não há discricionariedade quanto a exceder, ou não, o limite do objecto social. Este acto é ilícito por violar o n.° 4 (2ª parte) do artigo 6.° do CSC. É da prática deste acto ilícito – violação do limite do objecto social – que decorre a responsabilidade civil (se se verificarem os demais pressupostos). O prejuízo indemnizável decorre do acto que foi praticado. Assim, se numa sociedade que tenha por objecto exclusivo o comércio e artigos de papelaria, a gerência decidir adquirir um terreno para urbanizar e essa operação urbanística vier a dar prejuízo, a ilicitude vem da ultrapassagem do objecto social e o dano indemnizável da operação imobiliária. Concluo, pois, que, uma vez que o acto inquinado pela ilicitude não é um *acto propriamente de gestão*, não se lhe aplica o n.° 2 do artigo 72.° (*business judgment rule*).

– *Dever de não distribuir aos sócios os bens sociais não distribuíveis, constante dos artigos 31.° a 33.° do CSC.*

Neste caso, ao contrário do anterior, existe interesse público envolvido. A distribuição de bens sociais aos sócios não faz parte dos *actos propriamente de gestão*. É um acto puramente interno, um acto vinculado, em que não há a discricionariedade típica da gestão nem a sua álea, um acto que nada tem a ver com o negócio da sociedade. Além disso, pode deixar os credores iludidos quanto à situação patrimonial da sociedade e desencadear responsabilidade perante os credores, nos moldes previstos no artigo 78.º. Penso que, neste caso, dificilmente os gestores conseguirão provar que ponderaram os interesses dos credores (artigo 64.º, n.º 2).

– *Dever de convocar ou requerer a convocação da assembleia geral em caso de perda de metade do capital, previsto no artigo 35.º do CSC.*

Vou-me pronunciar sobre a última redacção do artigo 35.º do CSC. Também neste caso não se está perante um *acto propriamente de gestão*. Constatada a perda de metade do capital, os gestores têm de informar os sócios em assembleia geral e, para isso têm de a convocar directamente ou requerer a sua convocação. Não há qualquer discricionariedade nesta matéria, pelo que não se lhe deve aplicar a *business judgment rule*. E por aí fica o seu dever. Depois, cabe aos sócios deliberarem o que entenderem, ou mesmo nada deliberarem, se preferirem. Se não convocarem a assembleia geral ou não requererem a sua convocação, são responsáveis pelos danos que com isso causarem à sociedade, se alguns danos lhe causarem. Pode ser interessante o caso em que numa pequena sociedade, os gestores, em vez de convocarem uma assembleia geral, para evitarem a má publicidade à sociedade, se limitem a informar os sócios da perda da metade do capital social. Neste caso, embora haja ilicitude, é difícil que haja responsabilidade, por falta de nexo de causalidade e de culpa.

– *Dever de não exercer por conta própria ou alheia, sem consentimento da sociedade, actividade concorrente com a desta.*

Esta prática de concorrenciar a sociedade sem o seu consentimento é um caso típico de violação do dever de lealdade.[58]

– *Dever de promover a realização das entradas em dinheiro diferidas.*

---

[58] ALEXANDRE SOVERAL MARTINS, *O Exercício de Actividades Concorrentes pelos Gerentes de Sociedades por Quotas*, BFD, 1996, 315-344.

Também neste caso se está fora dos *actos propriamente de gestão*. A omissão é ilícita e não beneficia, em minha opinião, do regime do n.º 2 do artigo 72.º. Pode, mesmo ser fundamento de responsabilidade perante os credores, se se verificarem os pressupostos do artigo 78.º. Não vejo como possa funcionar, nestes casos, o regime do n.º 2 do artigo 72.º (por remissão do n.º 2 do artigo 78.º).

– *Dever de não adquirir para a sociedade, em certas circunstâncias, acções ou quotas dela própria.*

A aquisição de acções próprias pode constituir um *acto propriamente de gestão*. Pode suceder que as acções estejam cotadas a valores muito baixos de tal modo que seja bom negócio comprá-las. O mesmo pode suceder com obrigações. O Código das Sociedades Comerciais regula e limita a aquisição de acções próprias. A sua aquisição ilícita constitui os gestores em responsabilidade perante a sociedade, seus credores ou terceiros (artigo 323.º, n.º 4). Não é fácil imaginar a desresponsabilização, por efeito do n.º 2 do artigo 72.º, (directamente ou por remissão dos artigos 78.º e 79.º) em casos como estes.

– *Dever de não executar deliberações nulas do órgão de administração.*

Também neste caso, a actuação dos gestores é vinculada e não discricionária, e nada tem a ver com *actos propriamente de gestão*. Os gestores não podem executar ou não executar conforme for mais vantajoso para os negócios da sociedade: simplesmente, não podem executar e se o fizerem violam o artigo 412.º do CSC (e também, por remissão, o artigo 433.º). Mas este caso tem uma particularidade: a nulidade pode não ser óbvia, pode ser duvidosa, pode ser controvertida e pode, até, ser surpreendente. Os gestores podem, por exemplo, entender que a deliberação é válida e acabar por ser confrontados com uma decisão judicial transitada que o declare numa acção em que tenham sustentado a validade. Podem já ter executado a deliberação, ter iniciado essa execução ou, se a deliberação for de execução permanente ou duradoura, estar a executá-la. Se assim for, os gestores podem livrar-se da responsabilidade provando não ter culpa, por exemplo, por terem obtido pareceres jurídicos credíveis no sentido da validade. Será, então, por ilidirem a presunção de culpa do n.º 1 do artigo 72.º, ou por impugnarem com sucesso a alegação de culpa nos casos dos artigos 78.º e 79.º. Mas não pelo funcionamento do n.º 2 do artigo 72.º. Não havendo *actos propriamente de gestão* nem a discricionariedade que lhe é inerente, não há fundamento substancial e funcional (teleológico) para a aplicação do n.º 2 do artigo 72.º, (nem directamente nem por remissão).

Estes exemplos foram bons para mostrar como a regra do n.º 2 do artigo 72.º não deve ser aplicada nos casos em que a responsabilidade decorra da violação de *deveres vinculados na administração*[59], em que não seja deixada ao gestor a discricionariedade própria da gestão propriamente dita.

Não me parece que, nesta matéria, gestão e administração, sejam sinónimos.

A gestão é uma acção discricionária, orientada apenas para o êxito da sociedade e imbuída da álea própria do comércio; diversamente, a administração corresponde ao cumprimento das inúmeras vinculações legais ou contratuais a que os gestores devem respeito no exercício da sua função, e em cujo âmbito não têm a liberdade de escolher: devem agir ou omitir, devem obediência.

A diferença é fácil de exemplificar. As sociedades fabricantes de automóveis enfrentam hoje, todas, as difíceis e arriscadíssimas escolhas sobre a (sim ou não) substituição dos sistemas de propulsão por combustíveis fósseis e, em caso afirmativo, qual a opção energética. Nesta decisão, dificílima e arriscadíssima, os gestores devem obediência apenas aos critérios de acção do artigo 64.º. Trata-se de pura gestão industrial e comercial, numa palavra, empresarial. Também constitui pura gestão a opção pelo financiamento bancário ou pelo recurso ao mercado primário de Bolsa, ou pela preponderância de uma ou de outro. São matérias em que a discricionariedade é rainha e em que o risco empresarial, industrial, comercial, de mercado, são típicos. Ao contrário, são vinculados os actos correspondentes ao cumprimento das leis laborais, fiscais, ambientais, de escrituração e congéneres. Não há liberdade de escolha quanto ao seu cumprimento.

À área de actuação discricionária corresponde a *gestão propriamente dita*; à área de vinculação corresponde a *administração vinculada*.

Excluído o sector de actividade dos gestores em que não há discricionariedade, em que a sua acção é vinculada, não é difícil distinguir os *deveres fundamentais* dos *deveres operacionais* de gestão.

No âmbito material da discricionariedade de gestão, há que distinguir os *deveres fundamentais*, que estão no artigo 64.º, e os *deveres operacionais*,

---

[59] COUTINHO DE ABREU, *Responsabilidade Civil dos Administradores*, cit., pp. 12 s. designa-os como *deveres legais específicos* e acaba por concluir que o n.º 2 do artigo 72.º se aplica só à violação de dever de cuidado e não mais, cfr. pp. 46-47.

que não têm de constar na lei nem no contrato, mas que integram o dever de prossecução do lucro dentro do objecto social. Englobam, entre inúmeros outros, deveres como os de renovar os produtos oferecidos no mercado, promovê-los e publicitá-los, fidelizar a clientela, dar formação aos trabalhadores, investir em investigação de novos processos e produtos, melhorar a produtividade das linhas de produção e a eficiência dos circuitos comerciais, reduzir os riscos de câmbio e de cobranças, etc. Tudo isto deve ser feito e, normalmente muito mais. Mas nestas matérias os gestores têm uma grande liberdade. Não se trata de deveres de resultado. Como é próprio de uma relação de *agency*, de gestão de bens e interesses alheios, os gestores devem fazer o que se lhes afigurar melhor nas circunstâncias. Não podem deixar de correr riscos e faz mesmo parte do seu dever correr alguns. Só depois se saberá com que grau de êxito o fizeram. Até a pura sorte tem alguma – muita ou pouca – influência. Esta actividade não é vinculada, é discricionária. Trata-se, pois, de *actos propriamente de gestão*.

No que respeita ao funcionamento da *business judgment rule*, interessam menos os deveres do que os actos e, sobretudo, o que interessam são negócios, práticas, orientações de acção e até omissões. Posso exemplificar com a publicidade. Deve a gestão investir mais ou menos em publicidade? Não é propriamente um dever de investir em publicidade e nunca se sabe bem, de antemão qual o efeito de uma campanha publicitária. Se os gestores deliberarem publicitar certo produto ou serviço numa campanha dirigida para certo tipo de público ou de certo sector do mercado, em vez de outro, na televisão, na rádio, nos jornais ou em outdoors, e dessa campanha não resultar incremente apreciável nas vendas, incorreram em ilicitude? Se, perante a falta de liquidez da sociedade, deliberarem reduzir os custos fazendo cessar a publicidade, incorreram em ilicitude? Se resolveram investir em certo negócio (lícito e dentro do objecto social) que veio a revelar-se ruinoso por puras razões de mercado, incorreram em ilicitude? Se decidiram colocar fundos da sociedade em produtos estruturados de certo Banco que os remunerava melhor e esse Banco entrou em insolvência, incorreram em ilicitude? Se adquiriram participações noutras sociedades do mesmo ramo da sua, as quais vieram a perder valor catastroficamente, incorreram em ilicitude? Não vale a pena alinhar mais exemplos, que seriam em número infinito.

É para casos como estes que a *business judgment rule* foi instituída: para casos em que a gestão discricionária da sociedade vem a correr mal, em que negócios deram prejuízo, em que investimentos se perderam. É nestes casos que interessa saber se os gestores, ao agirem, o fizeram cuidadosamente, com ponderação, com informação, com cautela, ou se agiram precipitadamente (*Von Gorkom*); se o fizeram no interesse da sociedade, com desconsideração desse interesse, ou no seu próprio interesse.

Não é para os casos em que os gestores violaram leis imperativas, injuntivas, proibitivas, que, embora cumprindo formalmente, violaram a ordem pública em fraude à lei, que fizeram contabilidade criativa, inflacionamento ou ocultação de lucros, branqueamento de dinheiro, contrabando ou fraudes fiscais, etc. Acções como estas são simplesmente ilícitas e não se lhes aplica a *business judgment rule* nem o n.º 2 do artigo 72.º do CSC.

Quando estejam em questão negócios, orientações, políticas de gestão ou omissões que se insiram no campo da gestão discricionária, a *business judgment rule* proteje, em princípio, os gestores das acções de responsabilidade civil. Se a sociedade (ou os sócios subrogatoriamente – *derivative action*) os accionar, terá de alegar e provar que violaram os deveres de cuidado e de lealdade. Se não lograr prová-lo, a acção improcede. A violação dos deveres de cuidado e de lealdade constitui um pressuposto da ilicitude que é imputada à acção.

No regime português, o autor tem também o ónus de alegar a prática dos actos (a colocação de fundos naquele Banco e naquela modalidade, por exemplo) e tem de alegar que tal conduta violou o dever de cuidado ou o dever de lealdade, ou ambos. Até aqui, não há diferença em relação a Delaware. Se se provar que houve violação daqueles deveres, os gestores são responsabilizados; se se provar que não houve, são absolvidos. E até aqui, também não há diferença. Onde os sistemas divergem é quando nada se prova, nem que violaram nem que não violaram: no sistema de Delaware, os gestores ficam incólumes; no português são responsabilizados (no primeiro, o ónus da prova cabe ao autor; no segundo cabe ao réu).

Dever de razoabilidade e dever de controlo

Como ficou claro na resenha jurisprudencial e doutrinária anterior, o sistema de Delaware não admite uma sindicação substancial da competência ou razoabilidade da gestão. O sistema limita-se à sindicação procedimental e recusa entrar na apreciação *a posteriori* da qualidade da gestão no aspecto empresarial. Se os gestores foram competentes ou incompetentes, razoáveis ou desrazoáveis, se a gestão foi racional ou irracional, são questões que obrigariam o tribunal a apreciar retroactivamente as decisões e políticas de gestão que estejam em causa, para concluirem que melhor teria sido, ou não, ter agido de outro modo. Mas uma apreciação como esta ficaria sempre falsificada pelo facto de uma coisa ser a decisão, antes do prejuízo suceder, ou depois de ele ter sucedido. Como num jogo de *Bridge*, depois de uma mão jogada, toda a gente sabe como é que deveria ser jogada. Só que antes, ninguém sabia. Por isso, a apreciação posterior é sempre inevitavelmente falsa.

Poder-se-á dizer que a decisão de gestão foi tão estúpida que até de antemão era evidente que não servia. Esta problemática foi objecto de um estudo justamente célebre de DAVID ROSENBERG[60] já atrás citado, em que se concluiu da relutância dos tribunais americanos em julgar o gestor em matéria de gestão, o negociante em matéria de negócio, sabendo como os juízes estão *ill equiped* para decidir nestas matérias. Os tribunais devem julgar questões jurídicas e não questões de negócios.

Os casos de *galactic stupidity*, quando ocorram, devem ser qualificados como de violação do dever de cuidado ou do dever de lealdade, ou de ambos. Como violação do dever de cuidado, naquilo em que decisões supinamente estúpidas não podem deixar de constituir descuido, ou resultar de descuido, de falta de prévio estudo ou de deficiente ponderação. Uma decisão de gestão que respeite o dever de cuidado não pode, em princípio ser supinamente estúpida nem padecer de *galactic stupidity*. Como a violação do dever de lealdade, naquilo em que revelar desinteresse, ou menosprezo pelo interesse da sociedade. Viola o dever de lealdade a displicência na gestão, a negligência, a falta de zelo e de brio na prossecução dos interesses alheios postos a cargo dos gestores, viola o que existe de mais central na relação de *agency* entre os gestores e a sociedade. Pode ser controverso se a negligência simples, a negligência consciente, a negligência grave (*recklessness*), todas as modalidades de negligência constituem violação do dever de lealdade, mas parece claro que o dever de lealdade exige zelo, brio e diligência na gestão.

Como ficou atrás referido, quando da apreciação da doutrina e jurisprudência mais significativas do Delaware, após alguma hesitação, acabaram por recusar a sindicação judicial do *substantive due care*. Depois de ter sido tentada a autonomização de um terceiro dever – o *duty of good faith* – a matéria foi incluída, ou no *duty of care* ou principalmente no *duty of loyalty*, tendo mesmo sido tentada a concentração de todos num amplo *duty of loyalty*. Entre o *duty of care* e o *duty of loyalty* não existe, no sistema de Delaware, uma separação estanque. Não é sequer relevante a classificação.

Posto isto, cabe perguntar se vale a pena admitir no sistema português uma apreciação substancial da razoabilidade das decisões de gestão.

A minha resposta é decididamente negativa. Admitir que o tribunal possa proceder a apreciações substanciais da gestão das sociedades, além

---

[60] ROSENBERG, *Galactic Stupidity and The Business Judgment Rule*, cit.

de introduzir no direito português uma quebra grave da matriz de Delaware com a consequente frustração da internacionalização dos mercados de capitais, além de onerar os juízes com o dever de julgar em matérias para as quais estão completamente impreparados e pessoalmente não vocacionados. Isso sim seria substancialmente desrazoável.

Que fazer então das referências legais à *competência técnica e o conhecimento da actividade da sociedade adequados às suas funções e empregando nesse âmbito a diligência de um gestor criterioso e ordenado* (artigo 64.º, n.º 1) e aos *critérios de racionalidade empresarial* (artigo 72.º, n.º 2)? Sob pena de grave quebra sistemática, devem ser mantidas no estrito âmbito procedimental e nunca permitir que, com a sua invocação, se entre na apreciação substancial da bondade ou da razoabilidade, ou da racionalidade substanciais da gestão.

Dever de controlo

O dever de controlo é um dos deveres operacionais de gestão dos quais vale a pena falar. Corresponde ao *duty to monitor*.

Na jurisprudência de Delaware, há dois *leading cases* que se lhe referem: os casos *Caremark*[61] e *Stone v. Ritter*[62]. Em ambos se tratou de ilícitos praticados com detrimento para a sociedade, mas em que os gestores alegaram e provaram que os factos imputados não haviam sido praticados por eles, mas antes por quadros superiores, sem a participação nem o conhecimento dos gestores. Acabou por ser decidido que *a director's obligation includes a duty to attempt in good faith to assure that a corporate information and reporting system, which the board concludes is adequate, exists, and that failure to do so under some circumstances may, in theory at least, render a director liable for losses caused by non-compliance with applicable legal standards*, mas que não é uma qualquer falha isolada de informação que constitui fundamento para a responsabilidade de gestão, antes apenas *a sustained failure to exercise their oversight function*.

Daqui se pode extrair que, no sistema de Delaware, os gestores podem ser responsabilizados por falhas no sistema de controlo interno, de monitorização e *oversight* do que se passa na sociedade. Não por uma qualquer falha isolada, porque não há sistemas perfeitos, mas sim por uma falha continuada e tolerada do sitema de controlo.

---

[61] V. supra nota 19.
[62] V. supra nota 21.

A este propósito, lembro que, pelo menos na banca e nos seguros, existem directivas das respectivas instituições de supervisão que obrigam as administrações das instituições de crédito e seguradoras a instituir e manter eficientes sistemas de controlo interno.[63] Não pode admitir-se que os gestores permitam, por acção ou omissão, a prática de actos ilícitos por empregados da sociedade, seja por quadros superiores seja por outros subordinados em diferentes níveis da escala hierárquica, e venham depois eximir-se da correspondente responsabilidade com a invocação do desconhecimento do que se passava na sociedade. Os gestores têm a obrigação de saber o que se passa na sociedade e de controlar eficientemente o seu funcionamento; e, se não sabem, *sibi imputet*.

De outro modo seria sempre fácil descartar a responsabilidade. Podem, em concreto, invocar falta de culpa, quando o acto tenha sido sofisticadamente escondido ou ocultado do sistema de controlo, porque não há controlos infalíveis. Mas não podem deixar de ser responsabilizados pela montagem e manutenção de sistemas de controlo eficientes e pelo seu funcionamento efectivo.

A ilicitude só pode, em casos como estes, ser afastada nos moldes previstos no artigo 72.º, n.º 2 e, se não o for, só pode o gestor deixar de ser responsabilizado por falta de culpa.

10. A responsabilidade perante terceiros

Este texto tem sido construído na perspectiva do funcionamento da *business judgment rule* na relação interna, isto é, no relacionamento entre os gestores e a sociedade. Mas o Código das Sociedades Comerciais alarga a aplicação do n.º 2 do artigo 72.º à responsabilidade perante os credores (artigo 78.º, n.º 5) e perante os sócios e terceiros (artigo 79.º, n.º 2).

Como se disse já, este alargamento da regra do n.º 2 do artigo 72.º à responsabilidade perante terceiros (sócios, credores e outros) não constava da versão original do Decreto-Lei n.º 76-A/2006. Inicialmente, o n.º 5 do artigo 78.º e o n.º 2 do artigo 79.º do CSC mandavam aplicar apenas os n.ºs 3 a 6 do artigo 72.º. Foi por rectificação posterior – Declaração de Rectificação n.º 28-A/2006, de 26-5-2006, publicada DR n.º 102, Série I,

---

[63] Do Banco de Portugal: http://www.bportugal.pt/root/servs/sibap/application/app1/docs/historico/textos/72-96i.pdf e do Instituto de Seguros de Portugal: http://dre.pt/pdf2s/2005/12/241000000/1754417549.pdf

Parte A, de 26/5/2006, Suplemento I[64] – que passaram a referir os n.ºs 2 a 6 do artigo 72.º.

Na versão original, o n.º 2 do artigo 72.º aplicava-se apenas nas relações internas, na responsabilidade dos gestores perante a sociedade e não na sua responsabilidade perante credores, sócios e terceiros. Isto era coerente, porquanto a *business judgment rule* só encontra justificação na relação entre os gestores e a sociedade. CARNEIRO DA FRADA[65] comenta, com razão, que *a emenda não foi feliz, e desajuda*.

Por outro lado, é muito claro que, na acção de indemnização proposta contra o gestor por violação dos seus deveres de gestão, só os terceiros sentem dificuldades na detecção e qualificação como ilícitos dos actos do gestor, não sucedendo assim quando a responsabilidade é reclamada pela própria sociedade nos termos do artigo 72.º. A justificação usualmente invocada para exigir do autor, na acção, apenas um princípio de prova – a tal dificuldade de conhecimento ou reconhecimento da ilicitude dos actos do gestor – só é atendível na acção proposta por terceiros. Quando a acção é proposta pela própria sociedade, esta tem todos os meios para conhecer os detalhes dos actos praticados, bem como as respectivas circunstâncias e não lhe deve faltar informação para demonstrar a sua ilicitude. Neste último caso, a acção é proposta, normalmente – embora não necessariamente sempre – em ligação com a apreciação da gestão e a deliberação de destituição do administrador, casos em que a sociedade tem normalmente perfeito conhecimento da situação e dos factos que imputa ao gestor. Quanto aos terceiros, estes sim, podem enfrentar muito sérias dificuldades para obter as informações necessárias, e até mesmo para saber se houve ou não ilicitude.

Seja como for, a lei é que o que é e vai ser preciso viver com ela, enquanto não for alterada.

A responsabilidade dos gestores perante os terceiros pode ser, em princípio, ancorada na parte final do n.º 2 do artigo 64.º – *atendendo aos interesses de longo prazo dos sócios e ponderando os interesses dos outros sujeitos relevantes para a sustentabilidade da sociedade, tais como os seus trabalhadores, clientes e credores*. Os actos prejudiciais para os terceiros podem violar o dever de lealdade. O dever de lealdade vincula os gestores principalmente para com a sociedade, mas também, embora num plano secundário, para com os sócios e *stakeholders*, entre estes os credores e outros terceiros especialmente interessados. No que respeita aos credores, a responsabilidade

---

[64] V. supra nota 56.
[65] CARNEIRO DA FRADA, *A business judgment rule no Quadro dos Deveres Gerais dos Administradores*, cit., pp. 244-245.

sofre a limitação constante da parte final do n.º 1 do artigo 78.º: *quando, pela inobservância culposa das disposições legais ou contratuais destinadas à protecção destes, o património social se torne insuficiente para a satisfação dos respectivos créditos* e, quanto aos sócios e terceiros, a parte final do n.º 1 do artigo 79.º limita a responsabilidade aos *danos que directamente lhes causarem no exercício das suas funções.*

Não obstante a ancoragem do dever dos gestores perante terceiros *também* no artigo 64.º do CSC, a sua responsabilidade, neste caso, não deixa de ser aquiliana, o que é confirmado pelo regime de não presunção de culpa.

Perante o regime em que cabe ao autor (sócio, credor ou outro terceiro), na acção, a prova da culpa do réu (gestor), não se compreende que lhe não caiba também a demonstração da ilicitude. É incoerente um sistema em que o autor na acção esteja dispensado do ónus da culpa e não do da ilicitude; do mesmo modo é incongruente que o réu (gestor) fique onerado com a demonstração da licitude da sua acção e isento da prova da culpa. Tudo isto é muito estranho.

Cabe aos juristas encontrar ou construir as soluções interpretativas ou de concretização que supram, num sentido justo e pragmático, as deficiências de legislação. A presunção de que *o legislador consagrou as soluções mais acertadas e soube exprimir o seu pensamento em termos adequados* (artigo 9.º, n.º 3 do CC), está hoje ilidida pelas circunstâncias e pelo modo hodierno de legislar; mas não se pode deixar de ter *em conta a unidade do sistema jurídico, as circunstâncias em que a lei foi elaborada e as condições específicas do tempo em que é aplicada* (artigo 9.º, n.º 1 do CC).

A solução mais coerente e congruente, e até mais eficiente, seria a de atribuir ao autor o ónus da prova da ilicitude, mas não da culpa, na acção da sociedade contra o gestor (a sociedade não terá dificuldade em conhecer os detalhes da questão necessários à demonstração da ilicitude) e o gestor não terá dificuldade em ilidir a presunção de culpa se tiver fundamento para tanto; nas acções propostas por terceiros, seria, então sim, razoável aligeirar o ónus da prova da licitude por parte do autor e inverter o ónus da prova da culpa, que o réu (gestor) não tem, em princípio, dificuldade de ilidir. Mas será que a letra da lei permite uma interpretação como esta, atento o n.º 2 do artigo 9.º do Código Civil? Creio que não.

Acresce que, com relação à responsabilidade perante os credores, não tem qualquer sentido desresponsabilizar os gestores pela infracção de disposições legais ou contratuais destinadas à protecção daqueles, com base no n.º 2 do artigo 72.º. Trata-se de deveres legais específicos, de actos vinculados na administração em relação aos quais a aplicação do n.º 2 do artigo 72.º é completamente sem sentido; e o mesmo se pode dizer em relação aos danos directamente causados a sócios e terceiros, por exemplo pela prestação de informações falsas em assembleia geral (credores) ou pela prática de despedimentos ilícitos (trabalhadores).

No que respeita a terceiros – sócios, credores e outros – o n.º 2 do artigo 72.º só pode ser aplicado à responsabilidade dos gestores por actos propriamente de gestão, e nunca por actos vinculados na administração. Resta, porém, saber se os actos propriamente de gestão podem desencadear responsabilidade dos gestores perante terceiros que não a própria sociedade.

Começando pelos sócios, o n.º 2 do artigo 79.º limita a responsabilidade aos *danos que directamente lhes causarem no exercício das suas funções*. Será apenas em relação a tais danos, que não decorram de actos vinculados na administração, a danos que sejam causados por actos que possam ser qualificados como actos propriamente de gestão. Exemplificando, os danos decorrentes de respostas incorrectas a perguntas de sócios em assembleia geral estão fora da aplicação do n.º 2 do artigo 72.º porque não há discricionariedade nesta matéria. Mas já os casos de perda de valor das acções do sócio, em consequência de prejuízos causados pela prática de negócios que foram maus para a sociedade e bons para o gestor, ainda que por interposta pessoa, corresponde à violação do dever de lealdade e admite a aplicação do n.º 2 do artigo 72.º, e o mesmo sucede se a perda de valor das acções for causada por violação do dever de cuidado. Nestes casos, o sócio tem apenas de alegar os factos e de os qualificar como ilícitos; cabe ao gestor demonstrar (se conseguir) que agiu com respeito pelo n.º 2 do artigo 72.º e com respeito dos deveres fundamentais consagrados no artigo 64.º, o que, no caso, significa demonstrar que não violou o dever de lealdade, nem de cuidado, e que agiu *segundo critérios de racionalidade empresarial*. Note-se que cabe ao sócio a prova da culpa do gestor.

No que concerne aos credores, a lei é específica ao limitar a indemnização aos danos emergentes da *inobservância culposa das disposições legais ou contratuais destinadas à protecção destes* e desde que por essa causa *o património social se torne insuficiente para a satisfação dos respectivos créditos*. Só, portanto, em caso de insolvência, declarada ou não, e só por violação culposa de preceitos funcionalmente dirigidos à tutela dos credores. Não é fácil encontrar espaço para a aplicação, quer do n.º 2 do artigo 72.º, quer do artigo 64.º do CSC.

Quanto aos demais terceiros – *stakeholders* – as suas posições são de tal modo díspares que não é fácil imaginar situações específicas. Todavia, como o regime é comum ao dos sócios, posso imaginar casos em que os gestores causem directamente dano a, por exemplo, trabalhadores, por maus negócios celebrados com violação dos deveres de cuidado e de lealdade (artigo 64.º) e que acabem por determinar a extinção de postos de trabalho. Seria interessante, nesta matéria, mas não o farei aqui por falta de espaço – fica para outra oportunidade –, o estudo da responsabilidade dos gestores, por exemplo, pelos danos causados aos trabalhadores em consequência da deslocalização de fábricas, da redução da laboração ou de outros actos propriamente de gestão que lhes possam causar *directamente* danos e desrespeitar os deveres fundamentais do artigo 64.º.

11. A exigência de praticabilidade

Neste texto, o tema é tratado com apoio sobretudo na doutrina e jurisprudências norte-americanas, especificamente do Estado do Delaware. Esta opção é natural atenta a origem da *business judgment rule*. Intencionalmente evitei a leitura que a doutrina alemã faz do assunto. Não me parece que esta matéria possa ou deva ser tratada com a interposição da doutrina alemã. Por um lado, porque não é necessário; por outro, porque o método alemão é dominantemente dogmático e as intituições de direito norte-americano, como esta – e também de direito inglês – são alheias a uma dogmatização ao modo alemão; o seu método é utilitarista.

Para citar um autor alemão – Martin Kriele[66] –, em tradução livre, há disciplinas teoréticas e práticas. As primeiras orientam-se para a verdade, as segundas para a razoabilidade. As primeiras procuram responder à pergunta: o que é verdadeiro ou falso, verosímil ou inverosímil, provável ou refutável? as segundas à questão: o que é razoável fazer, que regras de comportamento devem ser seguidas? A filosofia clássica, desde Aristóteles, distingue neste sentido *episteme* e *phronesis*, *scientia* e *prudentia*, isto é, conhecimento científico e acção prática. À s*cientia*, neste sentido, pertencem as ciências naturais; à *prudentia* a ética, a pedagogia, a economia política, a terapêutica médica, a política e o direito.

Este texto de Martin Kriele é eloquente. A *scientia* procura a verdade das coisas; a *prudentia* os modos razoáveis de agir. O Direito, muito mais do que uma ciência, é uma prudência: procura o modo justo e útil de agir. É claro que o Direito também tem uma ciência, a ciência jurídica; mas esta é auxiliar e ancilar do que mais importante existe no Direito. A verdadeira natureza do Direito não é científica, é prudencial. O Direito não é especulação intelectual, é concretização dos comportamentos que devem ser

---

[66] Martin Kriele, *Recht und praktische Vernunft*, Vandenhoeck und Ruprecht, Göttingen, 1979, p. 17.

seguidos, que devem ser adoptados, que devem ser expectados, do comportamento devido, do modo de agir. Ao Direito não se pergunta o que é isto ou aquilo, pergunta-se-lhe como se deve agir, o que fazer.

A doutrina alemã é fundamentalmente dogmática; a doutrina norte-americana é fundamentalmente utilitarista. A primeira desenvolve-se como ciência; a segunda como prudência. A primeira trabalha fundamentalmente com conceitos e inferências lógicas; a segunda com a utilidade dos resultados. Na primeira, a excelência das conclusões decorre fundamentalmente da legitimidade das premissas e da correcção das inferências lógicas; na segunda, da bondade dos objectivos prosseguidos e da eficácia na sua prossecução.

A doutrina e a jurisprudência norte-americanas são reconhecidamente não-dogmáticas e utilitaristas. Com elas pretende-se alcançar objectivos úteis. A problemática da *business judgment rule* é tipicamente utilitarista. Esta regra pretende alcançar objectivos úteis para a vida das sociedades comerciais, para o comércio, para o investimento, para os *shareholder-value*. Pretende-se que os gestores possam assumir os riscos dos negócios sem se arriscar a ter de ser julgados por juízes que nada percebem de negócios, pelos insucessos que sofram, desde, naturalmente, que não violem o *duty of care* e o *duty of loyalty*. As soluções, nesta matéria, são boas enquanto forem úteis. É isto que distingue o utilitarismo norte-americano do dogmatismo alemão. A diferença é profunda e, por isso, não se deve ler *business judgment rule* na dogmática alemã, porque essa leitura é inevitavelmente infiel e deturpada.

Além destas razões, é minha opinião que no Direito Comercial, com o seu típico cosmopolitismo, e também no Direito das Sociedades Comerciais, a dogmática – como *juris-scientia* – deve ceder o lugar a uma jurisprudência utilitarista – como *jurisprudentia*. É de *prudentia* e não de *scientia* que carece o Direito Comercial e o Direito das Sociedades, dos Valores Mobiliários, da Propriedade Industrial, da Concorrência, para que sejam eficientes, para que resolvam problemas em vez de os criar, enfim, para que sejam *úteis*.

Por todas estas razões, comecei este texto pela exposição do modo como a *business judgment rule* existe e é concretizada no Estado do Delaware dos Estados Unidos da América. É daqui que parto para a leitura e para a concretização que entendo que deve ser feita do sistema de responsabilidade dos gestores do Direito português das Sociedades, após a importação, na reforma de 2006, do sistema do Delaware para os artigos 64.° e 72.°, n.° 2 do CSC.

Resumo: O *regimento* ou regulamento interno do órgão de administração («Geschäftsordnung», «bylaws», «règlement intérieur», «regolamento», «régimen interno») designa o conjunto de disposições de natureza infra-legal e infra-estatutária relativas à composição, organização e funcionamento internos do órgão de administração plural de uma sociedade comercial. Figura pouco estudada, facto a que não é alheia a ausência de publicidade legal, ela corresponde, todavia, a uma "praxis" societária enraizada, com especial relevo na organização da administração das grandes sociedades anónimas.

Abstract: Bylaws («Geschäftsordnung», «règlement intérieur», «regolamento», «régimen interno») are rules governing the internal composition, organization and functioning of the board of directors of a company, enacted with respect of the law and of its articles of association. Being not filed in a public office, thus avoiding any sort of public scrutiny, bylaws are often disregarded by literature. Nevertheless, they proved to be in practice an important instrument for corporate management, especially amongst large or publicly-held corporations.

JOSÉ ENGRÁCIA ANTUNES

O regimento do órgão de administração

§1 Generalidades

1. Noção

Designa-se comummente por *regimento* ou regulamento interno do órgão de administração («Geschäftsordnung», «bylaws», «règlement intérieur», «regolamento», «régimen interno») o conjunto unitário de disposições de natureza infra-legal e infra-estatutária relativas à composição, organização e funcionamento interno do órgão de administração plural de uma sociedade comercial, aprovado por este ou por outro órgão social nos termos gerais da lei e estatutos em vigor.[1-2]

---

[1] O regimento (do latim tardio «regimentum», ou acto de reger ou conduzir) representa, na verdade, uma figura de alcance muito geral, que tem sido acolhida para todos os tipos de órgãos das sociedades comerciais («maxime», Assembleia Geral) e até, mais genericamente, de outras pessoas colectivas, sejam privadas (mormente, sociedades civis, associações, fundações), sejam públicas (veja-se, por exemplo, o «Regimento da Assembleia da República»).

[2] A figura passou monograficamente despercebida em Portugal (sem prejuízo de referências genéricas ou incidentais que lhe são feitas na doutrina: cf. *infra* §2, 2.). Diferente é a situação no estrangeiro: na Alemanha, vide Bezzenberger, Gerold, «Die Geschäftsord-

2. Sentido Geral

O regime jurídico dos órgãos de administração consta primacialmente da *lei*, «maxime», do Código das Sociedades Comerciais (CSC)[3]. Como é sabido, a lei geral societária estabelece apenas as regras gerais da estrutura, composição e funcionamento desses órgãos, cabendo depois aos sócios, através da elaboração dos estatutos sociais, concretizar e afeiçoar tais regras gerais à sociedade em concreto. Os *estatutos sociais*, enquanto «magna carta» ou lei fundamental («Lebengesetz») de cada sociedade[4], contêm assim a disciplina concreta da referida estrutura e funcionamento orgânicos: tal disciplina, não apenas se reporta às normas legais imperativas (v.g., a estrutura geral da administração e fiscalização: cf. arts. 272.º, g) e 278.º do CSC), mas também se ocupa de matérias orgânicas que a lei societária regulou de forma supletiva (permitindo o seu afastamento estatutário: v.g., a delegação imprópria de poderes do art. 407.º, n.º 1 do CSC), de forma permissiva (autorizando a sua consagração estatutária: v.g., as regras especiais de eleição dos administradores dos arts. 391.º, nº 2 e 392.º do CSC), ou que não regulou de todo em todo (v.g., previsão de corpos sociais «atípicos» que não conflituem com o sistema legal imperativo de distribuição de competências).

No comum dos casos, sobretudo no âmbito de sociedades comerciais de pequena e média dimensão, a organização e o funcionamento da administração basta-se com estes instrumentos normativos fundamentais (lei e estatutos). Esta realidade tende a ser diferente, todavia, no âmbito

---

nung der Hauptversammlung», in: 27 *ZGR* (1998), pp. 353-366; OBERMÜLLER, Walter, «Gultigkeitsdauer der Geschäftsordnung für den Vorstand und für den Aufsichtsrat», in: *DB* (1971), pp. 952-961; nos Estados Unidos da América, vide DEER, Richard/ PANTZER, Kurt, *The Drafting of Corporate Charters and Bylaws*, American Bar Association, Philadelphia, 1968; em França, vide BONNEAU, Therry, «Le Règlement Intérieur de la Société», in: 44 *Droit des Sociétés* (1994), pp. 1-2; LE CANNU, Paul, «Le Règlement Intérieur des Sociétés», in: *BulJS* (1986), 723-729; em Espanha, POLO, Eduardo, «Régimen Interno y Delegación de Facultades», in: *Comentario al Régimen Legal de las Sociedades Mercantiles*, tomo VI («Los Administradores y el Consejo de Administración de la Sociedad Anónima»), pp. 454-491, Civitas, Madrid, 1992.

[3] Na exposição subsequente, referir-nos-emos primacialmente ao regime jurídico dos órgãos de administração das sociedades anónimas – de longe, o caso prático mais frequente e relevante. Tal não invalida que muitas (embora não todas) das proposições do texto se possam considerar como igualmente aplicáveis e extensíveis aos regulamentos internos, quer de outros órgãos destas sociedades – sejam deliberativos (Assembleia Geral) ou fiscalizadores (Conselho Geral e de Supervisão) –, quer mesmo dos órgãos administrativos de outros tipos sociais.

[4] «Coração da constituição social», assim lhes chama M. Stella RICHTER, «Forma e Contenuto dell'Atto Costitutivo della Società per Azioni», 172, in: Colombo, G./ Portale, G., *Trattato delle Società per Azioni*, vol. 1, pp. 165-319, Utet, Torino, 2004.

das grandes sociedades anónimas abertas (especialmente das organizadas segundo os chamados modelos de governação germânico e anglo-saxónico), onde se tornou extremamente frequente a adopção de um instrumento normativo coadjuvante – o *regimento*, também designado por «regulamento interno».

É fácil de compreender porquê. Duma banda, a complexidade e envergadura das tarefas do órgão de administração, bem com as acrescidas necessidades de flexibilidade operacional e de certeza jurídica, tornam também mais complexa a regulação do seu funcionamento interno: ora, tal complexidade regulatória não é compatível com a dignidade própria dos estatutos sociais, sob pena de descaracterizar estes, transformando-os numa espécie de manual de instruções ou «vade mecum» do funcionamento orgânico. Doutra banda, é igualmente importante deixar aos membros do próprio órgão social a liberdade de, dentro das balizas fixadas pela lei e pelos estatutos sociais, concretizarem as regras específicas que orientarão o exercício colegial das respectivas funções, sob pena de um aumento da rigidez e custos organizativos: como é evidente, os sócios não estão em condições de prever «ex ante» e em geral a disciplina regimental mais apropriada ao funcionamento dos demais órgãos sociais, além de que, a não ser assim, qualquer alteração dessa disciplina, por mais insignificante que fosse, passaria a ficar dependente de prévia alteração estatutária aprovada em Assembleia Geral.

§2 Sua Admissibilidade e Relevo

1. A Figura no Direito Comparado

Dado que – desde já o adiantamos – a figura do regimento ou regulamento interno não tem consagração expressa no direito positivo português – nem no CSC, nem em lei societária extravagante ou avulsa[5] –, importa começar por averiguar e confrontar o que se passa fora de portas. No *direito comparado*, é possível dividir os ordenamentos jurídico-societários, a este propósito, em dois grandes grupos.

Um primeiro grupo é constituído por aquelas ordens jurídicas que consagraram expressamente a figura: tal é o caso, designadamente, da *Alemanha* (§§ 77, Abs. 2, 82, Abs. 2, e 129, Abs. 1, da «Aktiengesetz» de

---

[5] Em bom rigor, o CSC contém efectivamente uma alusão breve à figura, em todo o caso incidental: falamos do art. 359.º, nº 4 do CSC, que prevê a possibilidade de existência de um regulamento da assembleia dos obrigacionistas (cf. Barbosa, Nuno, *Competência das Assembleias Gerais de Obrigacionistas*, pp. 93 e ss., Almedina, Coimbra, 2002).

1965), da *Espanha* (art. 141 da «Ley de Sociedades Anónimas» de 1989), da *Itália* (art. 2364, nº 6 do «Codice Civile» de 1942) ou dos *Estados Unidos da América* (§ 2.06 do «Model Business Corporation Act» de 1984). Nestes ordenamentos é incontroversa, não apenas a admissibilidade da figura em geral, como sobretudo o seu *valor jurídico* como fonte de normas jurídico-societárias objectivas. Como sublinha Gerold BEZZENBERGER, «o regulamento («Geschäftsordnung») é direito objectivo: ele obriga, não apenas os membros do órgão que o aprovaram, mas também os membros futuros em caso de alteração da composição do grémio social»[6]; e algo de semelhante, do outro lado do Atlântico, é sustentado por Harry HENN e John ALEXANDER, para quem «os regulamentos («bylaws») são regras internas infra-estatutárias (...) que disciplinam, governam e controlam o funcionamento da sociedade e dos seus órgãos»[7]. Vale isto por dizer, pois, que as regras regimentais constituem, a par das normas consagradas na lei societária e nos estatutos sociais, verdadeiras normas vinculativas para os respectivos destinatários: a sua especificidade fundamental reside no seu valor infra-legal e infra-estatutário, querendo com isto significar que tais regras apenas são válidas se e na medida em que não contrariem normas imperativas da lei societária ou normas estatutárias.[8]

Um segundo grande sector de ordens jurídicas é composto por aquelas que, inversamente, omitem uma regulação legal da figura: tal é o caso, por exemplo, da *França* («Code de Commerce» de 2000)[9] ou da *Inglaterra* («Companies Act» de 2006). Importa frisar, todavia, que a doutrina e a jurisprudência, não obstante o silêncio dos respectivos legisladores, têm chegado a conclusões muito semelhantes, reconhecendo a validade e

---

[6] «Die Geschäftsordnung der Hauptversammlung», p. 354, in: 27 ZGR (1998), pp. 353-366 (a reflexão do Autor, pese embora feita a propósito do regimento da Assembleia Geral, não pode deixar de se considerar como também plenamente aplicável ao regimento dos demais órgãos sociais).

[7] *Law of Corporations and other Business Enterprises*, pp. 46 e 306, West Publishing, St. Paul, 1983. Sobre a figura, vide ainda GEVURTZ, Franklin, *Corporation Law*, pp. 196 e ss., West Publishing, St. Paul, 2000.

[8] Este valor infra-legal e infra-estatutário encontra-se bem claro no direito norte-americano: de acordo com a alínea b) do § 2.06 do «Model Business Corporation Act», «the bylaws of a corporation may contain any provision for managing the business and regulating the affairs of the corporation that is not inconsistent with law or the articles of incorporation».

[9] Cf., todavia, as referências contidas nos arts. L.225-37 e 225-82 do «Code de Commerce» francês, a respeito da adopção de regulamentos internos pelos órgãos de administração e de fiscalização que funcionem em sistema de videoconferência, introduzidos pela designada «Loi NRE – Loi des Nouvelles Régulations Économiques» (loi nº 2001-420, de 15 de Maio de 2001).

natureza normativa dos regimentos orgânicos: assim, Yves GUYON qualifica o regulamento («règlement intérieur») como um acto normativo «que vincula os sócios com a mesma autoridade dos estatutos», embora de cariz infra-estatutário (não podendo derrogar as normas estatutárias, mas simplesmente complementá-las) e inoponível a terceiros (dada a ausência de publicidade especial)[10]; e Clive SCHMITTHOFF admite igualmente que as reuniões do órgão de administração sejam regidas «pelas regras que os próprios administradores fixarem na sequência dos poderes que lhe tenham sido atribuídos para tal pelos estatutos sociais («articles of association»)».[11]

2. O Direito Português

E o que dizer da situação em Portugal?

Como já acima foi aventado, o *legislador* português omitiu qualquer referência expressa à figura do regimento ou regulamento interno dos órgãos societários, mormente de administração. A palavra, pois, tem cabido à doutrina e à jurisprudência – a qual, em abono da verdade, também não é particularmente abundante.

A totalidade da *doutrina* portuguesa consultada sobre a matéria pronuncia-se favoravelmente à admissibilidade da figura em tese geral, embora sem precisar qual o valor e o regime jurídico concretos a associar-lhe: nesse sentido se manifestaram autores como António Pereira de ALMEIDA[12], Eduardo Lucas COELHO[13], António Menezes CORDEIRO[14], Luís Brito CORREIA[15], ou Raúl VENTURA[16]. Por seu turno, não existe, tanto quanto

---

[10] *Les Sociétés – Aménagements Statutaires et Conventions entre Associés*, pp. 31 e s., 4ème édition, LGDJ, Paris, 1999. No mesmo sentido, Paul LE CANNU qualifica o regulamento como um «acto peri-estatutário e infra-estatutário», que visa completar os estatutos, e cuja validade está fundamentalmente dependente da sua conformidade com estes últimos («Le Règlement Intérieur des Sociétés», p. 724, in: *BulJS* (1986), pp. 723-729).
[11] *Palmer's Company Law*, vol. I, p. 909, 24th edition, Stevens & Sons/ Green & Son, London/ Edinburgh, 1987.
[12] *Sociedades Comerciais e Valores Mobiliários*, p. 430, 5ª edição, Coimbra Editora, Coimbra, 2008.
[13] *A Formação das Deliberações Sociais*, p. 64, Coimbra Editora, Coimbra, 1994.
[14] *Manual de Direito das Sociedades*, vol. I, p. 728, Almedina, Coimbra, 2004 (embora a propósito do regulamento interno específico relativo à reforma dos administradores).
[15] «Deliberações do Conselho de Administração de Sociedades Anónimas», p. 404, in: AAVV, *Problemas do Direito das Sociedades*, pp. 399-419, Almedina, Coimbra, 2002.
[16] «Reuniões e Deliberações do Conselho de Administração de Sociedades Anónimas», p. 534, in: *Estudos Vários Sobre Sociedades Anónimas*, pp. 529-565, Almedina, Coimbra, 1992. Entre os autores portugueses, à míngua de referências, cite-se ainda M. Roque LAIA, que expressamente admite a existência de regulamentos internos nas pessoas colectivas em geral, distinguindo-os dos estatutos do seguinte modo: «Os Estatutos visam a constituição da colectividade, estabelecendo os seus fins, órgãos, objectivos, direitos fundamentais

saibamos, *jurisprudência* sobre a matéria[17]. Ante semelhante rarefacção legislativa, doutrinal e jurisprudencial, afigura-se poder retirar, «brevitatis causa» e a benefício de ulterior fundamentação, as seguintes três conclusões preliminares.

Por um lado, seguro parece afirmar a *admissibilidade* da figura do regimento. Entre nós, como noutras ordens legais e económicas, a figura possui uma efectiva utilidade prática, correspondendo ademais a uma «praxis» societária enraizada. Ora, não se descortina razão para que ela não deva ser também acolhida e admitida na nossa ordem jurídica enquanto instrumento de auto-organização do órgão de administração, destinado a desenvolver e completar a disciplina prevista na lei e nos estatutos sociais relativa ao seu próprio funcionamento.[18]

Por outro lado, trata-se de um *instrumento normativo de natureza infra--legal e infra-estatutária*: as normas regimentais são normas jurídico-societárias que vinculam todos os membros do órgão social a que respeitam, disciplinando de forma obrigatória, por conseguinte, talqualmente as demais normas existentes (legais e estatutárias), a estrutura, a composição, o funcionamento e as relações intra-orgânicas. Todavia, justamente porque retiram a sua legitimação da lei e dos estatutos, de que constituem um acto de desenvolvimento ou de execução, elas ocupam um lugar inferior na hierarquia das fontes jussocietárias, devendo assim obediência, sob pena de invalidade, aos comandos legais e estatutários.

Finalmente, quanto ao seu *regime jurídico*, ele haverá de ser obtido à luz das disposições da lei societária geral, dos estatutos da sociedade e do próprio regimento. Com efeito, em ordens jurídicas em que, como é o caso da portuguesa, o legislador não previu qualquer disciplina específica para a figura, o respectivo regime deverá ser integrado através do recurso, sucessivamente, às normas e princípios gerais do Direito Societário, às disposições previstas nos estatutos sociais, e, na falta destas, às disposições cons-

---

dos sócios e regras de dissolução. Os Regulamentos, desenvolvendo a par e passo esses princípios gerais, visam organizar e regulamentar a vida associativa nos seus mínimos pormenores» (*Guia das Assembleias Gerais*, 9ª edição, pp. 52 e s., Elcla, Porto, 1995).

[17] A jurisprudência portuguesa é abundante em matéria do «regulamento interno» da empresa, relevante para efeitos jurídico-laborais, o qual nenhuma afinidade possui, salvo terminológica, com a nossa temática: cf. POLICARPO, J. Almeida, *O Regulamento Interno de Empresa: Sua Função*, Separata dos Estudos Sociais e Corporativos, Lisboa, 1977.

[18] Algo de semelhante se passa no âmbito do Direito Público, onde a figura do regimento dos órgãos colegiais da Administração Pública é pacificamente admitida na doutrina mesmo na ausência de expressa consagração legal (AMARAL, D. Freitas, *Curso de Direito Administrativo*, vol. II, p. 177, Almedina, Coimbra, 2003).

tantes do próprio regimento ou regulamento interno – nunca perdendo de vista, para o efeito, os importantes subsídios do Direito Comparado.

§3 Regime Jurídico

A disciplina jurídica do regimento do órgão de administração engloba, em geral e abstracto, todos os aspectos relativos ao seu nascimento, conteúdo, aplicação e extinção. Vamo-nos concentrar agora apenas sobre alguns dos mais relevantes, analisando sucessivamente os aspectos relativos à sua *forma*, ao seu *conteúdo*, aos seus *limites*, à sua *aprovação, alteração e revogação*, e aos seus *efeitos*.

1. Forma

Desde logo, o regimento orgânico deve revestir a forma de *documento escrito*.

Muito embora o regimento se possa, sob alguma perspectiva, reconduzir a uma declaração negocial, não parece poder valer aqui a regra geral do consensualismo prevista no art. 219.º do CC. Desde logo, acordos verbais seriam totalmente incompatíveis com as finalidades precípuas deste instrumento normativo, destinado a conferir operacionalidade e certeza jurídica ao funcionamento interno da administração. Depois ainda, tenha-se presente que, sendo o regimento necessariamente objecto de uma aprovação orgânica (geralmente do próprio órgão administrativo)[19], a sua existência postula assim uma deliberação social lavrada no livro de actas respectivo, assinada por todos quantos nela participaram (art. 410.º, nº 8 do CSC). Finalmente, constituindo uma espécie de prolongamento concretizador das normas legais e estatutárias relativas ao funcionamento do órgão, essa sempre haveria de ser a conclusão nos termos gerais da própria lei civil comum, segundo a qual as estipulações acessórias posteriores a um documento principal acompanham a forma legal deste último sempre que «as razões da exigência especial da lei lhe sejam aplicáveis» (art. 228.º, nº 2 do CC).[20]

---

[19] Cf. *infra* §3, 4.
[20] Saliente-se que a forma escrita não implica que o próprio documento regimental seja assinado pelos membros do órgão administrativo, bastando que tal documento haja sido aprovado em reunião cuja acta foi assinada por tais membros. Nesse sentido, para questão semelhante, vide KROPFF, Bruno/ SEMMLER, Johannes (Hrsg.), *Münchener Kommentar zum Aktiengesetz*, Band 3, p. 122, 2. Aufl., Beck, München, 2004; WIEDEMANN, Herbert/ HOPT, Klaus, *Aktiengesetz Grosskomentar*, p. 209, 19. Lieferung, 4. Aufl., De Gruyter, Berlin,

2. Conteúdo

Em tese geral, o conteúdo do regimento dos órgãos de administração pode ser extremamente variado.

Destinando-se a concretizar e aprofundar a disciplina da organização e funcionamento interno do próprio órgão – ou, na sugestiva imagem de Michael Hoffmann-Becking, a concretizar as «regras de jogo» («Spielregeln») da actividade colegial e das relações entre os seus membros[21] –, não surpreende que o regimento se acabe por espraiar frequentemente por um *leque muito numeroso de matérias*. Entre elas, a título de exemplo, são comuns as regras relativas à composição do órgão (com especial destaque para a designação e as competências do seu Presidente), às reuniões do órgão (convocação, periodicidade, ordem de trabalhos), às deliberações (modalidades, actas, quóruns), ao estatuto jurídico e aos deveres especiais dos seus membros, à distribuição ou divisão de pelouros, à delegação de poderes, à nomeação de mandatários, à constituição de outros corpos sociais ou comissões atípicos, às relações entre os membros do órgão, e às relações com outros órgãos sociais, além das regras relativas à vigência (aprovação, alteração, revogação) e aos efeitos do próprio regimento.[22]

Evidentemente, o conteúdo do regimento do órgão administrativo será, em cada caso concreto, determinado pelos *estatutos sociais*, ou como é mais frequente, na falta de indicação destes, pelo *próprio órgão de administração* no exercício da sua liberdade de decisão. Assim, e desde logo, haverá que começar por indagar se os estatutos da sociedade em questão contêm ou não uma disposição relativa ao regimento dos órgãos sociais. Todavia, no comum dos casos, faltará uma tal norma estatutária, ou, a existir, ela consistirá usualmente numa mera norma de habilitação genérica do órgão de administração, no sentido de autorizar ou mandatar este órgão para a elaboração e aprovação do seu regimento próprio. Em tais casos, competirá ao próprio órgão administrativo, no seu foro interno e no exercício do seu poder de auto-organização, determinar qual o conteúdo concreto desse regimento.

2003; Zöllner, Wolfgang, *Kölner Kommentar zum Aktiengesetz*, Band 2, p. 78, 2. Aufl., Carl Heymanns, Köln, 1996.

[21] «Zur rechtlichen Organisation der Zusammenarbeit im Vorstand der AG», p. 499, in: 27 ZGR (1998), pp. 497-519.

[22] Sobre o conteúdo do regimento em geral, vide desenvolvidamente Wiedemann, Herbert/ Hopt, Klaus, *Aktiengesetz Grosskomentar*, pp. 210 e ss., 19. Lieferung, 4. Aufl., De Gruyter, Berlin, 2003.

3. Limites

Esta liberdade, todavia, não é absoluta. Dada a já assinalada natureza infra-legal e infra-estatutária dos regimentos, a liberdade do órgão de administração em sede regimental termina aí onde as normas imperativas previstas pelo legislador («maxime», CSC) e pelos sócios (estatutos sociais) começam: por outras palavras, o conteúdo do regimento orgânico está vinculado pela observância dos *limites impostos pelas normas legais e estatutárias vigentes*.

Esta proposição geral – que constitui uma «communis opinio» na doutrina nacional[23] e estrangeira[24] – pode ser ilustrada através de inúmeros exemplos concretos, tanto positiva como negativamente. Assim, seriam decerto de reputar inválidas as regras regimentais que alterassem os modelos legais de administração e fiscalização societária em vigor (arts. 272.º, g) e 278.º do CSC), que modificassem a esfera de competências ou as inter-relações dos diferentes órgãos sociais, directamente ou mediante a sua combinação selectiva («cherry-picking») (arts. 373.º, nº 3, 405.º e ss., 431.º e 432.º do CSC), que consagrassem quóruns constitutivos ou deliberativos inferiores aos previstos na lei (arts. 410.º, nos 4 e 7 e 433.º, nº 1 do CSC), ou que eliminassem alguns dos deveres fundamentais dos seus

---

[23] Assim, António Pereira de ALMEIDA: «O Conselho pode aprovar o seu regulamento interno de funcionamento em tudo o que não contrariar disposições imperativas da lei ou dos estatutos» (*Sociedades Comerciais e Valores Mobiliários*, p. 430, 5ª edição, Coimbra Editora, Coimbra, 2008); Luís Brito CORREIA: «Admite-se que os próprios administradores aprovem regras de funcionamento interno do conselho, a que é costume chamar «regimento» do conselho de administração, desde que, obviamente, respeite a lei e o contrato» («Deliberações do Conselho de Administração de Sociedades Anónimas», p. 404, in: AAVV, *Problemas do Direito das Sociedades*, pp. 399-419, Almedina, Coimbra, 2002); Raúl VENTURA: «O silêncio da nossa lei não deve ser tomado por impeditivo (da admissão da figura) desde que seja observada a hierarquia das fontes, não podendo o regulamento do conselho nem contrariar o disposto na lei ou no contrato de sociedade, nem se substituir a este, quando a lei para ele remete» («Reuniões e Deliberações do Conselho de Administração de Sociedades Anónimas», p. 535, in: *Estudos Vários Sobre Sociedades Anónimas*, pp. 529-565, Almedina, Coimbra, 1992).

[24] Assim, nos Estados Unidos da América: «Bylaws must be consistent with the valid provisions of the articles of association and applicable statutory and constitutional provisions» (HENN, Harry/ ALEXANDER, John, *Law of Corporations and other Business Enterprises*, p. 306, West Publishing, St. Paul, 1983); em França: «En cas de conflit, les statuts l'emportent sur le règlement intérieur qui, de ce point de vue, doit être consideré comme ayant une autorité infra-statutaire» (GUYON, Yves, *Les Sociétés – Aménagements Statutaires et Conventions entre Associés*, p. 32, 4ème édition, LGDJ, Paris, 1999); ou na Alemanha: «Die Geschäftsordnung kann jedoch nicht keine Regelungen treffen, die der Satzung vorbehalten sind» (WIEDEMANN, Herbert/ HOPT, Klaus, *Aktiengesetz Grosskomentar*, p. 210, 19. Lieferung, 4. Aufl., De Gruyter, Berlin, 2003).

membros (arts. 64.º, 65.º, e 428.º do CSC, arts. 181.º, nº 2, d) e 182.º, nº 1 do CVM). Mas inversamente – e justamente pela mesma razão – já seriam de considerar perfeitamente lícitas e válidas as regras regimentais que se limitem a confirmar as normas legais ou estatutárias em vigor (v.g., em matéria das competências do próprio órgão), que desenvolvam ou concretizem o conteúdo destas normas (v.g., prevendo em matéria de convocação das reuniões do órgão as regras específicas relativas à ordem de trabalhos), ou até mesmo que destas normas se afastem sem que, todavia, tal implique qualquer violação das mesmas (v.g., quando os estatutos não o prevejam, enumerar os eventuais poderes regimentais do Presidente do Conselho de Administração).

4. Aprovação, Modificação e Cessação

Matéria especialmente complexa é a relativa à vigência do regimento do órgão de administração, muito em particular à disciplina da sua aprovação, modificação e revogação.

Em sede geral, o regime nesta matéria não poderá deixar de proceder da hierarquia das fontes gerais de integração, mais atrás assinalada: *a aprovação, alteração e revogação das regras regimentais do órgão de administração são regidas pela lei societária, pelos estatutos, e pelo próprio órgão*. Como já se assinalou, atenta a omissão na lei portuguesa de qualquer referência a este propósito, bem como o frequente carácter genérico das disposições estatutárias habilitantes, as regras relativas ao nascimento, alteração e termo dos regimentos orgânicos são usualmente produto de decisão do próprio órgão. Ainda assim, sobretudo considerando que o próprio regimento pode ser omisso ou lacunoso a este respeito, impõe-se uma breve passagem de olhos sobre o *direito comparado* na matéria. Pelo seu relevo central no quadro dos direitos societários contemporâneos, mas também por se tratar das poucas (senão únicas) ordens jurídicas a nível mundial onde o problema foi objecto de regulação expressa por parte do legislador, merecem destaque especial a *Alemanha* e os *Estados Unidos da América*.[25]

No direito alemão, vigora na matéria o princípio da unanimidade («Einstimmkeitsprinzip»). Nos termos do § 77, Abs. 2 (3) da «Aktiengesetz», «as deliberações do órgão de administração («Vorstand») relativas ao

---

[25] Relembre-se que os direitos alemão e norte-americano representam os protótipos dos chamados «países de origem ou primários» no âmbito do Direito Societário (por oposição aos «países de transplante»), ou seja, países cuja ordem jurídica é original e serve de modelo a outras ordens estrangeiras. Cf. ANTUNES, J. Engrácia, «Law & Economics Perspectives of Portuguese Corporation Law – System and Current Developments», p. 325, in: 2 *European Company and Financial Law Review* (2005), pp. 323-377.

regimento («Geschäftsordnung») devem ser tomadas por unanimidade»[26]. Tal regra é considerada pela doutrina germânica como uma regra *imperativa*, que não pode ser afastada, nem por vontade do próprio órgão, nem de outro órgão social, nem dos próprios sócios: a razão de ser desta imperatividade radica no sentido precípuo das regras regimentais como «regras do jogo colegial» que não devem poder ser impostas unilateralmente por uns membros do órgão, ainda que em maioria, em detrimento dos demais[27]. Além disso, esta regra é aplicável a *qualquer tipo de vicissitude relativa ao regimento*: significa isto dizer que «o princípio da unanimidade vale, não apenas para a (primeira) aprovação das regras regimentais, mas também para qualquer posterior alteração, desenvolvimento ou revogação das mesmas»[28]. Finalmente, a vigência do regimento é *independente das eventuais alterações da composição ou substrato pessoal do órgão*: tal implica, «inter alia», que a eventual entrada de um novo administrador (por substituição, cooptação, renúncia, ou qualquer outra razão) não perturba a plena vigência e eficácia das normas regimentais unanimemente aprovadas, «não sendo necessário que o novo administrador dê a sua aprovação expressa ou tácita ao regimento».[29-30]

---

[26] Vamos agora considerar as regras vigentes no caso de a competência ser atribuída ao próprio órgão administrativo. Com efeito, o direito alemão permite ainda que o regimento seja elaborado e aprovado pelo Conselho de Supervisão («Aufsichtsrat»), que possui assim nesta matéria uma competência primária (§ 77, Abs. 2 (1)). Cf. IMMENGA, Ulrich, «Zuständigkeiten des mitbestimmten Aufsichtsrats», p. 267, in: 16 ZGR (1977), pp. 249-278.

[27] KROPFF, Bruno/ SEMMLER, Johannes (Hrsg.), *Münchener Kommentar zum Aktiengesetz*, Band 3, p. 120, 2. Aufl., Beck, München, 2004; WIEDEMANN, Herbert/ HOPT, Klaus, *Aktiengesetz Grosskomentar*, p. 207, 19. Lieferung, 4. Aufl., De Gruyter, Berlin, 2003; ZÖLLNER, Wolfgang, *Kölner Kommentar zum Aktiengesetz*, Band 2, p. 81, 2. Aufl., Carl Heymanns, Köln, 1996.

[28] WIEDEMANN, Herbert/ HOPT, Klaus, *Aktiengesetz Grosskomentar*, p. 207, 19. Lieferung, 4. Aufl., De Gruyter, Berlin, 2003. No mesmo sentido, vide GESSLER, Ernst/ HEFERMEHL, Wolgang/ ECKARDT, Ulrich/ KROPFF, Bruno, *Kommentar zum Aktiengesetz*, Band 2, p. 25, Vahlen, München, 1973; ZÖLLNER, Wolfgang, *Kölner Kommentar zum Aktiengesetz*, Band 2, p. 81, 2. Aufl., Carl Heymanns, Köln, 1996.

[29] KROPFF, Bruno/ SEMMLER, Johannes (Hrsg.), *Münchener Kommentar zum Aktiengesetz*, Band 3, p. 120, 2. Aufl., Beck., München, 2004. Dispensando também essa aprovação expressa ou tácita, vide HOFFMANN-BECKING, Michael, «Zur rechtlichen Organisation der Zusammemarbeit im Vorstand der AG», p. 500, in: 27 ZGR (1998), pp. 497-519; dispensando apenas a aprovação expressa, mas exigindo a aprovação tácita, OBERMÜLLER, Walter, «Gultigkeitsdauer der Geschäftsordnung für den Vorstand und für den Aufsichtsrat», p. 953, in: DB (1971), pp. 952-961.

[30] Merece ser salientado que a (parca) doutrina portuguesa que se ocupou do problema tem defendido que o regimento do órgão de administração deve ser *aprovado* pela unanimidade dos respectivos membros (CORREIA, L. Brito, «Deliberações do Conselho de

A situação no *direito norte-americano* é algo diferente, vigorando como regra geral o princípio maioritário. Nos termos do § 2.06 (a) do «Model Business Corporation Act», «os sócios fundadores ou o órgão de administração («board of directors») podem aprovar os regimentos («bylaws») originários da sociedade», podendo, além disso, nos termos do § 10.20 (b), «alterar ou revogar os regimentos, excepto quando tal poder tenha sido reservado pelos estatutos aos sócios ou estes hajam deliberado nesse sentido»[31]. Dignas de atenção são ainda as disposições dos §§ 8.24 e 10.21 (a) e (c) da mesma lei modelo, que contêm algumas regras específicas relativas ao exercício dessa competência de aprovação, alteração ou revogação por parte do órgão administrativo: a primeira das disposições refere que as deliberações do órgão são tomadas pela maioria dos membros, sem prejuízo de o próprio regimento poder prever outro quórum deliberativo (incluindo as chamadas «super-maiorias» e unanimidade[32]); a última daquelas disposições prevê que, no caso de o regimento consagrar quóruns deliberativos de maioria qualificada ou unanimidade, ele apenas poderá ser alterado ou revogado mediante deliberação que respeite esses mesmos quóruns.[33]

Administração de Sociedades Anónimas», p. 404, in: AAVV, *Problemas do Direito das Sociedades*, pp. 399-419, Almedina, Coimbra, 2002; Ventura, Raúl, «Reuniões e Deliberações do Conselho de Administração de Sociedades Anónimas», p. 535, in: *Estudos Vários Sobre Sociedades Anónimas*, pp. 529-565, Almedina, Coimbra, 1992). Em contrapartida, a mesma doutrina já não se pronuncia sobre as regras de *alteração* e de *revogação* do regimento.

[31] O poder dos administradores adoptar, alterar e revogar regulamentos internos, além de permitido pelo «Model Business Corporation Act», é ainda consagrado pelas leis de vários Estados norte-americanos (California, New York, New Jersey, Ohio, Wyoming, Kansas, North Carolina, Louisiana, etc.). Sobre este poder, vide desenvolvimentos em Burkhard, James, «Proposed Model Bylaws to be Used with the Revised Model Business Corporation Act», in: 46 *The Business Lawyer* (1990), pp. 189-240; Henn, Harry/ Alexander, John, *Law of Corporations and other Business Enterprises*, p. 308, West Publishing, St. Paul, 1983; Hamilton, Robert, *Corporations – Including Partnerships and Limited Liability Companies*, pp. 209 e ss., 6th edition, West Publishing, St. Paul, 1998.

[32] Para uma ilustração das «super-maiorias», vide Hamilton, Robert, *Corporations – Including Partnerships and Limited Liability Companies*, p. 211, 6th edition, West Publishing, St. Paul, 1998.

[33] Tal como em matéria de aprovação, os sócios também têm poderes de alteração ou revogação do regimento, que obedecem a regras próprias fixadas nos §§ 10.20 (a) e 10.21 (b). Todavia, caso os sócios não hajam reservado para si esse poder, os administradores são soberanos na matéria: como nota Alfred Conard, «o órgão de administração pode ser investido no poder de alterar os estatutos sem consultar os sócios ou sem sequer lhes comunicar que os alteraram» (*Corporations in Perspective*, p. 186, Foundation Press, New York, 1976). Sobre os poderes dos sócios nesta sede, vide Clark, Robert, *Corporate Law*, pp. 376 e ss., Little, Brown and Co., Boston, 1986; Gevurtz, Franklin, *Corporation Law*, p. 197,

5. Efeitos

As regras contidas no regimento do órgão de administração, desde que conformes aos princípios gerais relativos à forma, conteúdo e vigência regimentais acabadas de expor sucintamente, devem considerar-se como *normas jurídico-societárias vinculativas para todos e cada um dos membros daquele órgão*. Assim sendo, a sua violação pode dar origem a dois tipos fundamentais de consequências – ao *nível individual* e ao *nível colectivo*.

No plano dos administradores individualmente considerados, a infracção às regras regimentais pode ser fonte da correspondente *responsabilidade para com a sociedade*, nos termos gerais dos arts. 64.º e 72.º do CSC. Trata-se, como é bem sabido, de uma responsabilidade de natureza pessoal – sujeito passivo do consequente dever de indemnização é o membro ou membros infractores do órgão de administração, e não este último[34] –, subjectiva – assente na culpa individual desses membros (cf. arts. 72.º, nº 1, 78.º, nº 1 do CSC)[35] –, e interna – perante a própria sociedade, indo destinada a ressarcir o património social pelos danos resultantes das suas condutas ilícitas e culposas[36]. Como é evidente, para que tal responsabilidade se verifique, imperioso é que a infracção regimental preencha os pressupostos gerais dessa mesma responsabilidade, a saber: «primus», que a infracção se traduza numa *conduta* activa (v.g., participação em reuniões não convocadas) ou omissiva (v.g., não coordenação das reuniões pelo Presidente ou membro investido regimentalmente nessas funções) do

---

West Publishing, St. Paul, 2000; Hurst, Thomas/ Gregory, William, *Cases and Materials on Corporations*, pp. 309 e ss., Anderson Publishing, Cincinnati, 2000.

[34] Evidentemente, encontramo-nos perante uma responsabilidade individual funcional, no sentido em que apenas incide sobre actos ou omissões praticados pelos membros da administração social nessa específica qualidade (ou seja, no e por causa do exercício das funções de administração), não se excluindo a solidariedade, quer no plano intra-orgânico (art. 73.º do CSC), quer interorgânico (arts. 81.º, nº 2, 83.º, nº 4 do CSC).

[35] Esta matriz subjectiva, aliás, preside genericamente ao sistema «in toto» da responsabilidade civil dos membros dos órgãos sociais, já que a lei societária não previu eventos de responsabilidade exclusivamente assentes no risco, quando é certo que, nos termos gerais do art. 483.º, nº 2 do CC, «só existe obrigação de indemnizar independentemente de culpa nos casos especificados na lei». Cf. Ventura, Raúl/ Correia, L. Brito, *Responsabilidade Civil dos Administradores de Sociedades Anónimas e dos Gerentes de Sociedades por Quotas*, p. 114, Separata do BMJ, Lisboa, 1972.

[36] Tornou-se usual na doutrina a distinção entre casos de responsabilidade interna (resultante da violação de deveres funcionais perante a sociedade: «maxime», art. 72.º, nº do CSC) e de responsabilidade externa (decorrente da violação de deveres destinados a tutelar autonomamente a posição dos sócios, credores sociais e terceiros em geral: «maxime», arts. 78.º, nº 1 e 79.º do CSC): sobre o ponto, entre nós, Ramos, M. Elisabete, *Responsabilidade Civil dos Administradores e Directores de Sociedades Anónimas Perante os Credores Sociais*, p. 23, Coimbra Editora, 2002.

administrador, e independentemente de se tratar de conduta singular ou plural (v.g., deliberação aprovada por vários membros de órgão colegial); «secundus», que tal conduta seja *ilícita*, consubstanciando uma violação dos deveres ou do estatuto jurídico-passivo regimental dos administradores (v.g., deveres de sigilo, de comunicação relativa a operações pessoais ou familiares sobre o capital da sociedade, de observância da distribuição de funções e delegações de competências, etc.); «tertius», que a referida conduta seja imputável à sua *culpa*, ou seja, que o acto ou omissão anti-regimental do administrador tenha sido praticado com dolo ou negligência (embora o ónus da prova da sua ausência recaia aqui sobre o próprio administrador, mormente através do teste de resistência providenciado pela chamada «business judgment rule»: cf. art. 72.º, nº 1, «in fine», e nº 2 do CSC); e «quarto», que a conduta ilícita e culposa em apreço haja sido fonte de um *dano* social, isto é, que aquela seja causa adequada de eventuais prejuízos sociais, abrangendo-se aqui os danos emergentes e os lucros cessantes (arts. 563.º e 564.º, nº 1 do CC).

Mas a violação das normas regimentais pode também acarretar efeitos jurídicos que, ultrapassando os confins individuais dos administradores, se projectam sobre o próprio órgão de administração: uma dessas projecções colectivas mais relevantes consiste na eventual *anulabilidade das deliberações sociais* aprovadas pelo órgão em infracção do seu próprio regimento. Com efeito, é necessário repisar a ideia segundo a qual o regimento contém regras orgânicas procedimentais e materiais que são vinculativas para os seus membros, não estando assim no poder destes últimos tomar deliberações «ad hoc» que violem ou infrinjam aquelas regras: como sublinha Dietmar Kubis, «as deliberações que violem o regimento do órgão têm o mesmo destino das deliberações violadoras da lei ou dos estatutos sociais»[37]. Contra este entendimento não depõe sequer o facto de o elenco das causas de anulabilidade das deliberações do Conselho de Administração, previsto no art. 411.º, nº 3 do CSC, se referir apenas àquelas «que violem disposições quer da lei, quando ao caso não caiba a nulidade, quer do contrato de sociedade»[38]. Na verdade, tenha-se presente

---

[37] «Geschäftsordnung – Verzeichnis der Teilnehmer», 352, in: *Münchener Kommentar zum Aktiengesetz*, Band 4, pp. 345 e ss., 2. Aufl., Beck, München, 2004 (o raciocínio do Autor é realizado a propósito do regimento da Assembleia Geral, embora não se vejam razões para não ser plenamente extensível, até «ad fortiori», ao regimento de outros órgãos sociais).
[38] Opinião diferente é a de Raúl Ventura, que vê na omissão legal de referência expressa ao caso das disposições regimentais razão suficiente para as excluir do círculo das invalidades deliberativas: nas palavras daquele Autor, «a violação dos regulamentos do próprio conselho não está neste artigo e não produz invalidade – em qualquer das modalidades – das deliberações» («Reuniões e Deliberações do Conselho de Administração de Socie-

que as normas regimentais representam amiúde, e até «ex definitione», meras confirmações, prolongamentos ou desenvolvimentos das normas legais ou estatutárias: ora, como tem sido posto em destaque por alguma doutrina estrangeira, sendo o conteúdo das normas regimentais fixado «*per relationem*», a sua infracção deve ser tratada como uma infracção indirecta ou mediata da lei ou dos estatutos que aquelas aplicam, originando a correspondente invalidade deliberativa.[39]

---

dades Anónimas», p. 558, in: *Estudos Vários Sobre Sociedades Anónimas*, pp. 529-565, Almedina, Coimbra, 1992).
[39] Sublinhe-se ainda que este entendimento é sustentado mesmo em ordens jurídicas que não regularam expressamente a figura: assim Ventoruzzo, Marco, «Validità delle Deliberazione del Consiglio», p. 324, in: *Commentario alla Riforma delle Società – Amministratori* (a cura de Federico Ghezzi), pp. 299-342, Giuffrè, Milano, 2005.

Resumo: Os acordos parassociais, no caso de serem omnilaterais, convocam ponderações particulares. Se não estão em causa outros interesses além dos dos subscritores de tais acordos, quando a sociedade constitui o instrumento querido para a realização dos interesses aí regulados entre si por todos os sócios, o respectivo incumprimento não poderá ser afastado ou legitimado mediante a invocação de preceitos jussocietários. Nessa medida, justifica-se uma "desconsideração" da personalidade jurídica societária e dos preceitos que a regulam. Metodologicamente, deverá admitir-se uma redução teleológica do art. 17.º do CSC.

Abstract: Shareholders' agreements, when they are *omnilateral*, call for particular considerations. If no interests are at stake, other than the ones of the subscribers of such agreements, when the company creates the instrument intended to satisfy the interests therein mutually agreed by all members, its default may not be ignored or legitimated on the basis of company-law prescriptions. In that measure, a *piercing* of the corporate veil, setting aside the rules that deal with the company's legal personality, is justified. Methodologically, one should admit the teleological reduction of Article 17 of the Portuguese Companies Code.

MANUEL CARNEIRO DA FRADA[*]

Acordos parassociais "omnilaterais"
Um novo caso de "desconsideração" da personalidade jurídica?[**]

1. O problema. 2. O ponto de partida. 3. A falta de resposta concludente face ao art. 17.º do CSC. 4. A redução teleológica do art. 17 como método possível. 5. A destrinça entre efeito externo e efeito interno dos acordos parassociais. 6. Sobre a relação entre as normas jussocietárias e a autonomia privada: a heteronomia evitável. 7. O interesse social no caso dos acordos omnilaterais. 8. A sociedade como instrumento de realização de interesses regulados no acordo parassocial, ou a superação do dogma da acessoriedade. 9. Reflexos dos acordos parassociais omnilaterais em matéria de interpretação do pacto social e na determinação das posições jurídicas dos sócios. 10. O incumprimento de um acordo parassocial omnilateral: a ineficácia do inadimplemento como regra. 11. (*cont.*) A ineficácia *inter partes* das regras jussocietárias em caso de incumprimento de um acordo parassocial omnilateral. 12. Contraponto: a eficácia jussocietária dos acordos omnilaterais e, em particular, a invalidade da deliberação que contraria tal acordo. 13. De volta ao efeito "desconsiderante da personalidade jurídica" dos acordos omnilaterais, 14. A desconsideração e a teoria da consumpção

[*] Faculdade de Direito da Universidade do Porto

[**] O presente estudo é dedicado ao Professor Doutor Carlos Ferreira de Almeida.

1. O problema

Propomo-nos abordar uma questão, tanto quanto sabemos, praticamente inédita, quer na doutrina, quer na jurisprudência portuguesas, e, em todo o caso, escassamente versada, bem como, ainda menos, longe de definitivamente resolvida noutros espaços jurídicos.

Referimo-nos ao problema de saber se e até que ponto um acordo parassocial que inclua ou englobe *todos* os sócios de uma sociedade comercial pode sobrepor-se a regras jussocietárias. Um problema que, numa expressão-limite, conduz a averiguar se é legítimo o afastamento e, mesmo, a violação de tais regras em nome desse acordo parassocial; e se não será inclusivamente ilegítimo o acatamento dessas regras quando a sua observância colide com o estabelecido no acordo parassocial que abrange todos os sócios.

Assim colocado, o problema convoca evidentemente o tema, riquíssimo, da relação entre a socialidade e a parassocialidade. Teremos porém de nos contentar com algumas observações "livres" e avulsas que ajudem a desbravá-lo. Vai prescindir-se, portanto, de apontar e perseguir conexões dogmático-sistemáticas mais amplas, convenientes, sem dúvida, mas próprias de um estudo de outra índole[1].

Feita, como se impõe, esta advertência, imagine-se então o caso de vários sujeitos se vincularem mediante um acordo parassocial a criar uma certa sociedade de capitais (por exemplo, anónima) destinada a prosseguir determinado interesse de todos eles, estabelecendo-se nesse acordo parassocial a sujeição da actividade e do funcionamento da sociedade a certas regras que se desviam do regime societário aplicável. *V.g.*, estabelecendo procedimentos e requisitos para a administração da sociedade deliberar sobre matérias do interesse comum dos sócios, condições porventura não exigidas ou que se possam considerar mesmo impedidas perante os preceitos do Código das Sociedades Comerciais[2]. Serão depois tais normas

---

[1] Nos primórdios deste escrito encontram-se dois pareceres de Direito por nós elaborados, em ocasiões e a a pedido de entidades distintas (uma delas, no contexto de um processo arbitral). Nesses pareceres debruçamo-nos, entre outros assuntos, sobre a questão agora versada. Ora, apesar dos desenvolvimentos introduzidos, permanece a marca da origem: reflexões sobre um tema complexo, mas visando solucionar problemas concretos e determinados. Daí que não se trate em extensão a teia que liga a socialidade e a parassocialidade, os seus pressupostos e as suas implicações e consequências. A bibliografia corresponde, por isso mesmo também, no essencial, à que foi utilizada para a elaboração dos referidos pareceres.

[2] Os preceitos doravante citados pertencem, em princípio, a este diploma.

invocáveis para um dos sócios se furtar às consequências do inadimplemento do acordo parassocial que subscreveu?

Posta a pergunta deste modo, apetece dizer que nos interrogamos sobre se não deveremos admitir, perante um acordo parassocial que integre e vincule todos os sócios de uma sociedade comercial, uma nova hipótese de "desconsideração" da personalidade jurídica: na medida em que o acordo parassocial permita ou conduza a "desvalorizar" as normas por que se rege a pessoa jurídica societária, "chamando" no seu lugar as regras por eles estabelecidas no acordo parassocial.

Nesse caso, teremos então que juntar, relevar ou distinguir devidamente essa situação no contexto das principais áreas temáticas da desconsideração[3]; ao lado de hipóteses delimitadas como a de subcapitalização ou de inobservância da separação entre as esferas jurídicas do sócio e a esfera jurídica da sociedade, ou ainda, para quem a individualize, no âmbito da – indistinta, geral e fragmentária – possibilidade de abuso da personalidade jurídica, nomeadamente em prejuízo de terceiros[4].

Uma nova hipótese, diga-se, que se apresenta à primeira vista como que inversa daquelas que costumam considerar-se de "confusão" de esfe-

---

[3] As tipologias abundam e variam consoante os autores. Na doutrina lusa, destaca-se MENEZES CORDEIRO, *O Levantamento da Personalidade Colectiva (no direito civil e comercial)*, Almedina, Coimbra, 2000, 115 ss, bem como, entretanto, de modo relevante e com preferências diversas na catalogação dos casos, a monografia de FÁTIMA RIBEIRO, *A Tutela dos Credores das Sociedades por Quotas e a "Desconsideração da Personalidade Jurídica"*, Almedina, Coimbra, 2008, 177 ss, e *passim*.

[4] Esta uma das preferências centrais da reflexão de MENEZES CORDEIRO: cfr. *O Levantamento da Personalidade Colectiva*, cit., 115 ss, 152, numa linha de continuidade com anteriores escritos (por exemplo, *Da Responsabilidade Civil dos Administradores das Sociedades Comerciais*, Lex, Lisboa, 1996, 331 ss).
Supomos serem, de qualquer forma, de salientar insuficiências importantes da teoria do abuso para explicar devidamente diversas consequências da doutrina da desconsideração: cfr. já o nosso *Teoria da Confiança e Responsabilidade Civil*, Almedina, Coimbra, 2003, em especial, 169 ss, n. 121 (obra onde se sufraga também uma desarticulação dogmática do abuso – particularmente, 839 ss, 850 ss – de que resulta não poderem alguns dos seus termos servir para fundamentar a "desconsideração").
Mais promissora nos parece a ideia de ligar esta temática a uma perspectiva funcional da pessoa colectiva – cfr., entre nós, OLIVEIRA ASCENSÃO, *Direito Comercial IV (Sociedades Comerciais/Parte Geral)*, Lisboa, 2000 (policop.), 74 ss –, pese embora a necessidade de tornar esse conceito operativo mediante a devida concretização. Trata-se de uma noção com virtualidades de aplicação (em parte) mais vastas do que o abuso, sendo no entanto duvidoso que abarque tudo o que importa abranger. Seja como for, o recurso directo a ela – como, de resto, à boa fé e a vectores gerais em que ela se especifica (via abuso ou por outro modo) – tornou-se hoje demasiado inespecífico, face aos desenvolvimentos que o tema tem experimentado (de que dá, entre nós, conta FÁTIMA RIBEIRO, *op. cit.*, 99 ss, e *passim*).

ras (ou do património) entre o sócio e a sociedade. Pois nestas o que habitualmente se trata é de "desconhecer" a interposição da pessoa societária quando o sócio miscegena, deliberada ou negligentemente, os seus interesses com os interesses da pessoa jurídica, conduzindo a uma situação prática contrária àquilo que pretendeu ou quis ver entendido enquanto "separado" perante os demais participantes no tráfico jurídico; ao ponto de ignorar as regras que lhe impunham ou o obrigavam a tornar claro, ou transparente a terceiros, a destrinça entre a sua actividade pessoal e a actividade da sociedade, ou entre o património de que é titular e aquele que pertence à sociedade.

Ora, no nosso caso, é diverso o que ocorre: os sócios quiseram que a sociedade prosseguisse um interesse comum a todos eles, e assumiram-no concludentemente no acordo parassocial, configurando nele, à sua medida e à medida das suas necessidades, as regras de funcionamento da sociedade, *ab initio* tidas como instrumentais desse interesse. Se essas regras se afastam do regime legal, poderá tal ser invocado pelas partes no acordo parassocial? Em que sentido? Beneficiando aquela das partes do acordo parassocial que tem pelo seu lado o teor desse acordo ou, antes, aqueloutra que pode louvar-se no regime jussocietário?

Logo se vê, perante estas perguntas, que o problema "clássico" da desconsideração se apresenta, também de outro ponto de vista, distinto. Aí o que normalmente se procura saber é como podem terceiros reagir ante a referida miscegenação de interesses entre a sociedade e o, ou os, sócios que violaram regras de separação a que quiseram ater-se ou que, em todo o caso, escolheram: forçando os sócios a abdicar da interposição jussocietária que os protegeria. Enquanto no nosso caso está em jogo averiguar da possibilidade de atribuir primazia à vontade unânime dos sócios (ao menos nas relações entre eles) ante regras jussocietárias hipoteticamente discrepantes.

Adiantando desde já uma resposta geral ao problema posto, cremos de facto dever reconhecer-se a possibilidade de uma prevalência do acordo parassocial «omnilateral» – isto é englobante da totalidade dos sócios –, sobre as regras jussocietárias. As hipóteses são múltiplas e as manifestações e características dessa prevalência variam certamente. Dogmaticamente, remetem para quadrantes distintos e operam de formas diversas.

Mas há uma asserção de base que pode avançar-se para ajudar a centrar a discussão: no plano das relações entre os sujeitos que são partes no acordo parassocial omnilateral, o incumprimento desse acordo, ou o conjunto das suas consequências, não pode, em princípio, recusar-se a pretexto da observância de regras jussocietárias que as partes não quiseram que se aplicassem por via desse acordo, ainda que tais regras sejam imperativas no direito societário.

Por outro lado, para que a violação do pacto parassocial se verifique não importa, nem é necessário, exigir uma (concomitante) infracção de algum preceito jussocietário.

Quer dizer que a conduta conforme com a ordem jurídico-societária não exclui nem impede o incumprimento de um pacto parassocial omnilateral, assim como não exime o seu infractor das respectivas consequências.

Dir-se-á que afirmações deste tipo poderão em rigor equacionar-se perante quaisquer acordos parassociais. Mas a omnilateralidade de um acordo parassocial representa um caso fulcral, pois interpela frontalmente, como nenhum outro, o primado habitualmente pressuposto ou afirmado da disciplina da pessoa jurídica societária sobre as regulações parassociais. Noutra formulação: o que se questiona é o que apelidaríamos de "dogma da acessoriedade" ou da "subordinação" destas últimas em relação àquela disciplina[5].

Há, naturalmente, o problema de saber se os acordos parassociais omnilaterais correspondem apenas a um termo-limite de uma valoração gradativa e diferenciadora dentro de todo o fenómeno da parassocialidade – como que em sistema móvel –, e dos interesses a ela associados perante a ordem jurídica[6], ou se constituem uma noção dogmaticamente própria e autónoma (sendo que não bastam divergências residuais para justificar qualquer uma das opções quando se procuram estruturas centrais do "jurídico"). Mas temos de nos contentar agora com a ideia de que os acordos parassociais, se omnilaterais, consentem ou convocam ponderações específicas.

As reflexões seguintes pressupõem evidentemente a existência de uma discrepância entre o acordo parassocial e o que poderá designar-se o estatuto jussocietário da pessoa colectiva. Mas implicam igualmente que, sem prejuízo dessa discrepância, a vontade manifestada no acordo parassocial é válida e actual. Estamos assim colocados perante um problema de concurso de determinações jurídicas, que não se resolve por nenhum critério, hierárquico ou não, ou de eficácia ou de precedência temporal entre elas[7].

---

[5] Trata-se do entendimento comum: cfr. para referências, com pormenor, ANA FILIPA LEAL, *Algumas notas sobre a parassocialidade no direito português*, RDS I (2009), 1, 145.

[6] Designadamente na relação com o plano da socialidade. São dois níveis não estanques. Nesse sentido, haverá boas razões para entender que a distinção entre socialidade e parassocialidade não é bipolar (para usar a expressão de PAULO CÂMARA no seu relevante estudo *Parassocialidade e transmissão de valores mobiliários*, Lisboa, 1996, tese dactilografada, 454).

[7] Fica assim fora do nosso horizonte a hipótese, por exemplo, de um pacto social (posterior) significar, para as partes, a revogação ou modificação tácita de um acordo parassocial anterior.

A aproximação do tema ao da desconsideração da personalidade é, por tudo, evidente. Sabe-se o quanto se tem discutido este último. E justificadamente. Quanto a nós, de facto, a "desconsideração" corresponde a um termo que visa uma realidade muito fragmentária; que não se deixa facilmente ordenar em torno de princípios e regras unitárias; que não é, nessa medida, em rigor, um instituto jurídico, mas apenas um conceito-quadro ou um conceito-referência, de utilidade comunicativa porque identifica uma área problemática e remete para certas zonas da elaboração jurídica, mas de escasso ou residual proveito dogmático, já que não directa ou imediatamente operativo; que corresponde mais a um conceito descritor de um método[8] – o célebre "afastar do véu" – do que à criação ou justificação de soluções jurídicas[9]. O nosso propósito não é, porém, intervir nessa discussão, complexa e ampla. A referência à desconsideração implica, portanto, tão-só o estabelecimento de uma conexão com uma linha do desenvolvimento da reflexão jussocietária que não pode ser esquecida.

2. O ponto de partida

Para a dilucidação da questão enunciada, há que partir do disposto no art. 17.º do CSC. Interessa-nos particularmente a regra segundo a qual "os acordos parassociais celebrados entre todos ou entre alguns sócios pelos quais estes, nessa qualidade, se obrigam a uma conduta não proibida por lei têm efeito entre os intervenientes, mas com base neles não podem ser impugnados actos da sociedade ou dos sócios para com a sociedade" (nº. 1). Assim como a de que os acordos referidos não podem respeitar à conduta de intervenientes ou de outras pessoas no exercício de funções de administração ou fiscalização (nº. 2).

Pode, por exemplo, ocorrer, no âmbito de acordos parassociais celebrados entre a totalidade dos sujeitos que compõem o grémio dos sócios, a estipulação de condições e requisitos de funcionamento ou linhas de actuação da administração da sociedade, cuja composição (ou modo de composição) também determinaram no acordo parassocial. Nessa hipótese, o problema coloca-se precisamente se os administradores designados

---

[8] Se se fundamenta uma imputação ou responsabilização directa dos sócios por certas condutas (pondo de parte a "intermediação" da pessoa colectiva), a "desconsideração" só pode cingir-se a mero termo descritor de um processo de realização do Direito que tem o seu cerne na justificação dogmática autónoma e própria dessas consequências. Nessa linha, precisamente, as nossas reflexões em *Teoria da Confiança e Responsabilidade Civil*, cit., em especial, 169 ss, n. 121.

[9] Mais generoso, se bem vemos, MENEZES CORDEIRO, *O Levantamento*, cit., 147-149.

por uma das partes do acordo parassocial se desviam do estipulado nesse acordo, ainda que a sua conduta se apresente conforme com as regras jussocietárias.

Interpretando o disposto no art. 17.º, escreveu Raul Ventura que os preceitos aí contidos não vedam acordos parassociais que incidam sobre a administração da sociedade (desde que) em matérias relativamente às quais os sócios possam licitamente deliberar; matérias que variam, como é sabido, consoante o tipo de sociedade, e que se restringem muito no campo das anónimas. O mesmo género de solução é defendido pelo prestigiado autor no que toca à definição da estratégia da sociedade. Já quanto à determinação, no acordo parassocial, do modo de designação dos administradores, ela não seria abrangida pelo art. 17.º citado – que apenas proíbe estipulações sobre a conduta dos administradores –, mas importaria sempre respeitar as regras de competência injuntivamente dispostas na legislação societária[10].

Em conformidade, apontou igualmente Graça Trigo que os administradores hão-de prosseguir o interesse social e estão adstritos ao cumprimento de certos deveres que os pactos parassociais não podem deixar de respeitar. Os deveres dos titulares dos órgãos sociais perante a sociedade sobrepor-se-iam, portanto, a eventuais vinculações parassociais. Mas admite-se também, por outro lado, que são válidos os acordos parassociais sobre a eleição dos administradores, cabendo aos sujeitos partes em tais acordos a competência para essa eleição (em assembleia geral)[11].

Mais recentemente, Calvão da Silva veio defender, com base no disposto no art. 17.º/2 do CSC, a nulidade do acordo parassocial respeitante à conduta da administração em nome da prevalência do interesse social que a esta cabe prosseguir, assim como a nulidade daqueles acordos que

---

[10] Cfr. RAUL VENTURA, *Estudos Vários sobre Sociedades Anónimas/Comentário ao Código das Sociedades Comerciais*, Almedina, Coimbra, 1992, 69 ss.
[11] Cfr. GRAÇA TRIGO, *Os Acordos Parassociais sobre o Exercício do Direito de Voto*, Verbo, Lisboa, 1988, 152 ss.
A autora é aliás, tanto quanto conhecemos, a única autora portuguesa que aflorou, até à data, o problema dos acordos parassociais omnilaterais, admitindo ser defensável que eles possam produzir efeitos em relação à sociedade e, nessa medida, dar lugar a um fenómeno de levantamento da personalidade; cfr. o escrito posterior *Acordos parassociais/Síntese das questões mais relevantes*, in Problemas do Direito das Sociedades, Idet, Coimbra, 2002, 178. Como se deduz do que diremos, temos a sua intuição por plenamente correcta e justificada.

delimitam competências entre os órgãos sociais imperativamente fixadas na lei[12].

Na mesma linha, afirma Coutinho de Abreu que são, entre outros, nulos, os acordos sociais que visam permitir dar instruções aos membros dos órgãos de administração[13].

Justifica-o, neste mesmo sentido, Paulo Olavo Cunha: "as pessoas [os administradores] não podem ser condicionadas, na sua actuação, em prejuízo da sociedade"[14].

Já Menezes Cordeiro realça e fundamenta a exclusão de matérias de administração e fiscalização do objecto possível de acordos parassociais em nome de um conjunto de razões, entre as quais elenca a necessidade de acautelar os interesses dos sócios, de terceiros e de toda a comunidade, de modo a evitar uma organização diferente da constante do pacto social e o esvaziamento de sentido do princípio da tipicidade, e dos preceitos relativos ao pacto social e às suas alterações[15].

A posição destes autores é, naturalmente, importante. Com maiores ou menores *nuances*, há uma linha de continuidade com a doutrina produzida inicialmente sobre o art. 17.º do CSC.

Pela nossa parte, não contestamos estes pontos de vista. O nosso propósito é distinto: dizer apenas que, se os argumentos atrás referidos são evidentemente de acolher para o esclarecimento e a justificação do regime do art. 17.º, eles parecem comportar todavia também implícita a possibilidade de ponderar especificamente o caso dos acordos parassociais omnilaterais.

De facto, a solução que defendemos para esta hipótese – uma restrição das limitações *ex vi* desse mesmo art. 17.º de modo a salvaguardar a maior eficácia possível dos acordos parassociais omnilaterais – não tolhe o acerto de princípio destas posições. Apela somente à necessidade de reco-

---

[12] Cfr. *Estudos Jurídicos (Pareceres)*, Almedina, Coimbra, 2001, 246 ss.
Ênfase semelhante, recentemente, em Miguel Pupo Correia, *Direito Comercial/Direito da Empresa*, 11.ª edição, Ediforum, Lisboa, 2009, 189.
[13] Cfr. *Curso de Direito Comercial, II (Sociedades)*, 3.ª edição, Almedina, Coimbra, 2009, 158-159.
[14] Cfr. *Direito das Sociedades Comerciais*, 2.ª edição, Almedina, Coimbra, 2006, 117-118. Interessante notar, em todo o caso, que o Autor, no exemplo de acordo parassocial que dá (*op. cit.*, 118 ss), mostra partir de uma noção de interesse social modelado sobre os interesses contratualizados dos sócios no acordo parassocial (por exemplo, ao reputar válidas certas estipulações relativas a decisões estratégicas da sociedade). Com isto parece evidenciar uma sensibilidade que se coaduna, pelo menos em linha de princípio, com a perspectiva que defendemos neste escrito.
[15] Cfr. *Manual de Direito das Sociedades, I (Das sociedades em geral)*, 2.ª edição, Almedina, Coimbra, 2007, 655-656.

nhecer a especificidade dos acordos parassociais omnilaterais e aponta, quando muito, apenas para uma mitigação ou correcção dessas posições à luz desta hipótese extrema e paradigmática.

Assim, a possibilidade de celebrar acordos parassociais não envolve, por regra, a faculdade de contornar regras injuntivas de organização e funcionamento da sociedade, nem é aceitável, por princípio, que esses acordos conduzam a uma violação da distribuição legal das competências entre os respectivos órgãos.

Só que a nossa questão é outra, particular: saber se tais asserções valerão *sempre*. Também quando o acordo parassocial engloba todos os sócios e vincula, por conseguinte, a totalidade dos que constituem o grémio social.

É que, nestes casos, parece que cessam as razões que estão na base das afirmações acima referidas. Se os sócios podem unanimemente decidir sobre a sorte da sociedade – inclusivamente dissolvê-la –, será legítimo impor-lhes regras de que todos, de comum vontade, decidiram abdicar? Em nome de que interesse ou razão? Não deverá admitir-se que, se os sócios unanimemente se vincularam por um acordo parassocial a determinados comportamentos sociais ou a certas formas de organização de uma dada sociedade, o teor de tal compromisso deverá poder prevalecer sobre as regras jussocietárias? Assumindo, nesse sentido, o acordo parassocial omnilateral efeitos como que de natureza corporativa e carácter análogo a um pacto social, ainda que dele não faça formalmente parte? Se os sócios – todos eles – convergiram em certa regulamentação de interesses entre eles, haverá motivos que possam obstaculizar a plena eficácia, entre eles, de tal regulamentação?

Continuando a perguntar: não se justifica, nestes casos, reconhecer que o *princípio da separação* entre o pacto social e as regras jussocietárias, por um lado, e o acordo parassocial, por outro – que inspira o art. 17.º do CSC citado – tem limites? Finalmente: aquela perspectiva tão frequente segundo a qual, como dissemos, o acordo parassocial é acessório do pacto social, não deverá ela ser revista no caso de um acordo omnilateral, podendo este sobrepor-se, de alguma maneira, ao pacto social ou a certas disposições da lei desde que não haja razões que imponham a sua observância?

3. A falta de resposta concludente face ao art. 17.º do CSC

Convém dizer que o problema jurídico colocado – que as interrogações antecedentes desdobram – não obtém resposta clara perante o teor do art. 17.º do CSC.

Dir-se-á que o n.º 1 desse preceito inclui *apertis verbis*, não só os acordos parassociais celebrados entre alguns dos sócios, mas também aqueles que foram celebrados entre todos eles. De facto, é incontestável que, atento o seu teor, o legislador teve presente a possibilidade de acordos parassociais omnilaterais. O que, todavia, não se segue daí é que *todo* o regime dos acordos parassociais descrito, tanto no n.º 1, como no n.º 2, tenha visado também os tais acordos parassociais omnilaterais, ou os abranja ou haja de abranger (da mesma maneira)[16]. Perante um pensamento material-valorativamente orientado, o argumento literal prova demais.

Na verdade, os acordos omnilaterais são muito menos frequentes na prática societária do que aqueles que apenas se celebraram entre alguns dos sócios. Ora, a circunstância de se eles surgirem formalmente abrangidos pelo teor literal dos n.ºs. 1 e 2 não exime, de modo algum, de saber, designadamente, 1) se a não impugnabilidade dos actos da sociedade ou dos sócios perante a sociedade se aplica também no caso de tais acordos omnilaterais; 2) se os referidos acordos não poderão referir-se, precisamente por incluírem todos os sócios, à conduta de pessoas com funções de administração ou fiscalização.

O texto de uma disposição nunca é um critério hermenêutico decisivo. Como bem recorda o art. 9.º/1 do Código Civil, a interpretação não deve cingir-se à letra da lei. Há antes que reconstituir o "pensamento legislativo" – processo em que importa atender a outros elementos –, sendo que o n.º 3 desse preceito erige como critério hermenêutico a razoabilidade da solução, pois manda o intérprete presumir que o legislador consagrou aquela que é mais adequada.

Face a estes dados – que o direito positivo reconhece e que espelham elementos consensuais da hermenêutica jurídica –, parece que o intérprete-aplicador não pode esquivar-se ao problema posto, invocando a autoridade do teor linguístico dos n.ºs. 1 e 2 do art. 17.º para o eliminar ou negar a sua pertinência.

É que o texto respectivo não exclui nem impede a adequação ou acomodação do regime previsto perante acordos parassociais omnilaterais; dentro, como é natural, do entendimento de que esse regime foi pensado fundamentalmente para os casos-regra, em que os acordos parassociais não abrangem a totalidade dos sócios. Ora, esse entendimento não pode excluir-se face a qualquer critério hermenêutico. Recusar o problema

---

[16] É neste contexto especialmente relevante e sintomático que Raul Ventura, o autor do anteprojecto do CSC em matéria de acordos parassociais, no comentário ao art. 17, não faça qualquer referência aos acordos omnilaterais. Dá a impressão que tais acordos não foram pensados na sua especificidade.

posto é, portanto, "interpretativamente" inadmissível, sob pena de dar por demonstrado o que importa demonstrar.

O nosso problema pode pois – *rectius*, deve pois – pôr-se, pois a letra da lei não o resolve liminarmente.

Na realidade, pode perfeitamente admitir-se que o legislador não tenha considerado com a detenção necessária, ou com detenção particular, os acordos omnilaterais. Eles são, como se observou, muito menos frequentes na prática do que os que se celebram entre apenas alguns dos sócios. A razão é evidente: não só a probabilidade de obter, no plano parassocial, uma composição de interesses entre todo o grémio de sócios, especialmente quando este for alargado, é pequena, como a omnilateralidade do acordo torna, para os próprios sócios, relativamente menos premente o recurso a este instrumento contratual na comparação com o pacto social.

De facto, se todos os sócios se encontram presentes no palco social e parassocial, se os estatutos e os acordos parassociais são, não raras vezes, negociados em conjunto, o conteúdo susceptível de ser reservado aos acordos parassociais tenderá a verter-se, em grande medida, no contrato de sociedade.

Apesar disso, os acordos parassociais omnilaterais são, amiúde, celebrados. Dessa forma procura muitas vezes compensar-se a maior rigidez da disciplina das sociedades anónimas em comparação com a de outros tipos sociais, como a sociedade por quotas, mais flexíveis na adequação aos interesses concretos e pessoais dos sócios[17].

A distribuição do que foi acordado unanimemente pelos sócios entre o contrato de sociedade e o acordo parassocial poderá, por exemplo, obedecer a razões instrumentais: ora se pretende contornar as regras referentes à modificação do pacto social, ora muitas das suas disposições teriam de ser queridas como transitórias (dependentes, por exemplo, da titularidade de certa percentagem do capital social ou confinadas a certo período de tempo), o que conflitua com a tendencial perpetuidade da sociedade e a desejável estabilidade dos seus estatutos; ora se procura evitar a publicidade associada ao contrato de sociedade, reservando para um instrumento (mais) "privado" a regulamentação de todos os interesses em jogo; ora se quer dotar uma dada disciplina constante do contrato de sociedade da típica eficácia parassocial e dos mecanismos que asseguram normalmente essa eficácia.

---

[17] Chamando a atenção para dinâmica de adaptação, viabilizada pelos acordos parassociais em geral, das sociedades – das próprias sociedades de capitais – às necessidades e circunstâncias pessoais dos sócios, já MARIA JOÃO TOMÉ, "Algumas notas sobre as restrições contratuais à livre transmissão de acções", in *Direito e Justiça*, IV (1989-1990), 213-214.

É inegável que as representações sociais dominantes acerca da autonomia jurídica e patrimonial da sociedade induzem os agentes económicos a desenhar o contrato de sociedade o mais despersonalizadamente possível (em alguns casos com uma técnica de redacção muito semelhante à legislativa), preferindo, depois, personalizar os estatutos em acordos parassociais, autónomos daquele. Assim, não é de estranhar que sejam comparativamente reduzidos os casos de direitos especiais e de mecanismos de exoneração presentes nos estatutos das sociedades em comparação com a panóplia de posições e relações jurídicas que, alternativamente, se admitem no plano parassocial[18].

De todo o modo – e este é o ponto que agora importa salientar –, atenta a menor frequência dos acordos omnilaterais, não pode recriminar-se ao legislador uma eventual falta de ponderação específica dessa realidade, nem interpretar-se apressadamente o que estipulou quanto aos acordos parassociais em geral.

4. A redução teleológica do art. 17.º como método possível

Do ponto de vista do método jurídico, a eficácia alargada dos acordos omnilaterais que propomos corresponderá a uma redução teleológica do disposto no art. 17.º do CSC. Quando estejam em causa tais acordos cessam também certas razões susceptíveis de determinar algumas limitações aí previstas para os acordos parassociais em geral.

A ideia norteadora é, relembre-se, esta: salvaguardadas certas condições, nada justifica impor aos sócios aquilo que eles – todos eles – declararam, uns perante os outros, não querer; ou não admitir aquilo que eles unanimemente quiseram.

Aponta-se geralmente que a redução teleológica corresponde a um procedimento de método que não sacrifica o teor do preceito sobre o qual incide. De facto, a restrição do âmbito de aplicação (de aspectos) do regime previsto no citado art. 17.º não envolve qualquer correcção da linguagem usada pelo legislador, uma vez que, tanto a parte final do seu n.º 1, como o seu n.º 2, podem perfeitamente entender-se como essencialmente referidos aos acordos não omnilaterais.

---

[18] São raras as sociedades, por exemplo, que prevêem ou regulam no seu pacto o direito de exoneração. Porém, nos acordos parassociais, abundam figuras como a *call option*, o *tag along right*, etc., os quais, sendo tecnicamente distintos da exoneração, perseguem o mesmo escopo de desinvestimento económico e delimitação do risco também associado à exoneração.

Nem por isso a menção dos acordos omnilaterais no n°. 1 do art. 17 deixa de ter sentido: basta que haja uma consequência útil que dela brote para que ela se justifique.

Ora, a simples proclamação da eficácia de acordos parassociais omnilaterais nos termos desse preceito preenche esse requisito. Na verdade, ela tem, desde logo, um sentido importante: esclarece que a admissão de efeitos entre os intervenientes não pode ser recusada a pretexto de que há um contrato de sociedade em que todos igualmente se comprometeram. O legislador rejeita portanto categoricamente a absorção do acordo parassocial pelo pacto social, pois afirma que os acordos omnilaterais produzem efeitos entre os respectivos sujeitos.

Isto posto, a nossa asserção – de que o art. 17 é passível de redução teleológica – é ainda abstracta e genérica. Pretendemos apenas estribar metodologicamente o caminho que vamos percorrer, excluindo rejeições liminares da legitimidade das considerações que se seguem. Mas o essencial está por saber: avaliar se essa redução teleológica se justifica.

5. A destrinça entre efeito externo e efeito interno dos acordos parassociais

Os efeitos alargados dos acordos parassociais omnilaterais – a implicar uma redução teleológica do disposto no art. 17.° – fundamenta-se e requer, a nosso ver, a imperiosa necessidade de distinguir muito bem entre aquilo que é a eficácia *inter partes* desse acordo – uma eficácia (ordinariamente) de matriz e carácter obrigacional –, e o que constituiria a admissão de efeitos, face a terceiros, estranhos ao acordo parassocial, com interesses (atendíveis) relativamente à sociedade, do conteúdo desse mesmo acordo.

A admissibilidade de consequências, perante estranhos, de um acordo parassocial seria certamente inadmissível, como *res inter alios acta*: pelo menos nos casos em que terceiros pudessem ser confrontados com efeitos desfavoráveis de contratos nos quais não participaram. (O que, todavia, não tem por que ocorrer, pois poderão certamente celebrar-se acordos parassociais a favor de terceiro, assim como é admissível que os acordos parassociais configurem um contrato com eficácia de protecção para terceiros[19]).

O que está em causa é a destrinça entre o campo corporativo, jussocietário, respeitante à organização e vida de uma pessoa jurídica (a socie-

---

[19] Sobre estas figuras, pode ver-se, por exemplo, o nosso *Teoria da Confiança e Responsabilidade Civil*, cit., 135 ss (e notas 108 e 109).

dade) e, por outro lado, o plano parassocial, que diz respeito às vinculações e compromissos interpessoais entre os sócios, habitualmente de natureza obrigacional. Há um princípio de separação entre eles – melhor, até, de insensibilidade da sociedade aos acordos parassociais[20] –, que o art. 17.º, inquestionavelmente, consagra. Mas esse princípio não deve ser entendido de forma rígida ou absoluta. Pode e merece ser flexibilizado ou mitigado em determinadas constelações.

O que se quer apontar é o seguinte: a intangibilidade das regras societárias que aflora, em maior ou menor medida, no art. 17.º só se pode justificar – quando essas regras são conflituantes com o teor de um acordo parassocial omnilateral – no caso de estarem em causa interesses alheios a esses acordos.

É isso que fundamenta as limitações, tanto do n°. 1, como do n°. 2, do art. 17.º. Assim, havendo interesses de outrem a considerar, que não os sujeitos do acordo parassocial – sejam sócios não abrangidos pelos acordos parassociais (e, genericamente, os sócios em matérias não abrangidas por acordos parassociais que subscreveram), sejam outros sujeitos que entram ou podem entrar em relação com a sociedade (incluindo sócios em matérias não abrangidas por acordos parassociais que subscreveram) –, é compreensível que as regras jussocietárias prevaleçam sobre tais acordos; que estes não possam servir para recusar ou alterar a eficácia (corporativa) de tais regras. Pois as normas jussocietárias, disciplinadoras da actividade de uma pessoa jurídica distinta dos sócios, têm à partida de considerar-se aplicáveis quando esteja em causa a participação da sociedade no tráfico jurídico.

Daqui deriva uma delimitação valorativa das restrições dos ns. º 1 e 2 do art. 17.º do CSC: nos casos inversos, quando não há outros interesses a considerar e se discutem apenas os direitos e os deveres dos sócios que celebraram um acordo parassocial – ou seja: quando estão apenas em jogo interesses internos, próprios das partes do acordo parassocial e por este disciplinados –, nenhuma razão se vislumbra para afastar a plena eficácia *inter partes* do respectivo conteúdo.

Vale isto por dizer que, neste plano – se não existem outros interesses a atender para além dos que foram regulados pelo acordo parassocial –, a violação do acordo parassocial omnilateral não requer a infracção de regras jussocietárias (corporativas), pois tais regras pressupõem a actuação da sociedade como ente autónomo, distinto dos sócios, no comércio jurídico.

---

[20] Cfr. OLIVEIRA ASCENSÃO, *Direito Comercial IV (Sociedades Comerciais/Parte Geral)*, cit., 292.

O desrespeito de regras jussocietárias não é portanto pressuposto necessário do incumprimento de um acordo parassocial omnilateral, quando não há terceiros cuja situação jurídica dependa da aplicação de tais regras. A infracção do acordo parassocial afere-se então exclusivamente pelo respectivo teor, cotejando com ele a conduta dos sujeitos que o firmaram.

E não podem estes alegar a natureza jussocietária de certas normas conflituantes com o comportamento devido à luz do acordo parassocial para se justificarem: invocando a conformidade da conduta que escolheram com o disposto em tais regras, de modo a assim se furtarem às consequências predispostas para a infracção ao acordo parassocial.

Supomos que a destrinça das eficácias que late nas considerações expostas se pode sugestivamente e sem desacerto substancial exprimir também como necessidade de um *distinguo* entre *eficácia civil* e *eficácia (stricto sensu) jussocietária* ou corporativa. Nesta última está em causa a actuação da pessoa colectiva no tráfico jurídico: então, importa atender decididamente a outros interesses, além dos dos sócios, que aí se manifestam.

Já no primeiro plano, o que se revela decisivo é a simples relação entre os sujeitos que celebraram um contrato, o seu conteúdo, a conduta das partes à luz das vinculações assumidas e as consequências que a lei ou o próprio acordo estabeleceu para o respectivo incumprimento. Falamos, portanto, de eficácia civil com o propósito estrito de expressar uma eficácia privada comum, em si não essencialmente qualificada pelo facto de nos situarmos no domínio comercial.

Assim sendo, convergir-se-á afinal sem dificuldade em que os acordos parassociais omnilaterais são susceptíveis de vincular os sujeitos nas relações respeitantes à sociedade e obrigá-los à adopção, nesse plano, de certas condutas: poderão implicar validamente adstrições entre eles no modo de relacionamento da sociedade com terceiros, muito embora tais condutas não possam contrariar interesses de terceiros, nomeadamente quando protegidos por regras jussocietárias imperativas.

Deste modo, um acordo parassocial omnilateral que imponha a uma sociedade certa política comercial – directa ou indirectamente (por exemplo, mediante a sujeição dos administradores respectivos a instruções por parte dos subscritores) – torna-se vinculativo para esses administradores, pois a sociedade está então obrigada a prosseguir essa política nas suas relações com terceiros. Se com isso não se atingem interesses de terceiros – e não será desde logo o caso quando terceiros não tenham, como ordinariamente não têm, direito algum a contratar (em certos termos) com a sociedade, nem direito a que esta prossiga certa política (ainda que por força de regras jussocietárias) em seu benefício –, o acordo parassocial valerá plenamente entre os sócios. Não se infringe, em rigor, o princípio da eficácia interna do acordo parassocial subjacente ao art. 17.º, dentro do entendimento de que esse princípio apenas visa proteger terceiros (face ao acordo) que poderiam ser prejudicados pela inobservância das regras societárias, e não atribuir-lhes um benefício que tais regras lhes não atribuam.

O art. 17.º/2 deverá, consequentemente, ser interpretado teleologicamente: a proibição de os acordos parassociais respeitarem à conduta de pessoas no exercício de funções de administração e fiscalização deve ser acomodada à realidade específica dos acordos parassociais omnilaterais, não tolhendo a eficácia destes acordos nas condições referidas. Desta sorte, para dar um exemplo, sendo o acordo parassocial omnilateral, se se estipulou a regra da unanimidade em certas decisões dos administradores nomeados pelas partes e não perigam interesses de terceiros, nada deporá contra a invocação entre os sócios desta estipulação[21].

6. Sobre a relação entre as normas jussocietárias e a autonomia privada: a heteronomia evitável

A distinção proposta entre *eficácia civil* e *eficácia jussocietária* ou corporativa[22] – cuja *ratio*, devidamente consciencializada, explica a particular relevância que os acordos parassociais omnilaterais podem apresentar – é certamente mais complexa. Contudo, ela torna-se mais clara se se tiver presente que as normas jussocietárias, ainda quando imperativamente dispostas pelo legislador, são expressão de uma heteronomia especial.

---

[21] A favor, do mesmo modo, de uma interpretação restritiva do art. 17 nesta matéria e, em geral, da validade dos regulamentos internos de funcionamento dos órgãos sociais estabelecidos em acordo parassocial – aliás de forma ampla e sem se cingir à nossa hipótese de acordos parassociais omnilaterais –, PEREIRA DE ALMEIDA, *Sociedades Comerciais*, 5ª. edição, Almedina, Coimbra, 2008, 312-313 (com a ressalva embora de não serem permitidas as cláusulas que imponham condutas concretas aos administradores, o que normalmente se verificará nas situações que descrevemos, pois a unanimidade prevista em acordos parassociais dirá respeito a matérias estratégicas para os respectivos subscritores, indicadas genericamente *ex ante*; mas na nossa concepção pode ir-se mais longe e subordinar, por exemplo, ao consentimento de todos os sócios subscritores de um acordo omnilateral uma deliberação dos administradores contrária ao estipulado nesse acordo).
Aparentemente também a favor da licitude de acordos parassociais que obriguem as partes a uma concertação futura relativa a certos assuntos, ficando entendido que eles não serão aprovados se não houver acordo de todas elas e estabelecendo-se, nessa medida, uma concertação por unanimidade, MENEZES CORDEIRO, *Manual de Direito das Sociedades I*, cit., 653.
[22] Sempre com o sentido atrás precisado.

Com efeito, essa imperatividade destina-se a proteger interesses que se situam para além daqueles que "privadamente" as partes no acordo parassocial quiseram acautelar. A imperatividade pode ser estabelecida em nome de outros sócios, não participantes do acordo parassocial, designadamente de minorias, assim como no de todos aqueles que se relacionarão, no futuro, com a sociedade. Em qualquer caso, apresentará uma conexão com o interesse do tráfico jurídico ou, porventura até, com o interesse público.

Ora, não havendo sócios fora do acordo parassocial, e não existindo interesses desse género em jogo – pondo, por exemplo, o problema da tutela de outros sujeitos que se relacionaram ou venham a relacionar-se com a sociedade –, a imposição de normas jussocietárias, contra a sua vontade, a esses sócios subscritores do acordo parassocial (omnilateral) deixa de fazer sentido. Em direito privado – e o direito societário é direito privado –, a regra é a da liberdade. Cumprem-se e respeitam-se as obrigações livremente assumidas. Não se afigura razoável restringir esse princípio quando não há interesses que o justifiquem.

Por maioria de razão no caso de as regras jussocietárias serem supletivas e não terem sido afastadas, por qualquer razão, no pacto social, mas não houver dúvida de que a vontade dos sócios era ou é a constante do acordo parassocial. Esta deve então prevalecer sobre essas normas jussocietárias.

Na realidade, mesmo as normas jussocietárias cogentes são, rigorosamente, expressão de uma heteronomia que não tem a mesma índole e força de outras heteronomias. Tais regras são manifestações daquilo que pode chamar-se uma *heteronomia evitável*[23].

Pense-se nos sócios. A heteronomia é para eles evitável, pois essa sua imperatividade só atinge em rigor aqueles que queiram ou decidam, no âmbito da sua autonomia privada, criar uma sociedade ou tornar-se sócios de uma sociedade já existente[24]. Apenas se condicionam ou limitam os sujeitos que pretendam ser sócios. O condicionamento e a limitação não se verificam para quem não o deseje. Não há, no direito privado, tipica-

---

[23] Expressão similar em Baptista Machado (*Obra Dispersa*, I, Scientia Iuridica, Braga, 1991, 546:" heterovinculação evitável"), que a usa num contexto diferente, embora, a nosso ver, suficientemente parecido.

[24] Diferentemente do que ocorre em diversos sectores do direito comum, cujas normas são aplicáveis, sem isenção pessoal de ninguém. Aí a heteronomia será "inevitável" para quem quer que seja membro de uma dada comunidade jurídica. Pense-se nas normas básicas do direito delitual, que atingem todo e qualquer um, inelutavelmente (para a concepção subjacente, Manuel Carneiro Da Frada, *Teoria da Confiança e Responsabilidade Civil*, cit., 270 ss, 287 ss).

mente ao menos, nenhum interesse público que obrigue a agir. A própria ordem pública é, essencialmente, um limite e não uma fonte de deveres[25].

Assim, considerando o modo como a ordem jurídica organiza a pessoa jurídica societária ou disciplina a conduta e as relações em torno dela, o sujeito tem sempre a possibilidade de "não entrar" na concreta posição ou relação que para ele traz ou traria (infalivelmente) certas consequências. Pode, portanto, evitar tais consequências. E pode-o justamente porque não há nenhum interesse que se sobreponha à sua liberdade (onerando-o mesmo que o não decida fazer).

Existe, no que toca ao direito das sociedades, como que um mecanismo de *"opting in, opting out"*. Tal significa que quem não quiser ser abrangido por certas regras, basta que não queira ser sócio. Aquele que, pelo contrário, desejar sê-lo, fica-lhes exposto.

Mas isto exprime – e é este o ponto que nos interessa – que não existe também nenhum interesse público que se sobreeleve, via de regra, perante o que possam ser os interesses dos sócios.

A consequência é esta: *se todos os sócios resolveram disciplinar de certa forma os seus interesses, criando uma dada sociedade e estabelecendo convencionalmente para ela determinadas regras, então a sua regulamentação de interesses, porque omnilateral, consente, em princípio, o afastamento de regras jussocietárias*, "desconsiderar a personalidade jurídica e as suas regras próprias"; pelo menos, quando não há também outros interesses (normalmente de terceiros), prevalecentes, a considerar.

Assim se torna mais claro que pode perfeitamente valer como infracção ao acordo parassocial aquilo que contraria esse acordo – proibições ou imposições dele constantes –, ainda que conforme com as regras jussocietárias. Quando nenhum tipo de interesse justificar a observância dessas regras, terá de imperar sem limitações a vontade dos sujeitos expressa no acordo parassocial.

Não se ignora seguramente que as regras imperativas do direito societário podem querer proteger interesses dos sócios face a outros sócios ou perante a sociedade. Só que, então, a imperatividade tem essencialmente em vista tutelar aqueles sócios que, pelo seu escasso poder de influência, não podem impedir com a sua vontade a lesão dos seus interesses: no essencial, sócios, portanto, minoritários, perante hipóteses de prejuízo ou desvantagem das suas posições em que não consentiram *ab initio* e que o desenrolar posterior da vida social vem a colocar.

---

[25] Para esta concepção, por último, o nosso A ordem pública no domínio dos contratos, in Ars Iudicandi/Estudos em Homenagem ao Prof. Doutor António Castanheira Neves, II (Direito Privado), Coimbra Editora, Coimbra, 2008, 255 ss (261).

Ora, nada disto se aplica, por princípio, no caso de acordos omnilaterais, pois aí coube por inteiro ao sócio a possibilidade de decidir contratar ou não, e vincular-se ao respectivo conteúdo. A sua protecção é, nesse plano, assegurada, tão-só (e, à partida, suficientemente) pelas regras comuns do direito civil: por exemplo, pela disciplina dos vícios da vontade, pelo regime generoso dos negócios usurários, ou pelos limites gerais da autonomia privada estabelecidos nos arts. 280 e 281 do CC[26].

7. O interesse social no caso dos acordos omnilaterais

A relevância que atribuímos aos acordos parassociais omnilaterais não se afigura criticável a pretexto de que o interesse social é susceptível de ser discrepante em relação ao disposto nesse acordo. O argumento seria o de que as soluções jussocietárias não poderiam deixar de repercutir-se no próprio plano do acordo parassocial e de se sobrepor a ele, pois isso significaria a "captura" do interesse social pelos respectivos sujeitos.

Mas este ponto de vista é falaz no caso dos acordos omnilaterais. Tocamos, evidentemente, o problema difícil da identificação, caracterização e natureza do interesse social. Contudo, na hipótese que nos ocupa – a dos acordos parassociais omnilaterais – a oposição básica entre aqueles que vêem no interesse social o denominador comum dos interesses dos sócios (a prosseguir através da sociedade) e os que entendem que o interesse social é distinto desses interesses (relevando normalmente o interesse institucional da empresa societária em si mesma) não conduz a nenhuma solução diferente da que propomos[27].

Na verdade, os seguidores da primeira hipótese (comummente identificada como a tese contratualista do interesse social) não terão qualquer dificuldade – mais, serão mesmo compelidos a admitir – que no caso do acordo parassocial omnilateral e das matérias nele convencionadas não há espaço para uma relevância própria do interesse social capaz de dispensar os sócios do seu exacto e pontual cumprimento quando não estão em causa interesses (prevalecentes) de terceiros, nem de os isentar das consequências previstas para esse incumprimento no acordo parassocial.

---

[26] Não podendo também, sobretudo hoje, ignorar-se a hipótese de protecção dos sujeitos do acordo parassocial através do regime das cláusulas abusivas.
Salientando também a aplicabilidade dos arts. 280 e 281 do CC aos acordos parassociais, Pereira de Almeida, *op. cit.*, 311.
[27] A terminologia é fluida. Para uma equacionação, e optando pela primeira alternativa, cfr. Vasco Lobo Xavier, *Anulação de Deliberação Social e Deliberações Conexas*, Atlântida, Coimbra, s/data, 242 ss, n. 116.

E, claro, dentro de uma perspectiva vigorosamente relevadora do interesse comum dos sócios, não há margem para tornar o pacto social independente do acordo parassocial omnilateral quando o acordo parassocial é – qual contrato-quadro ou contrato-fundamento – a fonte (normativa última) do pacto social e este se limita a executar, realizar ou operacionalizar o referido acordo. A supremacia deste acordo sobre aquele pacto é então óbvia e impõe-se por si só.

Já os adeptos de uma visão "institucionalista", admitindo embora que o interesse social se não resume ao interesse comum dos sócios, terão certamente de fundamentar a afirmação concreta de tal interesse e a sua prevalência sobre o interesse comum de todos os sócios plasmado no acordo omnilateral por estes celebrado; mesmo nas hipóteses em que não estão em causa interesses de terceiros: quando, portanto, não há sócios minoritários, nem se jogam outras posições além daquelas que pertencem aos subscritores do acordo parassocial.

Assim, no plano da eficácia interna, civil, do acordo parassocial omnilateral, não é justificável invocar o interesse social para ilibar o sujeito do cumprimento daquilo que estipula o acordo parassocial a pretexto de que agia ao abrigo de normas – jussocietárias – que organizam e disciplinam a prossecução de tal interesse.

Certo que para os institucionalistas as regras jussocietárias e o próprio pacto social devem ter uma prevalência de princípio sobre os acordos parassociais. Mas daqui não se segue que essa prevalência deva ser irrestrita, nem afirmável face a acordos omnilaterais. Aliás, se a unanimidade dos sócios sempre pode ditar a sorte do interesse institucional – e desconsiderá-lo totalmente, por exemplo, extinguindo a sociedade como sujeito portador desse interesse e, por essa via, irradicando esse interesse –, tal significa que o acordo parassocial omnilateral deverá prevalecer sobre o pacto social quando não estão em perigo outros interesses além dos dos subscritores do acordo parassocial.

Pode por isso dizer-se também que nenhum sócio tem o dever de votar de harmonia com um interesse social entendido como distinto do interesse protegido pelo acordo parassocial omnilateral. O acordo parassocial omnilateral não pode ter como limite, para os seus subscritores, um interesse social extrínseco e conflituante com aquilo que por todos eles foi acordado.

O art. 64.º/1 não desdiz este entendimento. É verdade que possibilita aos administradores a ponderação de outros interesses além do interesse dos sócios. Mas não os obriga a seguir esses interesses nem os legitima, sem mais, a desrespeitar o interesse comum de todos sócios (e, de forma alguma, não estando em jogo tais outros interesses)[28].

Descontada a hipótese de um institucionalismo extremo, que ninguém defenderá, pertencerá aos sócios a definição e a concretização do interesse social[29]. Tal não é posto em causa pelo art. 64.º/1: os administradores terão de mover-se respeitando esse âmbito. Sendo o acordo omnilateral, a necessidade, por princípio, de orientação dos administradores pelo entendimento unânime dos sócios quanto ao interesse social impõe-se.

Aliás, a própria lei societária, ao prever de modo expresso que os membros do órgão de administração podem ser designados pelo contrato social (cfr., por exemplo, mesmo nas sociedades anónimas, o disposto no art. 391.º/1), assume concludentemente que os (ou certos) sócios (principais) hão-de poder exercer influência nos destinos da sociedade e que os membros por eles indicados hão-de também poder coordenar a actividade dessa sociedade com os objectivos desses mesmos sócios, sem que tal represente qualquer anomalia ou entorse à vinculação dos administradores a prosseguir o interesse social. Há, aliás, que distinguir entre aquilo que são interpretações possíveis do interesse social tal como ele foi modelado pelo acordo parassocial omnilateral – interpretações dentro de cujos limites os administradores poderão orientar-se com autonomia – e aquilo que já não é susceptível de ser reconduzido a esse interesse (que esse mesmo acordo modelou) e representa, por isso, um dano à própria sociedade e ao seu interesse (tal como ele foi conformado por esse acordo).

O Código das Sociedades reconhece aliás, genericamente, a possibilidade de o sócio – só por si ou juntamente com pessoas a que se encontre ligado por via de um acordo parassocial – exercer influência sobre a conduta de um administrador, condicionando assim a conduta da sociedade. Tal facto não implica (por si mesmo) nenhuma reprovação e/ou reacção da ordem jurídica enquanto não representar um prejuízo para a sociedade ou os demais sócios: cfr. o art. 83.º/4 do CSC[30]. (Pensamos, naturalmente,

---

[28] Alguns subsídios para a interpretação desse preceito difícil encontram-se no nosso "A *business judgment rule* no quadro dos deveres gerais dos administradores", *ROA* 67, I (Janeiro, 2007), 159 ss.

[29] Nesse sentido, por exemplo, PEDRO PAIS DE VASCONCELOS, *A Participação Social nas Sociedades Comerciais*, 2ª. edição, Coimbra, 2006, 329-330.

[30] Requerendo-se, compreensivelmente, que a influência do sócio tenha sido exercida de forma ilegítima do ponto de vista jussocietário.
Cfr., sobre este tema tão rico que apenas pode apontar-se, a apurada análise de RUI PEREIRA DIAS, *Responsabilidade por Exercício de Influência sobre a Administração de Sociedades Anónimas/Um estudo de direito material e direito dos conflitos*, Coimbra, 2007, pp. 103 ss, 112 ss, e *passim*.

que quando todos os sócios convergem num dado entendimento do interesse social, essa norma não se aplica[31].)

Por outro lado, quando a lei societária aceita e disciplina situações de domínio, de contratos de grupo paritário e de contratos de subordinação entre várias sociedades – situações que, em maior ou menor medida sujeitam a sociedade a instruções alheias ou a orientações de uma outra sociedade –, mostra concludentemente que o interesse social não pode desligar-se do interesse do(s) sócio(s), nem prevalece de forma absoluta sobre ele[32].

Tudo o que dizemos se aplica a sociedades anónimas; sendo que, quanto às sociedades por quotas, a própria lei permite aos sócios orientar a vida da sociedade, estabelecendo que os gerentes devem exercer a função de gestão no respeito das deliberações dos sócios (cfr. o art. 259), o que deverá valer com respeito àquilo que todos convencionaram em acordo parassocial.

Importa notar que os interesses de terceiros não se podem, via de regra, sobrepor ao interesse comum dos sócios. E que os terceiros não têm direito a uma dada interpretação ou concretização do que constitua o interesse social; assim como ninguém tem, em geral, a possibilidade de pretextar o exercício da autonomia privada de outrem desconforme com o próprio interesse desse outro sujeito para obter um benefício próprio ou para evitar uma desvantagem ou um prejuízo. Os interesses de terceiros, quando existam, devem portanto ser ponderados face ao interesse social. A ordem jurídica decide: nalguns casos, o direito objectivo atendê-los-á; noutras hipóteses, não. E esta sua não atendibilidade é a regra.

---

[31] Se à luz do art. 83.º/3 do CSC, os sócios podem ser (solidariamente) responsáveis perante outros sócios por condutas dos administradores que indicaram e que se revelaram danosas para estes, então tal significa que a conduta de um administrador nomeado por um sócio não pode ser de todo irrelevante do ponto de vista da responsabilidade desse sócio perante outro por violação de um acordo parassocial omnilateral. Existiria uma incongruência valorativa que só se evita aceitando que estes acordos parassociais são também susceptíveis de proteger os sócios uns dos outros – no círculo de interesses que podem abranger – por condutas dos administradores que tenham designado.

[32] Ao admitir a possibilidade de *"designar mais de metade dos órgãos de administração"* de uma sociedade como forma de influência dominante (segundo o art. 486.º/2 c) do CSC), o legislador está ainda a reconhecer a viabilidade de determinar a conduta da sociedade através do comportamento dos membros de administração.

8. A sociedade como instrumento de realização de interesses regulados no acordo parassocial, ou a superação do dogma da acessoriedade

No caso dos acordos parassociais omnilaterais não há verdadeiramente possibilidade de divisar um interesse social autónomo do interesse dos sócios que o subscreveram. A sociedade apresenta-se então meramente instrumental da prossecução dos interesses que as partes contratualizaram devidamente no acordo parassocial; interesses regulados por esse acordo, de que a sociedade é mera forma ou modo de realização. Usa-se a sociedade para a prossecução de tais interesses. A sociedade surge inteiramente funcionalizada ao programa contratual do acordo parassocial (*ex post* ou *ab initio* não será derradeiramente relevante).

Nada há, portanto, de estranho no facto de dois ou mais sujeitos pretenderem exercer conjuntamente certa actividade empresarial, constituindo, por exemplo, para o efeito, uma sociedade. Pode assim acontecer que estando essa actividade conexa com outra a que um ou mais desses sujeitos se dedica(m) a título principal, por si ou através de sociedades que com eles se situem numa relação de grupo, estipulem a constituição de uma nova sociedade para mais facilmente levarem a cabo, sob algum aspecto, essas mesmas actividades principais. Terão, por isso, normalmente interesse em estipular regras precisas que assegurem uma certa política empresarial a seguir por essa sociedade, especialmente na relação com algum deles, em prever mecanismos de controlo, influência ou domínio da actividade societária, em assegurar para o efeito uma determinada composição dos órgãos sociais ou certos modos de deliberação no seu seio, etc.[33].

Neste tipo de situações, como já se apontou, a inclusão nos estatutos do que as partes convencionaram antes através de um acordo parassocial não corresponde, muitas vezes, a uma solução adequada; quer porque é susceptível de desvendar a terceiros aspectos que, em nome do êxito dos fins prosseguidos pelas partes num cenário de mercado e concorrência melhor será manter a coberto da curiosidade ou do conhecimento alheio, quer na medida em que pode haver aspectos de pormenor ou circunstanciais que não se coadunam com a natureza mais genérica e abrangente dos estatutos, quer ainda na medida em que a incorporação de tais regras no pacto social pode determinar uma certa rigidez se ou quando haja necessidade de adaptar o acordado a mudanças ditadas pela evolução do con-

---

[33] Cfr. os exemplos de ANA FILIPA LEAL, *Algumas notas sobre a parassocialidade*, cit, 141 ss, falando justificadamente de uma polifuncionalidade dos acordos parassociais.

texto da actividade. Tudo são razões para fazer figurar antes num acordo parassocial omnilateral o conteúdo de tais convenções.

Ora, quando há, como na hipótese figurada, uma vontade empresarial conjunta que se serve da sociedade a formar como meio de realização e essa vontade é comum a todos os sócios, estando plasmada num acordo parassocial, parece que o acordo parassocial constitui o acordo-base do contrato social (da sociedade-veículo); um acordo-quadro ao qual o pacto social dá execução e do qual recebe a sua força normativa no que tange às relações entre os sócios. Numa formulação *nuancée*, o acordo parassocial não configurará até, nestes casos, uma simples base de um outro negócio (o contrato de sociedade) dotado de causa autónoma[34]. Representa então a própria causa da sociedade[35].

Assim, a instrumentalidade da sociedade veiculada por um acordo parassocial omnilateral pode surgir igualmente coligada a agrupamentos complementares de empresas, a consórcios ou a *joint ventures*.

Presente essa instrumentalidade – sempre sem negar que a sociedade, uma vez constituída, age no tráfico jurídico perante terceiros segundo as regras jussocietárias –, nas relações entre os sócios, a actuação da pessoa jurídica societária deve ser derradeiramente aferida pelo contrato que estes celebraram e pela forma de composição de interesses aí prevista.

Continuando a considerar o plano das relações "internas" (dos participantes no acordo parassocial omnilateral entre si), pode inclusivamente ocorrer que a sociedade seja utilizada para fins alheios àqueles que presidem tipicamente às regras jussocietárias. Mas a sociedade não é, só por isso, simulada. Se se cotejar aquilo que as partes pretenderam obter através do acordo parassocial e as regras (jussocietárias) a que a sociedade que criaram se encontra, em princípio, sujeita, pode haver um negócio indirecto, pode ocorrer um desvio do fim ou a prossecução de

---

[34] Pensamos no entendimento amplo da base negocial "oertmanniana", que influiu doutrinariamente no art. 252.º/2 do CC.

[35] Temos, portanto, que a relação entre o acordo parassocial e o pacto social é, se considerada em geral, diversificada. Poderá sempre falar-se, certamente, numa união de contratos. Mas a conexão respectiva é susceptível de apresentar diversas características. Por isso, o simples apelo a essa noção não dá suporte suficiente a conclusões (como alerta RUI PINTO DUARTE, *Tipicidade e Atipicidade dos Contratos*, Almedina, Coimbra, 2000, 50 ss, arriscando compreensivelmente a afirmação de que o único problema dogmático real entre os versados no que toca à união de contratos é o do critério da unidade dos contratos).

Para uma análise aprofundada das relações entre acordo parassocial e pacto social, pode ver-se MÁRIO LEITE SANTOS, *Contratos Parassociais e Acordos de Voto nas Sociedades Anónimas*, Cosmos, Lisboa, 1996, 53 ss (admitindo em tese geral a subordinação e acessoriedade dos acordos parassociais em relação ao pacto social, características que questionamos no plano dos acordos omnilaterais).

um objecto não (inteiramente) coincidente com o estatutariamente previsto, mas, repete-se, tal não obsta a que, nas relações internas – dominadas pelo princípio da autonomia privada – vigore e sobreleve o disposto no acordo parassocial.

Resulta daqui, numa apreciação geral, que o posicionamento recíproco das regras societárias e dos acordos parassociais é móvel. Ele não obedece sempre e univocamente à ideia habitual de que os acordos parassociais são acessórios e intervêm secundariamente, ao lado, ou para além, das regras jussocietárias. Casos há – os acordos omnilaterais – que conduzem a afirmar uma prevalência de princípio das regras que deles derivam sobre a disciplina jussocietária.

O dogma da acessoriedade é, portanto, relativo. Ele aparece ligado ao princípio da separação e a uma separação estanque entre socialidade e parassocialidade. Ora, importa ter uma visão integradora destas e das múltiplas combinações que elas podem apresentar entre si[36].

9. Reflexos dos acordos parassociais omnilaterais em matéria de interpretação do pacto social e na determinação das posições jurídicas dos sócios

Do que se expôs em geral acerca dos acordos parassociais omnilaterais derivam, necessariamente, corolários diversos.

Assim, em sede de interpretação do contrato social, estando em causa o campo das relações internas entre os sócios – ou seja, no que diz respeito à determinação dos direitos e deveres dos sócios nas suas relações recíprocas – ou perante a sociedade[37], deve privilegiar-se o sentido do pacto social que melhor realiza o acordo parassocial omnilateral. Não é certamente verosímil ou correcto sustentar um regime social e parassocial diverso quando o acordo parassocial é omnilateral e foi a causa da sociedade ou de uma modificação estatutária que ela sofreu.

O pacto social deve portanto ser interpretado – e também integrado – de harmonia com o acordo parassocial omnilateral. A concordância que se procura convoca as regras de interpretação e de integração do comum dos

---

[36] Com razão, portanto, PAULO CÂMARA, *Parassocialidade*, cit., 467 (em conclusão), quando advoga a superação da teoria da separação.
[37] Naquilo que foi matéria do acordo parassocial (e pressupondo sempre, como é óbvio, que o pacto social, se posterior, não significou qualquer alteração da vontade dos subscritores do acordo parassocial).

negócios jurídicos, desde logo relevantes no plano parassocial, mas que, no caso de um acordo omnilateral, também terão importância acrescida na determinação do sentido dos estatutos.

Não se contesta, portanto, a pertinência de critérios (mais) "objectivos" de interpretação quando estão em jogo efeitos que ultrapassam estes níveis, pois os estatutos consagram regimes destinados também a disciplinar a actuação da pessoa jurídica no tráfico jurídico com terceiros, ou que influenciam as relações de terceiros entre si que surjam condicionadas pela actuação da pessoa colectiva. Mas, se tal não se verifica, certamente que o acordo parassocial determinará ponderações mais subjectivadas ou pessoalizadas do conteúdo do pacto social, e será um elemento interpretativo da maior importância a atender.

A nossa observação em matéria de interpretação visa portanto o plano daquilo que respeita aos subscritores dos acordos omnilaterais. Mas essa precisão significa, igualmente, que as posições singulares e concretas dos sócios perante a sociedade ou até entre si, não só não se modelam exclusivamente sobre o pacto social, mas devem atender ao estabelecido no acordo parassocial. Assim sendo – e indo mais longe –, podem também reflectir contextos concretos desse acordo.

De facto, ultrapassando o campo da interpretação, as circunstâncias que rodeiam os acordos parassociais são susceptíveis ainda (tal qual em geral) de conduzir a valorar especificamente certos comportamentos individuais ocorridos entre os sócios – pense-se, por exemplo, num *venire* ou num *tu quoque* –, do mesmo modo que podem fundamentar deveres relacionais concretos entre eles, como deveres de lealdade, deveres que se baseiam no direito objectivo, mas que brotam de situações de facto conexionadas com acordos parassociais.

As ligações especiais (*Sonderverbindungen*) surgidas entre sócios subscritores de um acordo parassocial não condicionam certamente a posição de terceiros alheios a tais acordos na sua relação com a sociedade, nem modificam o teor do pacto social. Mas são, sem dúvida, de considerar no contexto geral da relevância dos acordos parassociais.

Aliás, se estes acordos são omnilaterais, poderá ocorrer com frequência que, muito embora as obrigações expressa ou tacitamente estipuladas nesses acordos incidam apenas sobre um ou alguns dos subscritores em benefício de outro ou outros, possa haver deveres de comportamento perante outros ainda (ou os demais) subscritores de tais acordos. Os acordos omnilaterais são, portanto, susceptíveis de se apresentar com a fenomenologia típica dos "contratos com eficácia de protecção para terceiros" alheios ao programa dos deveres e vinculações de prestar instituídos, mas igualmente intervenientes no acordo[38].

Pode portanto dizer-se que a concreta posição de um sócio não deriva de modo algum, apenas, dos estatutos: reflecte sem dúvida o teor do acordo parassocial, tudo o que o envolveu e as vicissitudes várias que sobrevieram, medidas à luz do facto da celebração do acordo parassocial omnilateral e das exigências que daí brotam.

10. O incumprimento de um acordo parassocial omnilateral: a ineficácia do inadimplemento como regra

O ápice de todo o direito contratual é, certamente, porém, o incumprimento[39]. Assim também no que concerne ao acordo parassocial. Mas o que nos importa é agora apenas perscrutar o que haja de específico do acordo omnilateral: em especial, saber se pode haver incumprimento – ou justificação do incumprimento – no caso de terem sido observadas regras jussocietárias conflituantes com o teor do acordo parassocial.

Em geral, perante um inadimplemento contratual, a ordem jurídica reage procurando apagar, na medida do possível, todas as consequências desse incumprimento, e dota para isso a parte fiel dos meios adequados para tal efeito. Deste modo, se o incumprimento se traduziu na prática de um acto jurídico (desencadeador de consequências jurídicas), esse acto não vale (ao menos enquanto tudo se passar *inter partes*). Ele não surte, portanto, os efeitos a que tendia ou que poderia produzir na esfera do contraente inocente, visto que consubstancia um inadimplemento que o Direito reprova e a que, nessa medida, se opõe.

A ilicitude está assim, via de regra, coligada à ineficácia[40]. Essa ineficácia é originária, porque impeditiva, *ab initio*, da produção de efeitos. Por outro lado, sendo a sua razão o desrespeito do conteúdo de um acordo entre as partes, encontramo-nos perante um vício que contamina *ab intra* o próprio acto violador do contrato, o que parece apontar, dentro da teoria clássica das ineficácias, para a invalidade desse acto. O facto de a ineficácia

---

[38] Aludimos à distinção entre deveres de prestar e deveres de comportamento, entre os quais os deveres de protecção: num acordo omnilateral, as prestações podem incidir sobre alguns e em benefício de alguns outros – apenas –, mas os interesses dos demais deverem ser considerados e garantidos por (meros) deveres de comportamento. Cfr., em geral, sobre o ponto, o nosso *Contrato e Deveres de Protecção*, Almedina, Coimbra, 1994, 37 ss, e *passim*.
[39] A determinação da posição das partes costuma ser o antecedente de um juízo sobre o que pede o cumprimento ou aquilo que significa o incumprimento de um contrato.
[40] Há evidentemente excepções, e até importantes. Mas elas não tolhem o princípio.

de um incumprimento ser relativa – ao produzir-se entre determinadas pessoas, os contraentes – e corresponder, assim, a uma inoponibilidade –, não o prejudica[41].

Finalmente, tal ineficácia merecerá um regime mais grave do que o da disciplina comum da mera anulabilidade, porque esta envolve uma produção, embora meramente provisória, de efeitos, requerendo-se o exercício do direito de anulação para obstar à consolidação de tais efeitos: a anulabilidade implica portanto um regime que poderia ser ainda benéfico para o infractor porque imporia ao contraente fiel um ónus por força do próprio inadimplemento que lhe deu origem. Assim, parece que essa ineficácia se produz *ope legis*, com independência de uma declaração judicial[42].

Só em casos especiais a ordem jurídica admite a validade de um acto ilícito: quando valora mais – e prefere – a liberdade do sujeito (ainda que mal exercida) do que o exercício dessa liberdade e a desaprovação que ele merece. Pode então falar-se do reconhecimento de uma "liberdade privilegiada de agir"[43]. Mas, ainda assim, a ordem jurídica impõe então à parte faltosa consequências em benefício do lesado, nomeadamente o pagamento de uma indemnização destinada a ressarcir os seus danos, ou obrigando-a a acatar outras consequências que possam ter sido contratualmente previstas para o caso de inadimplemento.

11. (*cont.*) A ineficácia *inter partes* das regras jussocietárias em caso de incumprimento de um acordo parassocial omnilateral

Ora, quando o acordo parassocial é omnilateral, se não existem, no caso concreto, outros interesses a considerar para além daqueles que são privativos dos sócios – que excepcionalmente justifiquem um incumprimento em atenção a tais interesses –, nenhuma razão há para a lei permitir que sejam eficazes actos que, embora conformes com o ordenamento societário, representam ilícitos contratuais. Nem se divisa motivo algum para atribuir à invocação da conformidade com preceitos jussocietários a virtualidade de afastar a ilicitude de um comportamento que é contrário

---

[41] Pode equacionar-se um conceito mais restrito de invalidade, limitado à violação de preceitos de direito objectivo. Mesmo então, a infracção a preceitos contratuais implicará seguramente uma inoponibilidade.

[42] Sem prejuízo da possível necessidade de uma declaração do sujeito para dela se prevalecer, bem como da eventual necessidade de uma acção judicial que dirima um entendimento divergente sobre a existência (ou não) de tal ineficácia.

[43] Debruçamo-nos sobre este tipo de situações no nosso *Teoria da Confiança e Responsabilidade Civil*, cit., *v.g.*, 395 ss.

ao estipulado nesse acordo; de molde a dispensar o infractor das consequências que possam ter sido previstas para a hipótese de violação do acordo.

Cingido um problema ao plano das relações (internas) entre sócios – aquele ao qual, pela sua natureza, tende a restringir-se o acordo parassocial omnilateral – nenhum daqueles que subscreveu o acordo parassocial pode invocar a natureza corporativa (jussocietária) de certas normas como justificação para um comportamento desconforme com as vinculações assumidas nesse acordo. Mesmo que agindo ao abrigo de permissões do direito das sociedades comerciais ou de harmonia com as respectivas regras, há uma ineficácia de tais condutas se elas se apresentam contrárias ao pacto parassocial omnilateral. Existe, portanto, uma falta de produção de consequências das regras jussocietárias nas relações entre as partes se a observância de tais regras corresponde a um incumprimento.

Não se estranhe este ponto. Uma conduta pode ser válida e eficaz de um certo ponto de vista (ou num certo contexto), mas inválida ou ineficaz de outro ponto de vista (ou num contexto diverso). Assim, o comportamento de um sócio pode, abstraindo do acordo parassocial que o vincula, ser perfeitamente eficaz no plano societário e conforme com as regras corporativas, apto a produzir segundo estas últimas as consequências que lhe são próprias, mas já se apresentar desprovido de eficácia no campo das relações com os outros sócios, por contrariar compromissos por ele assumidos perante eles.

Que assim é, que um comportamento pode ser, sem incongruência, valorado diferentemente, consoante as perspectivas através das quais é analisado, já há muito a doutrina dos "efeitos duplos" em Direito (*Doppelwirkungen im Recht*) procurou, com maior ou menor propriedade, manifestar[44].

A verdade é que o direito positivo se apresenta polvilhado deste tipo de situações. Assim, logo na Teoria Geral, se distingue – como no nosso tema dissemos ter de destrinçar-se – entre a posição das partes e a posição de terceiros. Sirva de exemplo o negócio simulado: vício inoponível – e, logo, eficácia relativa do negócio – face a terceiros de boa fé, mas nulidade entre os simuladores. Mais exemplos: o dolo, a coacção moral, outros casos de

---

[44] A expressão é ampla e flexível, havendo autores que, como Larenz, a consideram mesmo inadequada (cfr. *Allgemeiner Teil des Deutschen Bürgerlichen Rechts*, 6ª. edição, Beck, München, 1983, 396, n. 135). O texto não nega, portanto, ponderações diferenciadas e individualizadoras consoante o propósito ou a especificidade da invocação dessa doutrina. Aludindo, entre nós, a esta teoria, Miguel Teixeira de Sousa, *O Concurso de Títulos de Aquisição da Prestação/Estudo sobre a dogmática da pretensão e do concurso de pretensões*, Almedina, Coimbra, 1988, 302 ss.

anulabilidade, apenas protegem aqueles em cujo interesse o vício foi estabelecido (em regra as vítimas), mas não afectam a posição de terceiros, perante os quais os negócios respectivos mantêm plena validade.

Afinal de contas, algo de similar se reconhece no próprio art. 17.º do CSC para todo o universo dos acordos parassociais. O legislador destrinça muito bem entre a eficácia dos acordos parassociais no plano interno – reconhecendo-lhes aí plenitude de efeitos – da eficácia corporativa ou jussocietária dos actos praticados pelos sujeitos. Impõe mesmo (como regra) uma autonomização de planos, reconhecendo que o juízo da ordem jurídica pode ser diferente consoante aquele de tais planos que estiver em jogo.

A nossa posição afirma-o igualmente. De forma alguma o nega. O que está em causa, para nós, é apenas saber se as limitações ao conteúdo dos acordos parassociais previstas nos n.ºs. 1 e 2 de tal preceito significam uma prevalência tal do plano corporativo (jussocietário) sobre o plano (se se quiser) "civil" (ou obrigacional, ou interno) do acordo parassocial que, mesmo nos casos de acordos omnilaterais, a violação do acordo parassocial possa ser validamente excluída com fundamento numa conduta praticada em conformidade ou ao abrigo das referidas regras.

Já dissemos que não. A destrinça entre uma eficácia interna e externa, no que toca aos acordos parassociais, é uma peça fundamental da fundamentação. E vimos que, nas situações em que não haja interesses a considerar além dos dos sócios em conflito – situações que o acordo omnilateral naturalmente propicia – , não há razão alguma para a prevalência das regras jussocietárias sobre o teor do acordo parassocial e a sua plena vigência nas relações entre os sujeitos.

Terá, portanto, o contraente fiel, nessas hipóteses, todos os meios de tutela que o acordo parassocial ou o direito comum lhe confere (acção de cumprimento, direito de resolução[45], indemnização, etc.).

Um exemplo para ilustrar: ao menos enquanto não se ultrapassar o nível da relação dos sócios (digamos, o plano de uma eficácia meramente "intracorporativa"), no caso de aprovação, por alguns desses sócios, de certas deliberações sociais que contrariem o disposto no acordo parassocial

---

[45] O direito de resolução opera tipicamente perante um incumprimento. Entre as condutas às quais reage encontram-se também aquelas – atrás ponderadas – que, por produzirem efeitos jurídicos mas corresponderem a um incumprimento, se apresentam maculadas de uma invalidade (*inter partes*). Naturalmente: o carácter geral da figura da resolução não impede que ela seja associada em bloco à teoria da ineficácia, pois com ela se visa precisamente alcançar ou garantir uma não produção de efeitos do contrato (sobre este tema evidentemente difícil e complexo, pode confrontar-se BRANDÃO PROENÇA, *A Resolução do Contrato no Direito Civil*, BFUC, supl. XXII, 1975, 241 ss).

por todos subscritos – ou na hipótese inversa de ausência de aprovação, inviabilizada por alguns, de uma deliberação que era pedida pelo cumprimento pontual do mesmo acordo parassocial –, a vontade que se exprimiu será, nas relações dos sujeitos do acordo parassocial entre si, ineficaz e gerará todas as consequências próprias de um incumprimento em benefício dos sócios fiéis.

Para concluir: o que dizemos vale, por maioria de razão, quando a conduta de uma das partes no acordo parassocial omnilateral contraria meras regras convencionais disciplinadoras da sociedade (constituintes ou integrantes do pacto social). Mesmo dentro da tese comum da subordinação (irrestrita) do acordo parassocial ao pacto social – que rejeitamos para o acordo omnilateral –, a contrariedade entre o acordo parassocial e tais regras vertidas no pacto social não gera qualquer invalidade do primeiro. O que quer dizer que não pode alegar-se, com esse motivo, a invalidade do acordo parassocial em razão de um conflito com o pacto social para justificar ou legitimar um incumprimento desse acordo.

A contrariedade de um contrato em relação a outro contrato não produz invalidade. A teoria das invalidades conexiona-se com a necessidade de preservação da unidade e integridade do direito objectivo e de defesa das suas exigências (sendo necessário ver até que ponto elas vão, ou se fazem sentir), e não com a prevenção ou resolução de conflitos no plano do exercício da autonomia privada individual. Por isso, em caso de oposição entre as vinculações assumidas pelo sujeito no plano social e parassocial, cabe a este escolher as que vai cumprir, sujeitando-se às consequências do inadimplemento das demais[46]. (Sem prejuízo de que, quando seja de afirmar uma prevalência do acordo parassocial, nos termos referidos, sobre as regras jussocietárias, o sócio *deverá* naturalmente optar pela conduta conforme com este último.)

Uma última nota: entre os corolários da posição exposta – que assume uma interconexão profunda da socialidade e da parassocialidade nos acordos omnilaterais – encontra-se um outro campo temático de grande interesse: o de saber se uma cláusula estatutária inválida pode ser eficaz *inter partes*, como cláusula parassocial (de um acordo omnilateral). Imagine-se certa restrição à livre transmissibilidade das acções introduzida no pacto social em cumprimento de um acordo parassocial omnilateral, restrição essa que ofende, todavia, o disposto no art. 328.º do CSC. A violação de tal cláusula por um dos sócios, muito embora não implique a sua responsabilidade no plano societário – por ser inválida e ineficaz nesse mesmo

---

[46] Cfr., nesse sentido, ANA FILIPA LEAL, *Algumas notas sobre a parassocialidade no direito português*, cit., 171.

plano – não exime automaticamente (só por si) de responsabilidade o infractor no plano parassocial[47].

É evidente que o acordo parassocial não pode servir para afastar regulamentações jussocietárias que visam tutelar interesses e posições alheias que a ordem jurídica quer, a todo o custo, salvaguardar. A verdade, porém, é que nada impede, por princípio, que disposições estatutárias inválidas em que todos convergiram possam converter-se em acordos parassociais omnilaterais, verificadas as respectivas condições (cfr. em especial o art. 293.º do CC, e por conseguinte, desde que o fim prosseguido pelas partes permita supor que elas teriam querido a celebração desse acordo se houvessem previsto a invalidade). Esta "desgraduação" ou "desqualificação" de normas estatutárias convencionais em regras parassociais omnilaterais é um corolário natural da fronteira fluida que os níveis social e parassocial apresentam quando o acordo é omnilateral.

12. Contraponto: a eficácia jussocietária dos acordos omnilaterais e, em particular, a invalidade da deliberação que contraria tal acordo

Se o nosso propósito é tão-só mostrar que as regras jussocietárias podem ter de subordinar-se aos acordos parassociais e, concretamente, que, se eles forem omnilaterais, essa subordinação, não havendo outros interesses além dos dos sócios a atender, deve mesmo ser a regra, importa contudo deixar agora sublinhado que pode ocorrer também, de modo inverso, uma eficácia corporativa, directa ou indirecta, dos acordos parassociais omnilaterais.

Sobre este ponto, apenas uma breve nota: para salientar que a violação de um acordo parassocial omnilateral pode corresponder a uma infracção das regras jussocietárias que obriguem a considerar o interesse dos demais sócios; ou que vinculem os sujeitos ao interesse social na medida em que esse interesse coincida, como tenderá a coincidir no caso do acordo omnilateral, com o interesse comum da totalidade dos sócios neste último expresso.

O facto, acima apontado, da necessidade de destrinça entre a eficácia interna e externa, assim como entre eficácia obrigacional e corporativa,

---

[47] Só nos podemos ficar por esta breve nota num tema evidentemente complexo, que requer diferenciações. *Vide*, em todo o caso, as reflexões de ALEXANDRE SOVERAL MARTINS, *Cláusulas do Contrato de Sociedade que limitam a Transmissibilidade das Acções/Sobre os arts. 328.º e 329.º do CSC*, Almedina, Coimbra, 2006, pp. 339 ss.

do acordo parassocial, de modo a conferir a devida amplitude à primeira, não impede, portanto, a relevância jussocietária da violação do acordo parassocial no quadro e no âmbito em que os interesses protegidos por esse acordo parassocial são simultaneamente objecto de tutela por normas jussocietárias.

Considere-se, por exemplo, o disposto no art. 58.º/1, b) do CSC, que preceitua a anulabilidade da deliberação apropriada para satisfazer o propósito de um dos sócios de conseguir, através do exercício do direito de voto, vantagens especiais para si ou para terceiros, em prejuízo da sociedade ou de outros sócios ou simplesmente de prejudicar aquela ou estes (a menos se que se prove que a deliberação teria sido tomada mesmo sem esses votos). Torna-se claro que, se havia um acordo omnilateral, o voto que o desrespeite ou contrarie estará em princípio, inquinado, podendo conduzir, logo no plano jussocietário, à invalidade da deliberação (nas condições do referido preceito). Com isto – com a anulabilidade da deliberação – dota-se na prática o acordo parassocial omnilateral de uma tutela, de natureza corporativa, bastante eficiente[48].

Importa notar que, como quer que se interprete o teor e o alcance do art. 58.º/1, b), uma deliberação contrária a um acordo parassocial omnilateral consubstanciará certamente uma violação do dever de lealdade (por parte dos sócios que a viabilizaram), estejam ou não verificados os requisitos do voto abusivo ou da deliberação abusiva[49].

---

[48] Observe-se, aliás, a possibilidade de requerer cautelarmente, então, a suspensão de uma dada deliberação social.
[49] Cremos que a violação do dever de lealdade deve destrinçar-se dogmaticamente do problema do abuso, e pode ser mais abrangente do que este. A recondução (plena) daquela violação ao disposto no art. 58.º/1 b) depende, nessa medida, do entendimento que mereça o referido preceito (sem prejuízo de as deliberações abusivas se poderem configurar como deslealdades dos sócios que as votaram; cfr., nesse sentido, PEDRO PAIS DE VASCONCELOS, *A Participação Social*, cit., 327; sobre a rica temática, aqui convocada, do dever de lealdade em ligação com o interesse social, *vide* COUTINHO DE ABREU, *Curso de Direito Comercial*, cit., 288 ss, 309 ss). De qualquer forma, a articulação do disposto no art. 58.º/1 b) com os deveres de lealdade proporciona uma base importante para fundamentar a responsabilidade civil *ex vi* do nº. 3 desse preceito.
Admitimos, em todo o caso, que possa ir-se mais longe do que a anulabilidade: uma deliberação que, desrespeitando o estipulado num acordo parassocial omnilateral, vise intencionalmente prejudicar interesses de outro sócio assegurados por esse mesmo acordo parassocial, poderá ainda configurar uma deliberação nula nos termos do art. 56.º/1, d), na medida em que actos ilícitos e intencionais em prejuízo de outrem são susceptíveis de configurar uma ofensa aos bons costumes (estando em causa danos económicos puros, há que superar as limitações que o art. 483.º/1 do CC ergue à respectiva atendibilidade). O vício é, nessa hipótese, do acto e do seu conteúdo, não meramente procedimental. Não pressupõe a sindicabilidade por abuso dos votos que formaram a maioria, dentro do

A invalidade da deliberação que consideramos representa, de todo o modo, uma consequência (propriamente) jussocietária dos votos contrários ao acordo parassocial omnilateral que a formaram, a que corresponde uma eficácia corporativa mediata ou indirecta do acordo parassocial.

Não se diga, portanto, existir um desrespeito do art. 17.º/1, que dispõe não poder, com base no acordo parassocial, impugnar-se actos da sociedade. Na verdade, não só se justifica uma redução teleológica do preceito nos casos de acordos parassociais omnilaterais em que não estejam em jogo outros interesses além dos dos sócios, como o que procedemos é a uma aplicação directa de regras jussocietárias que obrigam a valorar os acordos omnilaterais (e que corresponde a uma relevância indirecta – via regras corporativas – desses mesmos acordos).

Estamos, portanto, perante uma invalidade situada no próprio âmbito jussocietário. Tal significa que não fica prejudicada uma invalidade – e uma invalidade mais grave – no plano das relações (meramente internas) dos sujeitos do acordo parassocial entre si: a esse nível, a deliberação contrária ao pactuado não surte efeitos e apresenta-se *ipso iure* ineficaz; representa, *per se*, um incumprimento e desencadeia os respectivos efeitos, os quais não dependem, nesse campo, de qualquer sentença constitutiva (como o é uma sentença anulatória).

13. De volta ao efeito "desconsiderante da personalidade jurídica" dos acordos omnilaterais

Deixando de lado a relevância corporativa (indirecta) dos acordos parassociais omnilaterais, e regressando à ideia de que eles prevalecem sobre regras jussocietárias quando não há interesses que ultrapassem os dos sócios partes nesse acordo, parece que se há-de convergir na aceitação, então, de uma "desconsideração da personalidade jurídica" entendida de forma ampla enquanto não aplicação das regras que regulam a actividade da pessoa jurídica societária.

Tal "desconsideração" opera somente no plano "interno" das relações entre os sócios subscritores do acordo parassocial omnilateral. Não se

---

entendimento de que a causação intencional de prejuízos representa uma conduta contra os bons costumes (enquanto mínimo indeclinável de exigências básicas da convivência social) que constitui um ilícito delitual primário e elementar, gerador de nulidade do acto jurídico lesivo (cfr. a propósito, Manuel Carneiro da Frada, *Teoria da Confiança e Responsabilidade Civil*, cit., 163 ss, n. 120, 842 ss, bem como, quanto aos danos patrimoniais puros, *op. cit.*, 238 ss).

estende a terceiros: as posições e relações destes com a sociedade não são prejudicadas. Perante eles, não há, por outras palavras, "desconsideração"[50].

Com este alcance, a "desconsideração" das regras jussocietárias quando há acordos parassociais "omnienglobantes" é perfeitamente compreensível, se se levar em conta que a personalidade colectiva societária visa a realização de interesses humanos, apresentando-se por isso, fundamentalmente, instrumental em relação aos interesses dos seus "criadores": os sócios.

É certo que, como se lembrou, à actuação da sociedade podem aglutinar-se outros interesses (relevados, por exemplo, no art. 64.º/1, b) do CSC), nomeadamente dos que contratam com a sociedade. Contudo, esses interesses não são ignorados na concepção exposta, que não per-

---

[50] O entendimento que vimos sustentando é, se bem vemos, a seu modo corroborado por Karsten Schmidt, *Gesellschaftsrecht*, 4ª. edição, Heymanns, Köln, Berlin, etc., 2002, pp. 93 ss, que admite explicitamente uma eficácia corporativa, análoga àquela que é própria dos estatutos, nos acordos parassociais que ligam entre si todos os sócios. Aliás, o Autor mostrara já este pensamento em *Statutarische Schiedsklauseln zwischen prozessualer und verbandsrechtlicher Legitimation*, JZ 1989, 1084, ao considerar que as cláusulas arbitrais podem perfeitamente ser incluídas em acordos parassociais que tenham por subscritores todos os sócios, sobrepondo-se inclusivamente a cláusulas estatutárias diferentes e tendo, por isso, uma eficácia análoga à dos estatutos.

Diga-se em todo o caso que a formulação que empregamos no texto é mais cautelosa do que a utilizada por este autor, que representa uma incontornável referência do direito das sociedades. Na verdade, rigorosamente, apenas – e diferentemente dele – nos limitamos a "desconsiderar" as regras jurídico-societárias nas relações entre os subscritores do acordo parassocial. Não atribuímos a essas regras uma eficácia análoga à das disposições do pacto, ou seja não as sobrepusemos (irrestritamente) a esse pacto. Deste modo, furtamo-nos à crítica de que não deve poder recusar-se ao pacto social, mesmo no caso de acordos omnilaterais, uma eficácia face a terceiros.

Em sentido análogo ao de Karsten Schmidt – sufragando, portanto, a posição que foi descrita em texto – também Tichy, in *Aktiengesetz/Münchener Kommentar*, 2. Auflage, Beck, München, 2004, n. 132 ao § 136. Faz-se aí referência à "Holzmüller-Entscheidung" do BGH, onde o tribunal observou que o Conselho de Administração de uma sociedade anónima pode ter de apresentar à assembleia geral decisões essenciais, ainda que tais decisões estejam abrangidas pelas suas competências à luz da lei e dos estatutos: quando essas decisões afectam de forma tão profunda o interesse patrimonial dos sócios veiculado pelas respectivas participações sociais que não seja razoável admitir que o Conselho de Administração deva poder tomá-las autonomamente sob sua exclusiva responsabilidade. Conclui Tichy, a nosso ver com razão, que esse princípio deve ser tanto mais de observar quando o Conselho de Administração até sabe que a decisão ou conduta que pretende adoptar contraria um acordo parassocial celebrado entre todos os accionistas.

Tal significa que os acordos parassociais omnilaterais podem implicar uma vinculação do Conselho de Administração em matérias essenciais e ter, nesse sentido, uma eficácia análoga à do pacto social. Uma consequência que nos parece poder situar-se, sem dúvida, desde logo, no plano das relações entre os sujeitos dos acordos parassociais.

turba a relação da sociedade com esses outros sujeitos. Esta é, pelo contrário e apenas, espelho da acentuada funcionalização da sociedade aos interesses dos sócios. São estes que comandam a sociedade.

Todo o direito societário se encontra imbuído de uma *Zweckrationalität*, pois as sociedades e o seu regime justificam-se precisamente na medida em que servem e optimizam a realização de interesses humanos. Assim, salvas as limitações impostas por outros interesses, tudo deve, em princípio, ser permitido aos sócios se eles nisso convergiram de forma unânime mediante um acordo parassocial. E o que nele se estabeleceu vinculá-los-á também por princípio[51]. (Mesmo que existam limites a uma deliberação unânime no plano jussocietário, esses limites não eximem, via de regra, os sócios das obrigações assumidas no acordo parassocial omnilateral.)

Sendo portanto o acordo omnilateral e não havendo outros interesses a atender, o sócio que pretenda escudar-se sob a personalidade jurídica da sociedade e invocar a observância das regras legais ou estatutárias que a regem para justificar o desrespeito do acordo parassocial a que se vinculou, não se exime de uma ilicitude contratual.

Dentro de uma absolutização do princípio da separação entre a socialidade e a parassocialidade haveria sempre, aliás, abuso da invocação da personalidade jurídica pelo sócio inadimplente perante os outros sócios. O acordo omnilateral justifica, portanto, o "levantamento da personalidade colectiva" invocada para atingir o infractor, dando-se, por essa forma, primazia à realidade material em detrimento das "formas ordenadoras" gerais e abstractas (societárias) facultadas pela ordem jurídica aos sujeitos.

Pode dizer-se que, de um modo geral, o entendimento delineado, ao afastar visões desajustadas da insensibilidade das regras e estatutos societários face aos acordos parassociais, acaba por responder à preocupação dos sujeitos desses acordos em evitar as consequências de uma interpretação "cega" da separação consagrada no art. 17.º do CSC e aquilo que esta lhes negaria; duplicando por exemplo para isso – para o prevenir – no contrato social aquilo que estabeleceram entre eles no acordo parassocial.

Mas, quando assim é, quando a matéria de convenção das partes surja vertida simultaneamente no acordo omnilateral e no contrato de sociedade, a distinção entre socialidade e parassocialidade torna-se ainda mais

---

[51] Este entendimento apresenta-se conforme com o art. 56, n°. 1 c) do CSC. Observe-se que a nulidade das deliberações é uma excepção face ao regime-regra da anulabilidade, e que há um ónus de demonstração dos limites ao poder deliberativo unânime dos sócios a cargo de quem queira prevalecer-se da aludida nulidade.

ténue e mais se justifica a redução teleológica que é proposta para o art. 17.º do CSC[52].

Aponte-se ilustrativamente uma última consequência do entendimento proposto, segundo o qual a parassocialidade se relaciona de forma flexível com a socialidade, como que num sistema de vasos comunicantes.

Os sujeitos podem – disse-se – decidir replicar nos estatutos o teor do acordo parassocial entre eles celebrado, blindando a sua vontade de modo a protegerem-se de que um (mal entendido) princípio da separação conduza à afirmação de eficácias desajustadas do acordo parassocial e do contrato de sociedade. Ora, quando o acordo parassocial é a causa do estipulado, inicial ou posteriormente, no pacto social, a resolução ou ineficácia daquele não pode deixar de implicar consequências no próprio campo do contrato de sociedade.

Se cessa por qualquer razão o acordo parassocial omnilateral, isso repercute-se naturalmente na eficácia das disposições estatutárias que dele dependiam e tinham na respectiva vigência a sua causa ou razão de ser. Terá então surgido uma falta superveniente da base negocial em que assentavam as prescrições do contrato de sociedade, por isso que o acordo parassocial deixou de vigorar.

Apesar de estatutárias, essas disposições, tendo origem negocial e sendo também elas manifestação da autonomia privada, não devem então aplicar-se *inter partes*, na medida em que não estejam em jogo interesses de terceiros: não pode impor-se aos sócios uma solução contrária àquilo que a sua mesma autonomia privada excluiu ou, concludentemente, não abrangeu. No lugar dessas cláusulas do contrato de sociedade vigorarão, se se mantém a relação accionista, as regras gerais jussocietárias que regulem (supletivamente) a situação.

Entre as partes, tudo se passa, por conseguinte, como se as disposições estatutárias particulares a que o acordo parassocial omnilateral deu origem tivessem ficado sem efeito. Na sua vez rege antes o direito societário geral.

Tal não significa, todavia, que a ineficácia superveniente de um acordo parassocial omnilateral atinja *todas* as disposições estatutárias. Pensamos em particular naquelas que replicam cláusulas daquele acordo que foram gizadas e estabelecidas para regular a liquidação da relação parassocial em caso de resolução por incumprimento ou denúncia daquele por alguma das partes. *Vg.*, o que ficou determinado, nesse acordo e no pacto social, no que concerne aos requisitos e à forma de saída de um sócio da sociedade, aos direitos e deveres ligados à alienação da sua participação social –

---

[52] Agradecemos a Diogo Costa Gonçalves a chamada de atenção para este ponto.

preferências, opções, etc.[53] –, ao modo de avaliação da sua posição social, etc..

Como acontece nas relações contratuais duradouras em geral, a destruição de efeitos que então se dá não conduz a uma destruição retroactiva de *todos* os efeitos do contrato que regulou essa relação; é o que resulta, quer do disposto no art. 434.º/1 do CC, quer da denúncia como forma específica de extinção das relações duradouras.

Mas, independentemente das soluções gerais da lei, entre os efeitos do contrato que perduram contam-se os predispostos pelas partes (aqui, do acordo parassocial) para o cenário de um incumprimento ou, mesmo fora desse caso de inadimplemento, para a hipótese de sobrevir um interesse de alguma delas em cessar e liquidar entre si as relações.

A vontade dos sujeitos e/ou a teleologia contratual no que concerne à relação de liquidação têm evidentemente de ser respeitadas. Assim, aquelas cláusulas estatutárias que correspondam ao mecanismo parassocial de liquidação da relação contratual continuam a vigorar entre os seus subscritores em homenagem à sua vontade. Mantêm, se se quiser, a sua causa ou a sua base no acordo parassocial omnilateral findo.

14. A desconsideração e a teoria da consumpção

A tese que defendemos da "desconsideração" da personalidade jurídica nos acordos parassociais omnilaterais significa que estes acordos se sobrepõem, não havendo outros interesses que prevaleçam sobre os dos sócios, às regras societárias, as quais, no termo do processo valorativo, ficam como que "consumidas" por aqueles.

Estamos diante de um concurso entre regras contratuais (constantes do acordo parassocial) e normas de direito objectivo. Não sendo coincidentes os regimes, o acordo parassocial omnilateral absorve, em princípio, as regras jussocietárias. É o decisivo. Tal como, na responsabilidade civil, entre uma pretensão contratualmente fundada e uma outra alicerçada no delito, a prevalência cabe em princípio ao contrato. As valorações generalizadoras do delito (expressão de um direito objectivo heterónomo, básico e tendencialmente igualitário) cedem o passo a ponderações situadas, que consideram a relação concreta e a singular regulação de interesses insti-

---

[53] Cláusulas de teor muito diverso e que, nalgumas configurações típicas – entre as quais as que consagram os chamados *tag along* ou o *drag along rights* –, surgem muito associadas à omnilateralidade de acordos parassociais.

tuída. Tudo sem prejuízo da intangibilidade do estatuto delitual dos contraentes perante terceiros, que não é afectado.

No fundo, importa prestar o devido tributo ao princípio da autonomia privada, válido, quer no direito civil, quer no direito comercial. Se a ordem jurídica garante, em princípio, aos sujeitos a efectividade das vinculações que assumiram – como corolário do reconhecimento da livre determinação dos seus interesses e da possibilidade de regulação autónoma desses mesmos interesses –, então deverá conferir prevalência, perante uma situação concreta, àquilo que resulta do estipulado ao abrigo dessa autonomia ou mais completamente espelha essa mesma autonomia.

Esse o desiderato da teoria da consumpção para afrontar o problema da coordenação entre contrato e delito, comummente aceite e justificado. Afloramos evidentemente uma problemática difícil da "Teoria Geral", que não pode aqui desenvolver-se. Mas, adoptando-se ou não abertamente a tese da consumpção, é inegável a tendência geral dos autores para considerar e privilegiar, no caso de relações contratualmente fundadas, o conteúdo das vinculações assumidas, modelando de acordo com elas a solução do concurso com o direito objectivo[54].

O paralelismo com as nossas situações é significativo. Ele mostra que a solução que propugnamos não constitui nenhum corpo estranho na problemática geral do concurso.

Temos portanto, como solução final, que a conformidade da conduta dos sócios com as regras jussocietárias não os exime de um incumprimento se foram partes num acordo parassocial omnilateral que delas se tenha afastado (quando não há outros interesses a atender).

Só assim se protege o acordo parassocial, assegurando o seu integral respeito e a observância do elementar preceito "pacta sunt servanda" que é um mandamento básico da justiça.

Tal – pode dizer-se – representa, em sentido amplo, uma solução "desconsiderante". Afinal, as regras jussocietárias, que, ordinariamente, são de respeitar e prevalecem sobre os acordos parassociais nos termos do art. 17.º/2 e 3 do CSC, cedem, nestas constelações, o passo aos acordos parassociais.

---

[54] Cfr. a exposição clara e conclusiva de ALMEIDA COSTA, *Direito das Obrigações*, 11.ª edição, Coimbra, 2008, 546 ss.
Uma vasta tematização e um elaborado tratamento geral desta difícil matéria – numa linha análoga e com soluções, se bem apreciamos, consonantes com a posição sustentada – encontra-se em MIGUEL TEIXEIRA DE SOUSA, *O Concurso de Títulos de Aquisição da Prestação*, cit., 269 ss, 288 ss, e *passim*.

Resumo: A criação pelo legislador alemão, no final de oitocentos, das "Sociedades com responsabilidade limitada (*Gesellschaften mit beschränkter Haftung*) – que, entre nós, tomaram o nome de "Sociedades por quotas de responsabilidade limitada" (Lei de 11 de Abril de 1901) – é comummente considerada como uma medida tendente a promover as iniciativas económico-empresariais de pequena/média dimensão, relevando, por conseguinte, da preocupação com a necessidade de dar alento à concorrência. O Autor afasta-se desse entendimento. E, conquanto reconheça que o desenho do novo tipo societário o tornava particularmente adequado para servir de estrutura jurídica às pequenas/médias empresas, defende que na base da sua criação esteve, sim, a preocupação com a necessidade de *robustecer a não-concorrência*, colocando ao dispor dos *cartéis* uma forma de organização que aumentasse a sua eficácia monopolística.

Abstract: At the end of the 19th Century, the German legislator created the "companies with limited liability" (*Gesellschaften mit beschränkter Haftung*) – which were called, in Portuguese law, "companies by quotas of limited liability" (*sociedades por quotas de responsabilidade limitada*, according to the Law of the 11th April 1901). Such creation, as it is commonly held, would have been aimed at the promotion of small/medium-sized economic-entrepreneurial initiatives, stemming thus from the need of *emboldening competition*. The Author of this paper does not share such understanding. Though accepting that the *design* of the new corporate legal form made it particularly suitable to serve as the legal structure of small/medium enterprises, it is herein argued that in the origin of its creation was the concern with the necessity of *strengthening the non-competition*, placing it at the disposal of the *cartels* as an organizational form that increases their monopolistic efficiency.

M. NOGUEIRA SERENS[*]

O (Verdadeiro) *Leitmotiv* da Criação pelo Legislador Alemão das "Sociedades com Responsabilidade Limitada" (Gesellschaften mit beschränkter Haftung)[**]

[*] Professor da Faculdade de Direito da Universidade de Coimbra

1. Preliminar

No último quartel do século XIX, para atalhar aos desmandos dos chamados *"Gründerjahren"* (período posterior à guerra germânico-fran-

---

[**] Destinado aos Estudos em Homenagem ao Prof. Doutor Luis Alberto Carvalho Fernandes.

cesa)[1], assistiu-se na Alemanha a uma reformulação do processo de constituição da sociedade anónima: foram então consagrados (por via da *Aktienrechtsnovelle* de 1884) diversos preceitos, que, sendo dirigidos à protecção do público investidor (nas palavras de Th. Raiser/R. Veil, "zum Schutz gegen unseriöse Gründungen"[2]), tornaram este tipo societário *menos acessível* (reforço das chamadas *"Normativbedingungen"*[3]). Desta sorte, quando as pessoas que se propunham exercer em comum uma determinada empresa fossem em número relativamente pouco elevado, e nenhuma delas se mostrasse interessada em realizar investimentos vultuosos, não se lhes oferecia outra alternativa que não fosse a constituição de uma "sociedade de pessoas" – mais concretamente, a constituição de uma *Offene Handelsgesellschaft* (sociedade em nome colectivo, na nossa terminologia) ou de uma *Kommanditgesellschaft* (sociedade em comandita simples e sociedade em comandita por acções[4]).

Qualquer destas opções comportava, porém, riscos acrescidos para as pessoas em causa, visto que todas ou, pelo menos, alguma ou algumas delas ficariam então sujeitas a perder mais que o valor do seu investimento (medido pelo valor do seu *apport* para a constituição do *substrato patrimonial* da respectiva sociedade), podendo inclusive comprometer a totalidade do seu património presente e futuro; característica essencial dos dois referidos tipos societários é, na verdade, a responsabilidade pessoal e ilimitada dos sócios – de todos os sócios, na sociedade em nome colectivo (§ 112 ADHGB; § 128 HGB), e de algum ou alguns deles na sociedade em comandita (§ 165 Abs. 1 ADHGB; § 171 Abs. 1 HGB). Terá sido – todos o dizem – para remover este obstáculo à consecução de iniciativas empresariais de pequena/média dimensão, corporizadas por relativamente pequenos agrupamentos de pessoas, as quais, mostrando-se interessadas em participar activamente no mercado (por via do exercício em comum de uma determinada empresa), não desejavam senão arriscar uma pequena parcela do seu património, que o legislador alemão *criou* nos finais de oitocentos, uma nova (forma de) sociedade, a que deu o

---

[1] Desenvolvidamente, *vide*, por exemplo, N. REICH, in: *Ius Commune*, II, 1969, 268 s.
[2] Cfr. *Kapitalgesellschaften*, § 2, anot. 3.
[3] fr., por exemplo, J. MEYER-LANDRUT, in: *Großkommentar AktG*, 2 s., e N. REICH, in: *Ius Commune*, II, 1969, 270 s.
[4] Convirá dizer que esta última sociedade, que aparece regulada no HGB como uma sub--espécie da sociedade por acções, era, no quadro do ADHGB, concebida como *"eine besondere Ausgestaltung der Kommanditgesellschaft"*, sendo, por conseguinte, considerada uma "sociedade de pessoas"; cfr., por exemplo, G. WIESNER, ZHR 1984, 65 s., e K. SCHMIDT, *Gesellschaftsrecht*, 766.

nome de "sociedade com responsabilidade limitada" (*Gesetz betreffend die Gesellschaften mit beschränkter Haftung,* de 20 de Abril de 1892).

2. Caracterização sumária do novo tipo de sociedade

Da (velha) sociedade por acções ("sociedade anónima", na terminologia da nossa lei), essa nova sociedade (entre nós chamada "sociedade por quotas de responsabilidade limitada" ou, mais simplesmente, "sociedade por quotas") herdou a característica fundamental da exclusão da responsabilidade pessoal e ilimitada dos sócios[5]; e, herdando essa característica da sociedade por acções, dela também herdou grande parte da sua estrutura formal: à semelhança dessa sociedade (de capitais), foi concebida como *corporação* (com pelo menos dois órgãos próprios: um de administração e representação, a gerência, e o outro de formação da "vontade social", a assembleia geral), titular, ela própria, de direitos e obrigações e, por conseguinte, erigida à categoria de *pessoa jurídica,* e para cujo reconhecimento (*normativo*) era decisiva a existência de um substrato patrimonial de certo valor mínimo, que a lei cuidava de fixar, e que os sócios não podiam compor a seu talante (à exigência de um "capital mínimo", juntavam-se, na verdade, algumas restrições quanto à natureza dos bens que podiam constituir objecto de entrada).

Esta "carga genética" da *Gesellschaft mit beschränkter Haftung* (GmbH, que é a sigla comummente usada para a referir) aproximava-a, é claro, da sociedade por acções – há mesmo quem diga que ela foi concebida como *"kleine Aktiengesellschaft"*[6]. Entre a disciplina de um e de outro tipo societário existia, porém, uma diferença fundamental de perspectiva: nos começos primordialmente orientada pela necessidade de defesa dos credores sociais (a limitação da responsabilidade dos sócios assim o impunha), a disciplina da *Aktiengesellschaft* (AG, como doravante também diremos) tinha passado (a partir da já referida *Novelle* de 1884) a ter na preocupação com a defesa dos *investidores* (do público, *hoc sensu*) a sua pedra-de-toque; cuidando de proteger os interesses dos credores sociais (e a razão não era diferente da que foi há pouco referida, a propósito da disciplina da AG), a disciplina da GmbH não revelava qualquer preocupação com a defesa dos interesses do público investidor, que seria, aliás, descabida, visto que o tipo societário em causa fora pensado para agrupar um número

---

[5] *Vide* § 13 Abs. 2 GmbH-Gesetz: "Für die Verbindlichkeiten der Gesellschaft haftet den Gläubigern derselben nur das Gesellschaftsvermögen".
[6] Cfr. Th. Raiser/R. Veil, *Kapitalgesellschaften,* § 2 anot. 4.

não relativamente elevado de pessoas (humanas ou jurídicas), sem grandes necessidades de capital, tendo-se excluído, também por isso, a possibilidade de as respectivas participações (as "quotas", como é vulgar dizer-se entre nós) serem transformadas em "valores mobiliários", é dizer, em bens transaccionáveis no mercado adrede instituído para o comércio (dos títulos respresentativos) das participações em sociedades anónimas (o chamado "mercado bolsista" ou, mais simplesmente, "Bolsa") – a GmbH-Gesetz, instituindo o regime (supletivo) da livre transmissão das participações sociais (§ 15 Abs. 1), passou a condicionar (ao que parece, apenas a partir da sua revisão de 1898) a validade do respectivo negócio à observância de *"notarielle Form"* (§ 15 Abs. 3) e, por esta via, impunha uma maior *ponderação* e *reflexão* aos potenciais investidores em sociedades desse tipo, que não é pensável conceder aos investidores em sociedades anónimas, sob pena de se alterar a essência destas.

A aludida desnecessidade de protecção do público investidor permitiu simplificar o processo de constituição da GmbH (as respectivas *Normativbedingungen* eram incomparavelmente menos rigorosas que as da constituição da sociedade anónima) e agilizar o seu modo de funcionamento (sirva de exemplo a não imposição de *Aufsichtsrat*). Por outro lado, assegurando-se a protecção dos interesses dos *sócios futuros* com a exigência da "notarielle Form", a disciplina do tipo pôde manter-se predominantemente dispositiva (as excepções, em número relativamente reduzido, respeitavam fundamentalmente a preceitos atinentes à protecção dos credores – *maxime*, realização do capital e conservação do mesmo). Se fosse esse o seu interesse, os sócios da GmbH poderiam, pois, *modelar* o conteúdo do respectivo contrato, impregnando a *socialidade* de elementos personalísticos (valorização do *intuitus personæ*) – exemplificativamente: fazer depender a transmissão das participações sociais do consentimento da sociedade (§ 15 Abs. 5), adoptar uma firma-nome (§ 4 Abs. 1), prever a obrigação de prestações acessórias (*Nebenleistungspflichten*; § 3 Abs. 2) e/ou de prestações suplementares (*Nachschußpflichten*; § 26 Abs. 1) – e, ao fazerem assim, apesar de dotarem a *"sua"* GmbH de um regime que lhe dava um cunho de uma "sociedade de pessoas", nem por isso se colocavam na posição, que é a (de todos ou de alguns) dos sócios das verdadeiras sociedades desse tipo (as sociedades em nome colectivo e as sociedades em comandita simples), de terem de responder pessoal e ilimitadamente pelas dívidas sociais[7].

---

[7] Na doutrina portuguesa, acentuando a *flexibilidade* da disciplina da sociedade por quotas – inspirada, como todos sabemos, na da GmbH –, cfr., por todos, António Caeiro, in: *Temas*, 28 s.

Não cabe dúvida de que este *desenho* da GmbH a tornava particularmente adequada para servir de estrutura jurídica às pequenas/médias empresas. De todo o modo, e ao contrário do comummente propalado, afigura-se-nos que, na base da criação desse novo tipo societário, não esteve a preocupação com a necessidade de *dar alento à concorrência*, estimulando o aparecimento de novos concorrentes de pequena/média dimensão – os novos concorrentes que seriam as GmbH para cuja constituição bastava a vontade de um número reduzido de pessoas (duas já seriam suficientes), que não teriam de reunir avultadas somas de capital, e às quais se concedia o benefício da limitação da responsabilidade –, mas antes a preocupação com a necessidade de *robustecer a não-concorrência*, colocando ao dispor dos *cartéis* uma forma de organização que aumentasse a sua eficácia monopolística.

Excurso. A doutrina alemã mais antiga[8] fornece alguns exemplos de cartéis constituídos sob a forma de sociedade por acções, os quais não apresentavam, porém, sempre a mesma estrutura. Nalguns deles, o *vínculo associativo*, reclamado pela necessidade de os seus membros conjugarem esforços com vista à consecução da finalidade que a todos animava, e que era a restrição da concorrência, materializava-se única e exclusivamente na (constituição da) sociedade por acções: nela participavam, na qualidade de seus accionistas, todos os membros do cartel em causa, funcionando o respectivo contrato como acordo constitutivo desse mesmo cartel. Havia outros cartéis cujos acordos constitutivos não se cingiam à celebração de um contrato de sociedade por acções. Os seus membros começavam por constituir uma sociedade civil e, de seguida, constituíam uma sociedade por acções, que se tornava, também ela, sócia da primeira; a sociedade por acções, que era a única com projecção externa, funcionava, no plano interno, como um órgão da sociedade civil, cabendo-lhe velar pela observância das obrigações (anti-concorrenciais) convencionadas e, por via de regra, organizar de forma unitária a actividade comercial dos membros do cartel em causa, com destaque para a promoção e a venda dos respectivos produtos. Com esta estrutura (de *Doppelgesellschaft*) os cartéis ganhavam maior solidez interna e externa, que não era minimamente afectada pela circunstância de a "sociedade-cartel" ser uma sociedade civil. É certo que esta sociedade e a sociedade por acções (cujo objecto era a "gestão" do cartel em causa) passavam a constituir uma *unidade económica*. Mas daí não se seguia que uma e outra sociedades não continuassem a "viver" segundo a sua própria lei; essa autonomia mantinha-se e, consequentemente, a eventual denúncia do contrato da sociedade civil-cartel por parte de algum dos seus

---

[8] Cfr. F. Bauch, *Rechtsform*, 15 s., e O. Lehnich, *Wettbewerbsbeschränkung*, 127.

sócios (§ 723 BGB) deixaria indemnes as suas relações com a sociedade por acções(-gestora do cartel ao qual o denunciante pertencia), e sem que importasse se essas relações eram ou não de natureza societária.

a) À luz da sua finalidade anti-concorrencial, consubstanciada, nomeadamente, na fixação dos preços e no estabelecimento de condições uniformes de venda, os cartéis cuidavam de impedir que os seus membros produzissem directamente para o mercado; a consecussão deste objectivo implicava que a respectiva produção fosse canalizada para o cartel – para o cartel *qua tale* ou para um órgão especial criado no seu seio –, ao qual cabia depois fazer o seu escoamento para o mercado. Cada cartel assumia, pois, a função de comerciante dos produtos provenientes das empresas dos respectivos membros. E podia assumir essa função directa ou indirectamente. Esta diferença decorria do modo de organização do cartel: se este fosse organizado sob a forma de sociedade por acções, que é a hipótese que agora estamos a considerar, seria essa mesma sociedade, cujo respectivo contrato funcionava no plano interno como acordo constitutivo do cartel em causa, que assumia a aludida função, intervindo no tráfico como qualquer outra sociedade do mesmo tipo que tivesse por objecto o exercício de uma actividade comercial em sentido económico; já se o cartel fosse organizado sob a forma de sociedade civil (ou mesmo de uma associação não-personificada), a comercialização dos respectivos produtos cabia a uma terceira sociedade, para o efeito constituída pelos membros desse mesmo cartel – antes da lei (de 20 de Abril de 1892) que criou as "sociedades com responsabilidade limitada", atentos os *handicaps* patenteados pelas "sociedades de pessoas" enquanto (possíveis) formas de organização dos cartéis[9], essa sociedade, que, no plano interno, e como há pouco dissemos, funcionava como órgão da própria sociedade civil-cartel, da qual se tornava sócia, era, por norma, uma sociedade por acções (a constituição das sociedades deste tipo, que ofereciam a vantagem da limitação da responsabilidade de todos os seus sócios, deixara de estar sujeita a "autorização governamental", sendo que, até à promulgação da *Aktienrechtsnovelle* de 1884, as "*Normativbedingungen*", introduzidas pela *Aktienrechtsnovelle* de 1870, eram relativamente fáceis de preencher...).

b) Independentemente de a comercialização dos produtos provenientes das empresas dos membros de um determinado cartel caber à própria sociedade por acções que lhe servia de estrutura jurídica ou caber a uma outra sociedade do mesmo tipo adrede constituída, nos termos há pouco expostos, o enquadramento jurídico das relações entre essas sociedades e os seus fornecedores, que eram os membros do cartel em causa, conheceu algumas

---

[9] Sobre esses *handicaps*, com largo desenvolvimento, *vide* M. NOGUEIRA SERENS, *A (re-)emergência*, 151 a 213.

dificuldades. No centro da polémica esteve (não só, mas também) o art. 219 ADHGB, cujo texto era o seguinte: "Der Aktionär ist nicht schuldig, zu den Zwecken der Gesellschaft und zur Erfüllung ihrer Verbindlichkeiten mehr beizutragen, als den für die Aktie statutenmäßig zu leistenden Beitrag". A doutrina dividiu-se sobre o sentido deste preceito. Autores houve que consideravam que ele não obstava à validade da obrigação, imposta no contrato de sociedade, de os accionistas efectuarem prestações além das respectivas entradas. Por força deste entendimento (perfilhado, nomeadamente, por Renaud e Gierke, e que chegou a merecer o aplauso do ROHG[10]), constituindo-se um cartel sob a forma de sociedade por acções, poder-se-ia incluir no respectivo contrato a obrigação de os seus sócios, que eram os membros do cartel em causa, lhe fornecerem (ou melhor: lhe irem fornecendo de forma reiterada, durante a vigência do cartel), a título oneroso, os bens produzidos nas suas próprias empresas; e o mesmo se diga se o cartel fosse organizado sob a forma de sociedade civil, sendo de seguida constituída uma sociedade por acções para a comercialização dos bens produzidos pelos membros desse cartel – também nesta hipótese, sendo os membros do cartel sócios daquela última sociedade, se lhes poderia impor a referida obrigação (de *prestações acessórias*). Esta *desnaturação* da sociedade por acções – pensada pelo legislador como uma (pura) "sociedade de capitais", essa forma societária acabava, sendo essa a vontade (e o interesse) daqueles que a constituíam, por se aproximar da (sociedade-)cooperativa, mas sem assumir uma das características mais marcantes desta outra forma de "associação económica" (que a tornava *imprestável* para servir de estrutura jurídica aos cartéis[11] (referimo-nos, é claro, ao "princípio da porta aberta"[12]) – trazia inúmeras vantagens ao funcionamento dos cartéis. Mais adiante haveremos de nos ocupar deste ponto com algum desenvolvimento. Por agora, importará apenas acentuar que, passando a referida obrigação (reiterada) de fornecimento a integrar (o conteúdo) da *socialidade*, o seu regime ganhava feição *jus-corporativa:* a sociedade, sujeito activo dessa obrigação, não teria de negociar com cada um dos *(muitos)* membros do cartel os termos em que estes lhe alienariam os seus produtos (preços e outras condições de pagamento, prazos de entrega, custos de transporte, cadência das remessas e/ou volume de cada uma delas, etc. etc.), sendo para o efeito suficiente uma deliberação com esse conteúdo, tomada (por maioria) na assembleia geral dessa sociedade.

---

[10] Cfr. K. Lehmann, *Recht der Aktiengesellschaften*, 225.
[11] Cfr. M. Nogueira Serens, *A (re-)emergência*, 496
[12] Sobre o sentido deste princípio cooperativo, *vide*, entre nós, J. M. Coutinho de Abreu, *Da empresarialidade*, 167 s.

Essa interpretação do art. 219 ADHGB (favorável aos interesses dos cartéis) contava com opositores de peso[13]; estribando-se no princípio da limitação da responsabilidade, este outro sector da doutrina, que obteve o apoio da jurisprudência[14], defendia que os sócios de uma sociedade anónima não podiam ficar obrigados, por cláusula inserta no respectivo contrato (*originário* ou *alterado*), a efectuar quaisquer outras prestações (*tivessem ou não dinheiro por objecto*) além das correspondentes às respectivas entradas. Ao dar, também ele, o seu apoio a esta interpretação do referido preceito, o RG fez florescer a prática dos chamados *"Nebenverträge"* ("acordos parassociais", na nossa terminologia): organizando o cartel sob a forma de sociedade por acções, os respectivos membros, na sua qualidade de sócios dessa sociedade, mas *à margem do respectivo contrato*, é dizer, por acordo separado, assumiam entre si a obrigação de lhe fornecer (à sociedade, entenda-se) os bens produzidos nas suas próprias empresas; na hipótese de o cartel ser organizado sob a forma de sociedade civil, sendo depois constituída uma sociedade por acções para a comercialização dos bens provenientes das empresas dos membros do cartel, a aludida obrigação de fornecimento era assumida por estes últimos, pela forma descrita, na sua qualidade de sócios da última sociedade referida[15].

Por considerarem que a obrigação de prestações acessórias com o referido objecto, que era o fornecimento de bens à sociedade, constituía, no caso, uma condição *sine qua non* para a consecução da finalidade económica que presidira à constituição dessa mesma sociedade, os tribunais não tardaram a concluir pela sua validade ou, dizendo de outra forma, pela validade dos *"Nebenverträge"* dos quais essa obrigação resultava, à luz do direito (comum) das obrigações[16]. Esta era uma solução extremamente vantajosa para um funcionamento eficiente(mente monopolístico) dos cartéis. Mas não era tão vantajosa como aquela outra que pretendia *integrar* as prestações acessórias, que não tivessem dinheiro por objecto, no conteúdo da socialidade. No quadro desta última solução, a aquisição da qualidade de sócio implicaria, por si só, a assunção das obrigações de prestações acessórias previstas no contrato de sociedade, e, falando nós de obrigações de prestações acessórias que não assumiam carácter eminentemente pessoal, a transmissão (*inter-vivos* ou *mortis-causa*) da participação social (no caso que nos ocupa, a transmissão das acções) abrangeria também essas obrigações; por outro lado, e como já atrás dissemos,

---

[13] Cfr., por exemplo, F. Bauch, *Rechtsform*, 17, e K. Lehmann, *Recht der Aktiengesellschaften*, 225 s., com múltiplas referências.
[14] Cfr. C. H. Barz, in: *Großkommentar AktG*, § 54, anot. 1, e A. Rojo, *RDMercantil* 1977, 277.
[15] Numa e noutra hipótese, adquirindo a sociedade, por força do "Nebenvertrag" (-celebrado entre os seus sócios, e ao qual fora estranha), o direito a uma prestação, caberia falar de um contrato a favor de terceiro.
[16] Cfr., por exemplo, F. Bauch, *Rechtsform*, 17, e H. Ullrich, *ZGR* 1985, 246 s.

passando as obrigações de prestações acessórias a integrar o conteúdo da socialidade, os *pormenores* relativos ao seu cumprimento – voltando a pensar na obrigação de os sócios fornecerem à sociedade os bens que produzissem nas suas próprias empresas: preço de aquisição desses bens e outras condições de pagamento, repartição dos custos de transporte, cadência das remessas e/ou volume de cada uma delas, etc. – seriam definidos em assembleia geral, deliberando por simples maioria, ou mesmo pelo órgão de administração. A validade das obrigações de prestações acessórias "apenas" à luz do direito (comum) das obrigações não oferecia nenhuma destas vantagens. Com efeito, o adquirente de uma participação social, sobre cujo alienante impendesse, por força de um acordo parassocial celebrado com os seus consócios, a obrigação de fornecer à respectiva sociedade os bens produzidos na sua própria empresa, não se tornava, em consequência dessa aquisição, devedor da obrigação em causa, sendo para o caso irrelevante que essa aquisição envolvesse a aquisição da empresa da qual provinham os bens que antes eram fornecidos à sociedade. A mais disso, sendo a fonte da obrigação de fornecimento um acordo parassocial, e não o próprio contrato de sociedade, os aspectos atinentes ao modo do seu cumprimento (nomeadamente, aqueles a que há pouco aludimos) escapavam à *soberania* da assembleia geral.

Evidenciando a preocupação do legislador em criar as condições ideais para o funcionamento dos cartéis, organizados, por opção dos seus membros, sob a forma de sociedade por acções, o HGB rompeu com a tradição do art. 219 ADHGB. Nos termos do § 212 daquele diploma[17], o contrato de sociedade por acções podia impor aos sócios, para além da obrigação de entrada, a obrigação de "reiteradamente" *(wiederkehrende)* efectuarem "prestações que não tivessem dinheiro por objecto" *(nicht in Geld bestehende Leistungen)*. A norma era claramente pensada para a obrigação de fornecimento de bens à sociedade (para os cartéis "caía como sopa no mel"…). E dificilmente se concebia que esse fornecimento pudesse ser feito gratuitamente (os sujeitos passivos da correspondente obrigação, que eram os membros do cartel, na sua qualidade de sócios da sociedade-sujeito activo da mesma obrigação, mantinham a titularidade das respectivas empresas, suportando, por conseguinte, os custos da sua exploração…); por outro lado, não sendo a sociedade-sujeito activo da obrigação de fornecimento livre de especular sobre a diferença entre o preço por que comprava os bens e o preço por que os vendia – o preço de compra era fixado (em assembleia geral) pela maioria dos seus sócios, que eram os fornecedores dos bens em causa e estes não haveriam de querer a sua

---

[17] Sobre a história desse preceito do HGB, e dando também conta das reacções da doutrina alemã da época à admissão das prestações acessórias nas sociedades por acções, cfr., por todos, A. Rojo, *RDMercantil* 1977, 282 s.

própria ruína... –, o mais normal seria que, existindo lucros, estes não fossem muito elevados. Ciente destes dois pressupostos, o legislador admitia que as prestações acessórias fossem efectuadas *onerosamente* e não condicionava o pagamento da "remuneração" *(Vergütung)* à existência de "lucros de balanço" *(Bilanzgewinn);* em qualquer caso, ou seja, quer existissem ou não lucros de balanço, essa contraprestação a cargo da sociedade não podia exceder o valor (de mercado) da prestação (acessória) respectiva (§ 216 HGB).

A sociedade por acções, por cujo contrato os sócios ficavam obrigados a efectuar (reiteradamente) prestações acessórias que não tivessem dinheiro por objecto – para se lhe referir, a doutrina alemã usa ainda hoje a expressão *"Nebenleistungs-AG"* –, era uma "sociedade fechada": a transmissão das acções teria de estar subordinada ao consentimento da sociedade. Ao que (nos) parece, apesar dessa exigência, constante do § 212 Abs. 1 HGB, as acções não teriam de ser nominativas. Mas era vantajoso que o fossem. E isto por duas ordens de razões: em primeiro lugar, se as acções fossem nominativas e a sua transmissão estivesse subordinada ao consentimento da sociedade, o seu valor nominal podia ser inferior a 1000 marcos – o valor nominal mínimo das acções era, nessa hipótese, de 200 marcos (§ 180 Abs. 3 HGB) –; em segundo lugar, sendo as acções nominativas e existindo no contrato uma cláusula que subordinasse a sua transmissão ao consentimento da sociedade, essa transmissão teria de ser autorizada pela assembleia geral *e* pelo *Aufsichtsrat* (§ 222 Abs. 4 HGB)[18]. Do § 212 Abs. 1, *in fine*, HGB resultava que a existência da "Nebenleistungs-AG" devia ser conhecida à vista das acções representativas do seu capital ou mesmo dos "títulos provisórios" *(Zwischenscheinen)*. Na verdade, umas e outros deviam mencionar a obrigação e o âmbito das prestações inerentes à socialidade que incorporavam. E já agora diga-se que, segundo o § 212 Abs. 2 HGB, o contrato de sociedade podia fixar uma pena convencional para o

---

[18] O abaixamento do valor nominal das acções nominativas, cuja transmissão fosse subordinada ao consentimento da sociedade, era uma medida que calhava bem aos cartéis: as sociedades por acções, que constituíssem a sua estrutura jurídica, não necessitavam de reunir avultados capitais – cingindo-se o seu objecto à comercialização dos produtos dos membros do cartel, os investimentos (em imobilizado corpóreo) dessas sociedades eram relativamente diminutos... –, mas não podiam prescindir da congregação de um número significativo de pessoas (humanas ou jurídicas)-empresários do respectivo sector de actividade. E o mesmo se diga quanto ao segundo aspecto que foi referido: a necessidade do consentimento da sociedade, nos termos expostos, para a transmissão das acções nominativas, abria obviamente a possibilidade da sua recusa, ao menos com fundamento em "motivo grave" (§ 212 Abs. 3 HGB), o que significava que os cartéis poderiam funcionar como *"fortalezas"*, com o consequente reforço da sua eficácia monopolística.

caso de não cumprimento ou de cumprimento defeituoso das obrigações de prestações acessórias[19].

c) A criação da "Nebenleistungs-AG", no quadro do HGB, foi, em grande medida, um "acto falhado". Na verdade, todas as *vantagens* que, para o (bom) funcionamento dos cartéis, representava a *integração na socialidade* das obrigações de prestações acessórias já então podiam ser alcançadas através da constituição de uma sociedade de outro tipo – referimo-nos, é claro, à

---

[19] A disciplina da "Nebenleistungs-AG" continuou a ter assento na AktG de 30 de Janeiro de 1937 (§ 50), e dela passou para a AktG de 6 de Setembro de 1965, que actualmente vigora. O § 55 Abs. 1 desta lei continua a só permitir as obrigações (reiteradas) de prestações acessórias que não tenham dinheiro por objecto. Mantém-se também a exigência de a transmissão das acções ser subordinada ao consentimento da sociedade – que é da competência do *Vorstand*, podendo, porém, o contrato de sociedade prever que o *Aufsichtsrat* ou a assembleia geral delibere sobre a concessão do consentimento (§ 68 Abs. 2). Mas, ao contrário do que acontecia (ou, quando menos, do que nos parecia acontecer) no quadro do HGB, é agora seguro que as acções terão de ser nominativas (§ 68 Abs. 2). E delas ou, se for esse o caso, dos títulos provisórios, terá de constar – e neste ponto volta a não haver qualquer novidade em relação ao § 212 HGB – a obrigação e o âmbito das prestações inerentes à socialidade que incorporam. Continuando a admitir-se que o contrato de sociedade fixe uma pena convencional para o caso de não cumprimento ou de cumprimento defeituoso das obrigações de prestações acessórias, é agora expressamente exigido que se estipule se estas serão efectuadas "onerosa ou gratuitamente" *(entgeltlich oder unentegeltlich)*; se for estipulada a sua onerosidade, a inexistência de lucros de balanço não obsta a que a sociedade efectue o pagamento da sua contraprestação, mas esta não poderá exceder o valor de mercado da prestação (acessória) respectiva (§ 61).
Entre nós, e no que respeita às sociedades anónimas, as obrigações de prestações acessórias estão previstas no art. 287.º CSC – os dizeres deste preceito pouco diferem, aliás, dos do art. 209.º CSC, que estatui sobre essas mesmas obrigações no quadro das sociedades por quotas. Quando adiante falarmos do § 3 Abs. 2 GmbH-Gesetz, haveremos de dedicar alguma atenção ao art. 209.º CSC e, ao fazermos assim, estaremos, afinal, a pronunciar-nos sobre o regime das obrigações de prestações acessórias nas sociedades anónimas (art. 287.º CSC). Por agora, e a propósito deste regime, apenas cabe observar que ele não coincide inteiramente com o do direito alemão. A diferença mais marcante respeita ao objecto das prestações acessórias: entre nós, e como decorre do n.º 2 do art. 287.º CSC, tais prestações podem ser pecuniárias (*v. g.*, obrigação de todos ou de alguns accionistas concederem empréstimos de dinheiro à sociedade), o que não acontece na Alemanha. Por outro lado, enquanto o legislador alemão sempre fez depender a licitude das obrigações de prestações acessórias da subordinação da transmissão das acções ao consentimento da sociedade, daí se inferindo (à luz da actual AktG, quando menos) a obrigatoriedade de as acções serem nominativas, já o nosso legislador, embora tenha estipulado que as acções, cujo titular esteja obrigado, segundo o contrato de sociedade, a efectuar prestações acessórias, *devem* ser nominativas (art. 299.º, n.º 2, CSC), não estatui sobre o consentimento da sociedade para a transmissão dessas acções – a necessidade desse consentimento dependerá, pois, de uma cláusula contratual nesse sentido (art. 328.º, n.º 2, alínea *a)*, e art. 329.º CSC).
Acentuando outras diferenças, sobremaneira relevantes, entre o § 55 da AktG e o art. 287.º CSC, *vide* C. Osório de Castro, *Valores Mobiliários*, 95, Id., in: *Juris et de Jure*, 138 s.

"sociedade com responsabilidade limitada", entretanto criada pelo legislador alemão. Na respectiva lei (de 20 de Abril de 1892), e para evitar que a jurisprudência transpusesse para o quadro desta nova sociedade a interpretação então predominante sobre o art. 219 ADHGB (cfr. *supra*) – sendo uma simples expressão do princípio da limitação da responsabilidade dos sócios, a doutrina desse preceito quadrava bem com a nova forma societária, pois que também ela apresentava essa característica... –, houve mesmo o cuidado de incluir o seguinte preceito: "(...) se forem impostas aos sócios outras obrigações além da obrigação de entrada, a correspondente determinação precisa de ser inserida no contrato de sociedade" (§ 3 Abs. 2). Esta previsão normativa tinha destinatários bem definidos: os cartéis, pois claro, que, até então, dada a *imprestabilidade* das sociedades em nome colectivo e em comandita simples e mesmo das sociedades civis, não dispunham de outra alternativa para a sua organização que não fosse a sociedade por acções. É verdade que, até à promulgação da 2. *Aktienrechtsnovelle*, dada a *"leveza"* que caracterizava as *Normativbedingungen* então vigentes *(1. Aktienrechtsnovelle)*, a constituição de uma sociedade desse tipo não oferecia dificuldades de monta. Mas, já nessa época, a sua utilização para estruturar juridicamente os cartéis punha alguns problemas. E não se julgue que estes se cingiam à já tão falada impossibilidade de integrar as obrigações de prestações acessórias no conteúdo da socialidade. Para além desse aspecto, sendo os cartéis organizados sob a forma de sociedade por acções, teriam necessariamente de adoptar uma *estrutura organizatória* – a estrutura organizatória que a lei *prescrevia* para esse tipo de sociedade – que não era adequada à dimensão das empresas em causa. O próprio princípio da publicidade de certos aspectos da vida da sociedade por acções – mormente a exigência da publicação do seu "Balanço e Contas" – colidia com a lógica de funcionamento dos cartéis, que assentava, diríamos, na "lei do segredo". Acresce a tudo isto o regime de dupla tributação a que estavam sujeitos os lucros realizados por uma sociedade por acções. Com a 2. *Aktienrechtsnovelle* (promulgada, recorde-se, em 18 de Julho de 1884), a disciplina do tipo ganhou ainda maior rigidez (predominância de preceitos imperativos), sobrevindo, do mesmo passo, uma nova e, diríamos, mais radical dificuldade: o reforço das *Normativbedingungen* tornou a constituição de uma sociedade por acções, cujo objecto se cinja à "gestão" de um cartel, num cometimento desproporcionado.

3. O desenho da GmbH e as necessidades (organizatórias e de outra índole) dos cartéis

A preocupação do legislador alemão em *adequar* a disciplina do novo tipo societário às necessidades dos cartéis transparece, desde logo do § 1

GmbH-Gesetz. Decorre deste preceito que a GmbH pode ser constituída para a prossecução de "qualquer finalidade legalmente admitida" *(zu jedem gesetzlich zulässigen Zweck)*. Com esta formulação – e apesar da polémica, que desde cedo se instalou, sobre a relação entre o conceito de *"finalidade"*(-da sociedade), usado no referido preceito e também no § 61 Abs. 1, e o conceito de *"objecto da empresa"*, usado, nomeadamente, no § 3 Abs 1 Nr. 2 e no § 4 Abs. 1 –, o âmbito material de aplicação da nova forma societária era sobremaneira alargado. Nele cabia, quer a exploração de uma empresa comercial ou não-comercial, quer o exercício de uma qualquer actividade económica não-lucrativa, quer ainda o exercício de uma actividade não-económica (ideal, *hoc sensu*). Desta sorte, a possibilidade de os membros de um qualquer cartel o organizarem sob a forma societária em causa estava claramente salvaguardada. Não importaria, desde logo, que o cartel fosse constituído por empresários que, dada a natureza da respectiva actividade, não podiam ser havidos como comerciantes; e também não importaria que o cartel, enquanto tal, não exercesse qualquer empresa, pois que, mesmo nessa hipótese, as suas finalidades continuariam a ser de natureza económica...

3.1. As prestações suplementares

Essa preocupação do legislador em adequar a disciplina da GmbH às necessidades dos cartéis está igualmente patente nos §§ 26 a 28 da respectiva lei. Não tendo uma actividade produtiva própria, os cartéis não precisavam de realizar investimentos de monta em imobilizado corpóreo (instalações, máquinas e outros equipamentos). Consequentemente, no momento da sua constituição, bastavam-se com um capital modesto. Mas, uma vez constituídos, e independentemente da sua estrutura (de cartel-simples ou dupla-sociedade), encarregando-se os vários cartéis da promoção e da venda, não só dos produtos que lhe eram fornecidos pelos respectivos membros, mas também dos produtos adquiridos a empresários-*outsiders* – em simultâneo ou não com essa actividade, muitos cartéis desempenhavam uma outra, que consistia na aquisição de matérias-primas, que depois eram fornecidas, segundo as quotas pré--definidas, aos empresários coligados –, esse seu capital inicial acabava por se revelar insuficiente. Tratava-se, em todo caso, de uma insuficiência de capital de natureza particular: assumia, por assim dizer, "carácter cíclico ou sazonal" e, por conseguinte, para a suprir, os cartéis (*rectius*: as sociedades que lhes serviam de estrutura jurídica) só precisariam de um reforço dos seus capitais próprios de curto prazo. A disciplina da sociedade por acções não permitia, porém, a consecução desse objectivo. Com efeito, quando organizados sob essa forma societária, os cartéis só poderiam suprir a insuficiência de capitais próprios por uma via, que era precisamente a do aumento do seu capital. Fazendo isso, impunha-se (ontem, como hoje) a observância de um determinado processo, necessariamente moroso e complicado. E mais: o seu êxito era aleatório, dado que os sócios que não tivessem votado o aumento do capital não estavam obrigados a concorrer para ele. Por outro lado, os capitais próprios obtidos por essa via poderiam, a curto prazo, tornar-se excedentários. Nessa hipótese, necessariamente frequente, dado o "carácter sazonal" da insuficiência de capitais dos cartéis, para que pudessem tornar ao património dos sócios, seria mister observar um conjunto de regras – as regras respeitantes ao processo de redução do capital, já se vê. Em síntese, o aumento do capital, que, no quadro da disciplina da sociedade por acções – antes e depois do HGB –, era o único meio a que os cartéis organizados sob essa forma societária podiam recorrer para suprir a insuficiência dos seus capitais próprios, não lhes permitia *adaptar* o montante desses capitais às necessidades de cada momento. Com a GmbH-Gesetz – e em relação aos cartéis que adoptassem esta nova forma societária, é claro –, essa dificuldade foi superada. Por força do já citado § 26 dessa lei, numa sociedade desse tipo, se o respectivo contrato assim o permitisse, os sócios podiam deliberar que lhes fossem exigidos pagamentos *(Nachschüssen)* além do montante das entradas para o capital social. Essa obrigação de pagamentos (ou prestações) suplementares, proporcional (ou não, diz-se hoje) ao valor de cada quota social – a letra do § 26 Abs. 2 GmbH-Gesetz apontava claramente no sentido da imperatividade da regra da proporcionalidade (e o mesmo acontecia, aliás, com o § 1.° do art. 17.° da nossa Lei de 1901: "As prestações suplementares serão proporcionais às quotas"); a doutrina alemã mais recente perfilha, porém, o entendimento de que essa regra pode ser arredada no contrato[20] –, a obrigação de pagamentos (ou prestações) suplementares, dizíamos, podia ser limitada a um determinado montante *(beschränkte Nachschußpflicht;* § 23 Abs. 3 e § 28) ou não conhecer nenhum limite desse tipo *(unbeschränkte Nachschußpflicht;* § 27). Embora o regime legal do cumprimento de prestações suplementares ilimitadas diferisse do do cumprimento da obrigação de prestações suplementares limitadas, os pressupostos para a constituição de uma e de outra eram os mesmos: previsão da sua exigência no contrato de sociedade *e* deliberação social reclamando a sua realização.

---

[20] Cfr. Welf Müller, in: *Hachenburg- GmbH-Gesetz,* § 26, anot. 54, com várias referências.

No que respeita ao primeiro pressuposto importará referir que desde cedo se entendeu que ele podia ser preenchido por via de uma alteração do contrato de sociedade. Mas com um limite. Porque a imposição da obrigação (limitada ou ilimitada) de prestações suplementares implicaria um *aumento* das prestações dos sócios, a alteração do contrato da qual resultasse essa imposição só poderia vincular os sócios que votassem favoravelmente a respectiva deliberação ou que, posteriormente, lhe dessem o seu assentimento (§ 53 Abs. 3 GmbH-Gesetz). Este mesmo regime valeria para a alteração do contrato que transformasse uma obrigação *limitada* de prestações suplementares numa obrigação *ilimitada* ou vice-versa. É verdade que a transformação de uma obrigação ilimitada de prestações suplementares numa obrigação limitada não sujeitaria os sócios ao desembolso de montantes mais elevados; mas, nem por isso, deixaria de ocorrer um aumento das suas prestações (no sentido do § 53 Abs. 3), que consistiria na desvantagem resultante do desaparecimento do chamado "direito de abandono" da quota (*Preisgaberecht*; § 27).

O segundo pressuposto de constituição da obrigação (limitada ou ilimitada) de prestações suplementares era, como ainda há pouco dissemos, a existência de uma deliberação social reclamando a sua realização (tendo a obrigação de prestações suplementares necessariamente dinheiro por objecto, a realização destas implicaria para os sócios a elas obrigados o desembolso de uma determinada quantia, cujo montante teria de ser fixado pela deliberação que as tornava exigíveis; no caso de a obrigação ser limitada a determinado montante, a deliberação não poderia, evidentemente, ir além desse montante, mas nada impediria que tornasse exigível um montante inferior – mesmo que a obrigação de prestações suplementares fosse limitada a certo montante, a sociedade teria, pois, a possibilidade de adequar o seu pagamento pelos sócios às suas próprias necessidades de capital). Sempre se entendeu que essa deliberação, para além de obrigatória (no sentido que, na sua falta, os gerentes não teriam legitimidade para exigir o cumprimento das prestações suplementares permitidas pelo contrato), não podia ser tomada por outro órgão que não a assembleia geral. Não sendo havida como uma deliberação de alteração do contrato de sociedade, para a sua aprovação seria suficiente a maioria simples dos votos (§ 47 Abs. 1 GmbH-Gesetz). O regime legal do cumprimento das prestações suplementares, assim tornadas exigíveis, variava consoante a respectiva obrigação fosse ilimitada ou limitada. No primeiro caso, o sócio só poderia eximir-se ao pagamento da prestação que lhe fosse exigida se, tendo liberado integralmente a sua quota, pusesse esta à disposição da sociedade, por carta registada, dentro do prazo de um mês a contar da respectiva interpelação; caso o sócio não fizesse uso desse direito, nem efectuasse a prestação exigida dentro do referido prazo, a sociedade poderia declarar-lhe, também por carta registada, que considerava a quota deixada à sua disposição (§ 27 Abs. 1). Em continuação deste processo, no mês seguinte à declaração feita pelo sócio ou pela sociedade, esta estava obrigada a proceder à venda em hasta pública da quota – qualquer outra forma de venda teria de merecer o consentimento do sócio –, cabendo-lhe entregar ao seu titular o que restasse depois de pagas as despesas da venda e satisfeita a dívida (§ 27 Abs. 2). Na hipótese de a sociedade não poder satisfazer-se por meio de venda, a quota ficar-lhe-ia a pertencer, sendo-lhe então legítimo aliená-la por sua conta (§ 27 Abs. 3). Este regime legal do cumprimento da obrigação ilimitada de prestações suplementares podia, se o contrato de sociedade assim o previsse, ser apenas aplicável quando as prestações exigidas excedessem um certo montante (§ 27 Abs. 4). Na medida em que as referidas prestações não excedessem o montante fixado no contrato de sociedade, era-lhes aplicável (*ex vi* § 28 Abs. 1 Satz 2) o regime legal do cumprimento da obrigação limitada de prestações suplementares. Este outro regime era, na falta de estipulação em contrário do contrato de sociedade, e como decorria do § 28 Abs. 1 Satz 1, o do cumprimento da obrigação de liberar a quota, previsto nos §§ 19 a 23, aos quais correspondem, com diferenças de pormenor, os arts. 204.º a 208.º do nosso actual Código das Sociedades.

Em relação ao aumento do capital, que constitui a forma típica de uma sociedade reforçar os seus capitais próprios, o instituto das prestações suplementares – vem ao caso lembrar que, em relação à sociedade por acções, esse instituto nunca foi acolhido na respectiva disciplina – tinha, pois, a vantagem de ser mais flexível e também mais eficaz. A sua maior flexibilidade decorria, desde logo, do facto de a deliberação reclamando a sua realização – supondo, é claro, que o contrato de sociedade (originário ou alterado) previa a sua exigência – ser mais facilmente conseguível do que a deliberação de aumento de capital: esta última deliberação teria de ser aprovada por uma maioria de 3/4 dos votos, enquanto para a aprovação da primeira bastaria uma maioria simples. Ademais, embora as prestações suplementares realizadas passassem a integrar o património da sociedade, constituindo capital próprio desta, a cifra do capital social manter-se-ia inalterada, como inalterado se manteria o valor nominal das quotas sociais. A maior eficácia do instituto das prestações suplementares em relação ao aumento do capital era também inquestionável: mesmo os sócios que votassem contra a deliberação reclamando a realização das prestações suplementares estariam obrigados ao respectivo pagamento, sob pena de terem de abandonar a quota ou de a verem perdida a favor da sociedade, consoante se tratasse de prestações acessórias ilimitadas ou limitadas. Para o caso, tão-pouco interessaria que esses sócios tivessem ingressado na sociedade em momento ulterior ao da sua constituição e desconhecessem que o respectivo contrato (já) previa a obrigação (limitada ou ilimitada) de prestações suplementares. A aquisição da quota implicaria a assunção da referida obrigação, posto esta ser concebida como inerente à própria socialidade. No caso de uma deliberação de aumento do capital social, é claro que ela também teria como destinatários as pessoas (humanas ou jurídicas) que tivessem a qualidade de sócio da sociedade em causa à data da sua aprovação; mas, pelo menos em relação aos sócios que não tivessem votado favoravelmente essa deliberação, não haveria meio de os forçar a contribuir para o reforço dos capitais próprios da sociedade, através da realização de novas entradas.

Concebidas como um meio de financiamento da GmbH, que lhe permitiam suprir insuficiências *temporárias* de capital próprio, as prestações suplementares eram, não só de chamamento fácil, como de fácil restituição. O primeiro aspecto ficou já suficientemente evidenciado. Vejamos agora o segundo.

É certo que, nos termos do § 30 Abs. 2 Satz 1 GmbH-Gesetz, as prestações suplementares só poderiam ser restituídas aos sócios se não fossem necessárias para cobrir uma perda de capital. Essa haveria de ser, porém, a hipótese mais comum. E isto por causa do carácter temporário das insuficiências de capital que as prestações suplementares visavam suprir. Quando a restituição respeitasse a prestações suplementares efectuadas em cumprimento de uma obrigação limitada ou de uma obrigação ilimitada, à qual não fosse aplicável o regime próprio da obrigação desse tipo por as prestações em causa não terem excedido o montante fixado no contrato de sociedade (§ 27 Abs. 4), haveria que observar um outro pressuposto: essa restituição só seria possível se o capital social estivesse integralmente realizado ou, dizendo de outra forma, se as quotas estivessem inteiramente liberadas (§ 30 Abs. 2 Satz 3). A razão deste pressuposto, digamos, suplementar decorria do facto de, nas duas hipóteses acabadas de referir, e se o contrato de sociedade assim o determinasse, ser possível exigir o cumprimento das prestações suplementares antes de interpelados todos os sócios para integral liberação das suas quotas (§ 28 Abs. 2). Para a generalidade da doutrina alemã actual, mesmo a restituição de prestações suplementares que tenham sido efectuadas em cumprimento de uma obrigação não limitada a certo montante está sujeita ao referido pressuposto da integral realização do capital da sociedade[21].

---

[21] Cfr., por exemplo, R. GOERDELER/WELF MÜLLER, in: *Hachenburg GmbHG-Gesetz*, § 30, anot. 98.

Do § 30 Abs. 2 Satz 2 resultava que a restituição de prestações suplementares estava ainda dependente de dois outros pressupostos. 1) Existência de uma deliberação social era o primeiro desses pressupostos. Durante muito tempo prevaleceu o entendimento de que essa deliberação, *para cuja aprovação bastaria a maioria simples dos votos*, teria de ser tomada pela assembleia geral. Uma cláusula contratual que atribuísse essa competência a qualquer outro órgão da sociedade seria nula: a competência exclusiva da assembleia geral, afirmada a propósito da deliberação reclamando a realização de prestações suplementares, também valia para a deliberação sobre a sua restituição. Embora continue a defender a competência exclusiva da assembleia geral no que respeita à primeira deliberação, a generalidade da doutrina alemã mais recente entende que o contrato de sociedade pode transferir para outro órgão social (a gerência, por exemplo) a competência para deliberar sobre a restituição das prestações suplementares. Há mesmo quem vá mais longe, e avance com a ideia da desnecessidade de qualquer deliberação de restituição das prestações suplementares quando o contrato de sociedade ou a própria deliberação reclamando a sua realização oferecer uma previsão exaustiva das condições sob as quais se efectuará a restituição[22]. 2) O segundo pressuposto de que o § 30 Abs. 2 fazia depender a restituição de prestações suplementares era a publicação da deliberação respectiva. Entre a data dessa deliberação e a data em que ocorria a restituição teria de mediar um prazo mínimo de três meses. Acrescente-se, já agora, que, segundo o § 30 Abs. 2 Satz 4, as prestações suplementares restituídas passavam a ser consideradas como não efectuadas; tratava-se de uma regra (dispositiva, diz-se hoje) que permitia, íamos a dizer, o *"vai-e-vem"* das prestações suplementares limitadas (que eram obviamente as menos gravosas do ponto de vista dos sócios), na tal lógica, que presidira à criação do instituto, de dotar a GmbH de um meio expedito de aquisição de capital próprio de curto prazo[23].

---

[22] Neste sentido, cfr. R. GOERDELER/WELF MÜLLER, in: *Hachenburg- GmbHG-Gesetz*, § 30, anot. 99.
[23] Descrito que está o regime das prestações suplementares, tal como constava – e *consta*, ainda hoje – da GmbH-Gesetz, releva da pura evidência acentuar a sua similitude com o que constava dos arts. 17.°, 18.° e 19.° da nossa Lei de 1901 sobre as sociedades por quotas. Esses três artigos pouco mais eram, aliás, do que uma (boa) tradução dos correspondentes parágrafos da referida lei alemã. O actual Código das Sociedades Comerciais continua a ocupar-se do instituto das prestações suplementares – na esteira, aliás, do "Anteprojecto de Coimbra" (arts. 4.° a 7.°) e do "Anteprojecto Vaz Serra", ao qual não tivemos acesso, mas que é referido pelo Professor Raúl Ventura; nas palavras deste ilustre societarista, "a sua fraca utilização prática e o uso pouco ortodoxo que por vezes delas se fez" (cfr. *Sociedade por Quotas*, I, 232) tinham-no levado a omitir as prestações suplementares no Anteprojecto de sua autoria –, espraiando-se a respectiva disciplina pelos arts. 210.° a

3.2. As prestações acessórias (Nebenleistungs-GmbH)

Já atrás nos referimos ao § 3 Abs. 2 GmbH-Gesetz. Com este preceito, o legislador (alemão) impedia que a interpretação à época predominante (na doutrina e jurisprudência) sobre o art. 219 ADHGB – tratava-se,

213.º A influência das soluções do direito alemão (entenda-se: dos §§ 26 a 28 GmbH-Gesetz, já nossos conhecidos) continuou bem vincada, mas foram introduzidas algumas modificações (mesmo em relação aos dois primeiros Anteprojectos há pouco referidos), a mais importante das quais respeita à proibição de prestações suplementares ilimitadas (art. 210.º, n.º 3, alínea a), e n.º 4, 1.ª parte). Feita essa opção, o nosso legislador manteve o regime legal do cumprimento da obrigação limitada de prestações suplementares que já constava do corpo do art. 19.º da Lei de 1901: esse regime é o do cumprimento da obrigação de liberar a quota (arts. 204.º e 205.º, para os quais remete o art. 212.º, n.º 1). É também assim no quadro da GmbH-Gesetz. Mas, enquanto o § 28 Abs. 1 Satz 1 dessa lei permite que esse regime seja afastado no contrato de sociedade, entre nós, a letra do art. 212.º, n.º 1, aponta claramente para a sua imperatividade (com a mesma opinião, vide RAÚL VENTURA, Sociedade por Quotas, I, 252).
Do cotejo dos §§ 26 a 28 GmbH-Gesetz com os arts. 210.º a 213.º CSC resultam ainda outras diferenças. 1) Entre nós, é expressamente afirmado que as prestações suplementares não vencem juros (art. 210.º, n.º 5, CSC); a GmbH-Gesetz silencia a questão, mas isso não impede a doutrina alemã de defender que as prestações suplementares, exactamente porque não constituem capital social, podem vencer juros (neste sentido, vide H. ROWEDDER, in: Rowedder-GmbH-Gesetz, § 26 anot. 22). 2) Como se lê no art. 211.º, n.º 1 CSC, "a exigibilidade das prestações suplementares depende sempre de deliberação dos sócios" (vide também art. 246.º, n.º 1, alínea a), CSC). O carácter imperativo do preceito é inequívoco. Excluído está, por isso, que o contrato de sociedade possa substituir essa deliberação, para cuja aprovação, diga-se, bastará a maioria simples dos votos, por uma deliberação de qualquer outro órgão da sociedade (v. g., a gerência ou o conselho fiscal, se o houver, é claro). São também estas as soluções consagradas na GmbH-Gesetz. A aproximação entre os dois regimes está ainda patente no conteúdo da deliberação reclamando a realização das prestações suplementares: mesmo que a respectiva obrigação seja limitada a certo montante – e, entre nós, como já dissemos, a obrigação de prestações suplementares terá necessariamente de apresentar essa característica –, os sócios, deliberando sobre a sua exigibilidade, podem ficar aquém desse montante, ou seja, e para dizer com o Professor RAÚL VENTURA, Sociedade por Quotas, I, 244, "não é forçoso o pagamento por uma só vez das prestações cujo montante global é fixado pelo contrato". Do art. 211.º, n.º 2, CSC resulta, porém, uma diferença em relação ao § 28 Abs. 2 GmbH-Gesetz. Por força deste último preceito, o chamamento de prestações suplementares limitadas podia, se o contrato de sociedade assim o permitisse, ocorrer (por via da falada deliberação dos sócios) antes de interpelados todos os sócios para a integral liberação das suas quotas de capital. Não foi esta a opção do nosso legislador. Com efeito, o referido art. 212.º, n.º 1, CSC só permite o chamamento de prestações suplementares (necessariamente limitadas a certo montante, pois que só essas são permitidas entre nós) se, antes de tomada a deliberação respectiva, todos os sócios tiverem sido interpelados para integral liberação das quotas. 3) À semelhança da GmbH-Gesetz (§ 30 Abs. 2), o art. 213.º, n.º 1, CSC subordina a restituição das prestações suplementares à verificação de certas condições materiais. Em primeiro lugar, por via dessa restituição a situação líquida (ou património líquido numa outra

recorde-se, de uma interpretação avessa à ideia de, nas sociedades por acções, a socialidade poder integrar a obrigação de os sócios efectuarem prestações além das entradas – fosse transposta para o novo tipo societário. E, impedindo isso, franqueava as portas à chamada *"Nebenleistungs-GmbH"*: uma sociedade que, como qualquer outra do mesmo tipo, apresentava a característica da limitação da responsabilidade dos sócios, e para cuja constituição era, por isso, exigido um capital mínimo, mas que assentava a sua actividade, não já no património a que a realização desse capital dava azo, mas antes num conjunto mais ou menos diversificado de

terminologia) não pode tornar-se inferior à soma do capital e da reserva legal (salvaguarda do chamado princípio da "intangibilidade do capital social", consagrado no art. 32.º CSC). Em segundo lugar, as prestações suplementares só poderão ser restituídas se o(s) respectivo(s) sócio(s) já tiver(em) realizado integralmente a(s) sua(s) entrada(s) – diferente é a solução da GmbH-Gesetz, que não permite a restituição de prestações suplementares (limitadas a certo montante) antes da integral realização do capital social (liberação de *todas* as quotas). A verificação dessas duas condições não é, porém, suficiente para que a restituição das prestações suplementares possa ser efectivada. Exige-se, além disso, uma deliberação dos sócios que a autorize (art. 213.º, n.º 2, CSC; cfr. ainda art. 246.º, n.º 1, alínea *a)*, CSC). Como vimos, essa mesma exigência consta do § 30 Abs. 2 Satz 2 GmbH-Gesetz, o que não impediu a doutrina alemã de defender que o contrato de sociedade podia transferir a competência da assembleia geral para deliberar sobre a restituição das prestações suplementares para qualquer outro órgão social. Na esteira de Raúl Ventura, *Sociedade por Quotas*, I, 265, não cremos que o art. 213.º, n.º 2, CSC possa ser assim interpretado. É verdade que no texto deste preceito a palavra "deliberação" não aparece precedida do advérbio "sempre", como acontece no art. 211.º, n.º 1, CSC; mas isso não nos parece suficiente para afirmar que os dois preceitos têm natureza diferente: dispositivo, o primeiro, e imperativo, o segundo. Mais duvidosa já nos parece ser a natureza da regra contida no art. 213.º, n.º 5, CSC (:"Para o cálculo do montante da obrigação vigente de efectuar prestações suplementares não serão computadas as prestações restituídas"). Na opinião do Professor Raúl Ventura, *Sociedade por Quotas*, I, 265 – que é também a da doutrina alemã sobre o correspondente preceito da GmbH-Gesetz (§ 30 Abs. 2 Satz 4: "As prestações suplementares restituídas consideram-se não efectuadas") –, essa regra é dispositiva "e, portanto, o contrato pode estipular que as prestações restituídas são computadas para o cálculo do montante da obrigação vigente de efectuar prestações suplementares". Trata-se de uma solução que favorece os interesses dos sócios. Mas que nos parece contrariar a *ratio* do próprio instituto das prestações suplementares – *maxime*, no quadro do nosso direito, que só admite as prestaçõpes suplementares limitadas –, que é permitir à sociedade adaptar, ao longo de todo o tempo da sua duração, os seus capitais próprios às necessidades de cada momento.

Ocupando-se de vários outros aspectos do regime das prestações suplementares, consagrado nos arts. 210.º a 213.º CSC, para além de Raúl Ventura, *Sociedade por quotas*, I, 231 s., *vide* J. M. Coutinho de Abreu, *Sociedades*, 331 s., R. Pinto Duarte, in: *Problemas do Direito das Sociedades*, 257 s., Id., in: *Nos 20 anos de vigência do Código das Sociedades Comerciais*, vol. I, 693 s., Id., in: *Escritos*, 238 s., A. Menezes Cordeiro, *Manual*, II, 268 s. 563, Pedro Pais de Vasconcelos, *Participação social*, 257 s., Sofia Gouveia Monteiro, *Prestações suplementares*, passim, e Paulo Olavo Cunha, *Sociedades Comerciais*, 440 s.

"obrigações de prestações acessórias" impostas aos sócios no próprio contrato de sociedade. Por outras palavras, a *Nebenleistungs-GmbH* não vivia em função das prestações de capital dos seus sócios e, nessa medida, as respectivas obrigações, dizendo-se principais, eram na realidade acessórias, mas antes em função de uma série de prestações de coisa e de prestações de facto positivo e negativo, objecto de outras tantas obrigações que, apesar de se dizerem acessórias, constituíam as principais obrigações dos sócios. Ao permitir que, por vontade das pessoas (humanas ou jurídicas) que a constituíam, a GmbH passasse a ter essas características, o legislador alemão deixava mais um sinal sobre o porquê da criação desse novo tipo societário. Evidenciaremos isto mesmo, dando conta de quão prestimoso foi o § 3 Abs. 2 GmbH-Gesetz para o reforço da eficácia monopolística dos cartéis.

a) Escolhendo a GmbH para lhe servir de estrutura jurídica, os cartéis não seguiam, contudo, sempre o mesmo modelo de organização. Nalguns casos, o próprio cartel era organizado sob a forma de GmbH (e daí falar-se de *"Einheitskartell"* – cartel simples), funcionando o respectivo contrato, nas relações internas, como acordo constitutivo do respectivo cartel; no plano externo, essa mesma sociedade actuava como comerciante dos produtos que os seus sócios, e membros do cartel em causa, lhe forneciam (*rectius:* lhe eram *obrigados* a fornecer) e também dos produtos adquiridos a alguns (empresários-)*outsiders.* Noutros casos, que eram os mais numerosos, o cartel era constituído por via de um contrato de sociedade civil, sendo de seguida constituída pelos membros desse mesmo cartel uma GmbH, que, em regra, se tornava, também ela, sócia da primeira sociedade; a GmbH, que era a única com projecção externa, funcionava, no plano interno, como órgão de gestão da sociedade civil, cabendo-lhe velar pela observância das obrigações (anti-concorrenciais) convencionadas e organizar de forma unitária a actividade comercial dos membros do cartel, que eram também seus sócios, com destaque para a promoção e a venda dos respectivos produtos (falava-se, nestes outros casos, e como atrás também já dissemos, de *Doppelgesellschaft*[24]).

Independentemente da sua estrutura (de cartel simples ou de dupla sociedade), e como também já foi referido, o êxito de qualquer cartel passava por impedir que os seus membros criassem um *"mercado paralelo"* para os respectivos produtos. E daí a necessidade, desde cedo sentida, de o cartel – o cartel *qua tale* ou uma sociedade comercial a ele ligada, e para esse efeito constituída – assumir a função de comerciante dos produtos

---

[24] Aludindo à diferença entre "cartel simples" e "dupla sociedade", *vide,* entre nós, Raúl Ventura, *Sociedade por Quotas,* I, 23 s.

que, de acordo com as quotas pré-definidas, provinham das empresas dos industriais que nele participavam. Mas, para que os objectivos que levavam o cartel a assumir essa função fossem conseguidos, era ainda indispensável que os industriais que o integravam não tivessem a liberdade de vender os seus produtos a quem lhes aprouvesse – mais precisamente, era indispensável que esses mesmos industriais estivessem obrigados a vender os seus produtos ao cartel e a vender-lhos só a ele. Antes da criação da GmbH, sendo então os cartéis preferencialmente organizados sob a forma de sociedade por acções, a obrigação de os respectivos sócios lhe fornecerem (em exclusivo) os produtos da sua própria indústria era por eles assumida em "acordos parassociais" – a isso levara, e como já várias vezes dissemos, a interpretação que a jurisprudência fez do art. 219 ADHGB. Com a afirmação da validade de tais acordos aumentou, é certo, a eficácia monopolística dos cartéis. Mas nada que pudesse ser comparado com as vantagens que, a essa mesma luz, adviriam da possibilidade de integrar as correspondentes obrigações no próprio conteúdo da socialidade. Ao analisarmos o § 212 HGB, que, na esteira da GmbH-Gesetz, passou a admitir as obrigações de prestações acessórias nas sociedades por acções, demos conta de algumas dessas vantagens. Não deixaremos, ainda assim, de lhes voltar a fazer referência, a propósito da análise do § 3 Abs. 2 GmbH-Gesetz, que admitia as obrigações de prestações acessórias em termos ainda mais amplos que o aludido preceito do HGB.

Na verdade, o § 212 HGB excluía do âmbito das obrigações de prestações acessórias, que podiam ser impostas (no contrato originário ou alterado) aos sócios de uma sociedade por acções, aquelas que tivessem dinheiro por objecto. Por outro lado, segundo a maioria da doutrina alemã mais antiga[25], muitas eram as *prestações de facto negativo* que não podiam constituir objecto de obrigações acessórias, à luz do referido preceito. Seria esse o caso, por exemplo, da obrigação de os sócios não venderem os seus produtos a um concorrente da sociedade, bem como da obrigação de não alienarem as respectivas empresas enquanto a sociedade não fosse dissolvida ou de não participarem noutra sociedade que servisse de estrutura jurídica a outro cartel e ainda da obrigação de não fazerem concorrência (directa ou indirecta) à sociedade. Escusado seria agora dizer que, à luz do § 3 Abs. 2 GmbH-Gesetz, não se fazia qualquer restrição desse tipo, ou seja, quaisquer prestações de coisa e quaisquer prestações

---

[25] Cfr., por todos, F. Bauch, *Rechtsform*, 17, nota 3; no mesmo sentido, entre os autores mais recentes, *vide*, por exemplo, C. H. Barz, in: *Großkommentar AktG*, § 55, anot. 8.

de facto positivo ou negativo podiam constituir objecto de obrigações acessórias[26].

Qualquer que fosse o seu objecto, as obrigações de prestações acessórias, para integrarem o conteúdo da socialidade, teriam de constar do contrato de sociedade. Mas, para se lograr esse efeito, não era obrigatório que (já) constassem do contrato original. Por via da sua alteração, e observados os respectivos pressupostos, poder-se-iam, na verdade, criar obrigações deste tipo, mas com uma reserva: as obrigações de prestações acessórias assim criadas só passavam a integrar a socialidade dos anuentes (§ 53 Abs. 3 GmbH-Gesetz). Vale isto por dizer que, quando criadas por meio de uma alteração do contrato, as obrigações de prestações acessórias poderiam não vincular todos os seus sócios. De resto, era também assim em relação às obrigações criadas no contrato original. Por outro lado, quer vinculassem todos os sócios, quer vinculassem apenas alguns deles, as obrigações de prestações acessórias podiam não ter todas o mesmo objecto – assim, e por exemplo, numa GmbH com três ou mais sócios, um deles podia ficar vinculado a proporcionar o gozo de um determinado bem (um prédio, uma marca, uma patente, etc.) à sociedade, enquanto outro se vinculava a exercer o cargo de gerente durante um certo período, havendo ainda um terceiro que se vinculava a fazer empréstimos de dinheiro à sociedade até determinado montante –, e mesmo que tivessem o mesmo objecto, este poderia ser *quantitativamente* diferenciado: exemplificando, também agora, vinculando-se todos os sócios a fornecer à sociedade os produtos da sua indústria, o volume dos fornecimentos, a cargo de cada um deles, não teria de ser igual. Havia, é certo, em tais casos, um tratamento desigual dos sócios. Mas sempre se entendeu que, resultando essa desigualdade do próprio contrato de sociedade, cuja modelação resultara da vontade dos sócios (mormente daqueles que ficavam desfavorecidos), não caberia falar da violação do princípio da igualdade de tratamento. Não fora assim, e a GmbH acabaria por não servir como forma de organização dos cartéis. Pensemos na obrigação de os sócios fazerem fornecimentos à sociedade. Sabendo-se que os cartéis integravam empresários de dimensão diferente e, por conseguinte, com diferente capacidade produtiva, se a validade da referida obrigação, constante dos contratos das GmbH que lhes serviam de estrutura jurídica ou dos contratos das GmbH constituídas para fazer a sua "gestão", dependesse da igualdade entre os sócios, no que respeita ao volume dos fornecimentos, já se adivinham as consequências: haveria

---

[26] Como dizem F. Rittner/Schmidt-Leithoff, in: *Rowedder-GmbH-Gesetz*, § 3, anot. 35, "als Gegenstände von Nebenleistungspflichten kommt alles in Betracht, was als Gegenstand eines Schuldverhältnisses vereibart werden kann".

sempre alguns sócios, que eram, é claro, os (membros do cartel) que exploravam as empresas de maior dimensão, que podiam vender uma parte da sua produção a quem lhes aprouvesse, ou, quando menos, que não seriam obrigados a vender uma parte da sua produção ao cartel (*rectius:* à GmbH que lhe servisse de estrutura jurídica ou a uma outra sociedade do mesmo tipo a ele ligada). Em tal hipótese, não conseguindo os cartéis, que recorriam a essa forma societária para se estruturarem juridicamente, impedir a criação de um *mercado paralelo* para os produtos fabricados pelos empresários que neles participavam, a sua eficácia seria irremediavelmente comprometida. E isto porque, existindo esse mercado, aqueles mesmos que o criavam, e que eram, pela razão há pouco aduzida, os empresários económico-financeiramente mais poderosos, poderiam avantajar-se – dir--se-ia, *deslealmente* – em relação aos seus parceiros de coligação (que, por terem uma capacidade de produção mais reduzida, vendiam todos os seus produtos ao cartel), oferecendo melhores condições de preço e/ou outras por comparação com aquelas que eram oferecidas pelo próprio cartel.

De resto, a necessidade de *concentrar* no cartel o comércio dos produtos fabricados pelos seus membros ou, dizendo de outra forma, a necessidade de o cartel ter o *monopólio da venda* desses produtos, da qual resultava a impossibilidade de subordinar a validade da obrigação que esses empresários assumiam, no contrato de GmbH que servia de estrutura jurídica ao cartel em causa ou no contrato de outra sociedade do mesmo tipo constituída para fazer a "gestão" desse mesmo cartel (organizado, ele próprio, como sociedade civil, por exemplo), de fornecer os produtos da sua indústria a uma ou a outra dessas sociedades à inexistência de diferenciações quantitativas, também nos permite perceber melhor a importância da aceitação da validade das obrigações de *non facere*, no quadro do § 3 Abs. 2 GmbH-Gesetz. À cabeça das obrigações desse tipo estavam a proibição de os membros do cartel(-sócios da GmbH que servia de estrutura jurídica ao cartel em causa ou da GmbH especialmente criada para fazer a sua "gestão") venderem os produtos da sua indústria aos concorrentes (directos ou indirectos) do cartel e a proibição de exercerem, eles próprios, uma actividade (directa ou indirectamente) concorrente com aquela que era exercida pelo cartel (*rectius:* pela GmbH que lhe servia de estrutura jurídica ou pela GmbH especialmente criada para fazer a sua "gestão"). Com aquela primeira proibição, o cartel garantia o *acesso exclusivo* aos produtos da indústria de todos os seus membros, encarregando-se de seguida da sua comercialização – em situação de monopólio, já se vê. A *ratio* da proibição de concorrência imposta aos membros do cartel(-sócios da GmbH que lhe servia de estrutura jurídica ou da GmbH especialmente criada para fazer a sua "gestão") era, evidentemente, tornar esse monopólio ainda mais efectivo; por via dela, um largo número de empresários – que eram todos aqueles que participavam no cartel – ficava impedido, *por todo o tempo de duração do cartel*, de intervir no mercado em que este intervinha[27]. Em princípio, a proibição de concorrência cessaria quando o membro do cartel dele se desvinculasse, apartando-se, do mesmo passo, da GmbH que lhe servia de estrutura jurídica ou da GmbH especialmente criada para fazer a sua "gestão" (adiante veremos que, durante muito tempo, a jurisprudência alemã se recusou a reconhecer aos sócios de uma GmbH – mesmo de uma *Nebenleistungs-GmbH*, necessariamente próxima de uma típica "sociedade de pessoas" – o direito de exoneração *ad nutum* e também o direito de exoneração com fundamento em "motivo grave"). Para que deixasse de ser assim, bastaria, porém, que o contrato de uma ou de outra daquelas sociedades contivesse uma cláusula alargando o limite temporal da obrigação de não-concorrência para lá do momento da cessação da socialidade. Não obstante os tribunais fazerem depender a validade dessa cláusula da sua não contrariedade aos bons costumes (§ 138 HGB) – equivale isto por dizer que a obrigação de não-concorrência imposta aos ex-sócios não podia ser temporalmente irrestrita, devendo, outrossim, o prazo fixado para a sua duração apresentar-se como *razoável*, à luz das circunstâncias do caso concreto –, não restam dúvidas de que, também por essa forma, a eficácia monopolística dos cartéis saía reforçada.

Dada a multiplicidade de prestações acessórias que, em concreto, podiam ser impostas aos membros de um determinado cartel, na sua qualidade de sócios da GmbH que servia de estrutura jurídica a esse cartel ou da GmbH especialmente criada para fazer a sua "gestão", careceria de todo o sentido que o legislador tivesse imposto o regime da sua gratuitidade. Fizemos, ainda há pouco, referência à *axialidade* da obrigação de fornecimento de produtos à GmbH, por parte dos seus sócios e membros do cartel ao qual essa sociedade servia de estrutura jurídica ou para cuja "gestão" fora constituída. De resto, terá sido a pensar, fundamentalmente, nessa obrigação (de prestação acessória) que a *Nebenleistungs-GmbH* foi consagrada. Porque os respectivos devedores eram empresários, o legislador, razoável como (se crê que) é, não podia ignorar a necessidade de lhes caber o direito a uma contraprestação – a uma contraprestação, importa dizê-lo, que não excedesse o valor da prestação

---

[27] Os membros dos cartéis, na sua qualidade de sócios de uma GmbH, eram assim colocados numa posição idêntica à dos sócios de uma OHG: estes últimos estão proibidos de concorrer com a sociedade, por força da lei (§ 112 HGB); os sócios de uma GmbH, embora a lei os não proibisse de concorrer com a sociedade, poderiam sofrer essa proibição se o respectivo contrato previsse uma obrigação acessória com esse objecto.

acessória respectiva, pois, se não fosse assim, existira uma distribuição oculta de lucros, que podia violar o princípio da conservação do capital, consagrado nos §§ 30 e 31 GmbH-Gesetz[28].

No que respeita ao *conteúdo* das prestações acessórias, sempre se entendeu que o contrato de sociedade não podia deixar de o determinar. Mas, para que ele se considerasse determinado, não se exigia que a respectiva cláusula contratual estatuísse sobre todos os pormenores da regulamentação das pertinentes obrigações; o grau de concretização exigido seria aquele que se mostrasse necessário para permitir ao sócio *(actual* ou *futuro)* conhecer, à vista do contrato de sociedade, a extensão das obrigações que sobre ele impendiam nos aspectos essenciais da espécie, qualidade e quantidade. Voltemos a pensar na prestação acessória, a cargo dos membros de um cartel, de fornecerem os seus produtos à GmbH que servia de estrutura jurídica a esse cartel ou à GmbH especialmente criada para fazer a sua "gestão"; a (necessária) *determinabilidade* dessa prestação não seria comprometida se o contrato de uma ou de outra dessas sociedades não fixasse o preço de aquisição dos produtos, o modo como seriam repartidos os custos do transporte, a cadência das remessas e/ou o volume de cada uma delas, etc., etc. Não se exigindo que toda a regulamentação atinente ao cumprimento da obrigação de fornecer produtos à sociedade (é só desta obrigação que agora falamos) constasse do contrato de sociedade, as alterações a essa regulamentação, decerto necessárias, escapariam ao rigoroso regime das alterações contratuais[29]. Ou seja, se essa matéria fosse deixada à competência da assembleia geral, as deliberações pertinentes poderiam ser tomadas por simples maioria. Mas podia bem acontecer que a intervenção da assembleia geral fosse dispensada, cabendo então aos gerentes – que, em princípio, tinham competência para reclamar a realização de prestações acessórias sem prévia decisão dos sócios nesse sentido – definir os *"pormenores"* relativos ao cumprimento da obrigação de fornecimento de produtos à sociedade, por parte dos seus sócios, e membros do cartel a que essa sociedade servia de estrutura jurídica ou para cuja "gestão" fora especialmente constituída.

---

[28] Importa não confundir as prestações acessórias onerosas da criação no próprio contrato de correspondentes direitos dos sócios face à sociedade; assim, e por exemplo: (*i*) os sócios podiam ficar obrigados a fornecer toda a sua produção à sociedade, assumindo esta a obrigação de lha comprar; (*ii*) um sócio podia assumir o dever de exercer a gerência da sociedade, com ou sem retribuição, e adquirir, paralelamente, um direito especial à gerência; (*iii*) um sócio podia ficar obrigado a proporcionar à sociedade, a título gratuito ou oneroso, o gozo de uma marca, assumindo a sociedade a obrigação de a explorar em determinados termos.

[29] Evidenciando este ponto, cfr., entre nós, RAÚL VENTURA, *Sociedade por Quotas*, I, 209.

b) A GmbH, por cujo contrato os sócios ficavam obrigados a efectuar outras prestações além das entradas, é dizer, a *Nebenleistungs-GmbH*, apesar do seu cunho personalístico, não era concebida como uma "sociedade fechada". Com efeito, na falta de cláusula do contrato que estipulasse em sentido diferente, e sem que importasse se as prestações nele previstas, dizendo-se acessórias, constituíam as principais obrigações dos sócios, as participações sociais (as quotas, numa terminologia que nos é familiar) representativas do capital de uma GmbH com essas características eram livremente transmissíveis (diferente, como já sabemos, foi a solução mais tarde consagrada no § 212 HGB: a *Nebenleistungs-AG* só cobraria validade se a transmissão das respectivas acções estivesse sujeita ao consentimento da sociedade). Se valesse esse regime – e, repete-se, esse regime (da livre transmissibilidade das participações sociais) só valeria no silêncio do contrato –, não tendo a sociedade a possibilidade de controlar quem dela se tornava sócio, também lhe escaparia qualquer controlo sobre a pessoa do devedor de muitas obrigações acessórias – mais concretamente de todas as obrigações acessórias que não tivessem carácter eminentemente pessoal (como exemplo típico das obrigações acessórias dessa categoria, poderíamos referir a que consistia no fornecimento de produtos à sociedade; já a obrigação de exercer a gerência da sociedade, assumida por um dos seus sócios, poderia ser referida como exemplo típico das obrigações acessórias de carácter eminentemente pessoal); as obrigações acessórias com essa característica eram, na verdade, transmissíveis com a respectiva participação social – a sua transmissibilidade *sem* a participação social poderia levar a que o seu devedor fosse um não-sócio, o que colidiria com o próprio conceito de obrigação acessória… –, sendo que a transmissão desta implicaria a transmissão daquelas. Com a transmissão da participação social, a sociedade passava, portanto, a ter um novo devedor das obrigações acessórias que, sendo parte integrante dessa mesma participação social, não tivessem carácter eminentemente pessoal (por isso dissemos que o regime da livre transmissibilidade das participações sociais, não permitindo que a sociedade controlasse quem dela se tornava sócio, também lhe não permitia controlar a pessoa do devedor de muitas obrigações acessórias). E, em princípio, perderia o (seu) antigo devedor de tais obrigações, que, já se vê, era o transmitente da participação social. Não aconteceria assim no que respeita às prestações já vencidas à data da transmissão da participação social: a realização de tais prestações continuaria a ser da responsabilidade do transmitente, e também, diga-se, do transmissário (§ 16 Abs. 3 GmbH-Gesetz). Por outro lado, o contrato de sociedade também podia prever que uma determinada obrigação que vinculava os sócios, nesta sua qualidade, continuasse a vincular os mesmos sujeitos, na qualidade de ex-sócios da sociedade em causa e, por isso, não já como uma obrigação de natureza jurídico-societária (obrigação acessória, *hoc sensu*), mas como uma obrigação relevando *(só)* do direito privado comum. Sirva de exemplo a proibição de concorrência que, existindo cláusula contratual nesse sentido, podia continuar a valer para lá do momento da cessação da socialidade.

Dadas as consequências que lhe estavam associadas, o regime da livre transmissibilidade das participações sociais não valia, por norma, nas *Nebenleistungs-GmbH* que serviam de estrutura jurídica aos cartéis ou que eram constituídas para fazer a sua "gestão". Em tais sociedades, fazia-se normalmente uso da prerrogativa do § 15 Abs. 5 GmbH-Gesetz, e sujeitava-se a transmissão das participações sociais ao consentimento da sociedade (controlando quem dele queria tornar-se membro, o cartel podia repelir quem fosse considerado inidóneo...). E não só. No quadro do referido preceito, o consentimento da sociedade era apenas um dos requisitos de que o contrato de sociedade podia fazer depender a transmissão das participações sociais. Frequente era, por isso, fixarem-se outros: por exemplo, prever no contrato de sociedade que a transmissão da participação social (também) dependia de uma promessa escrita do adquirente de que cumpriria todas as prestações acessórias pertinentes e/ou prever que essa transmissão (também) dependa da verificação de determinadas características na pessoa do adquirente. Claro está que os requisitos de que o contrato de sociedade podia fazer depender a transmissão das participações sociais podiam ser tantos e tais que, na prática, era como se estatuísse no sentido da sua proibição. Numa tal hipótese, encontrando-se "prisioneiros" da sua participação social na GmbH que servia de estrutura jurídica a um determinado cartel ou que fora constituída para a sua "gestão", os membros desse cartel podiam ser tentados a negociar as próprias empresas, que eram, por assim dizer, a *fonte* da mais importante obrigação acessória que sobre eles impendia, e que era, já várias vezes o dissemos, a obrigação de fornecer os seus produtos à sociedade, os quais seriam depois por ela vendidos; fazendo assim, embora se mantivessem no grémio social, e continuassem a responder pela obrigação das prestações acessórias que integravam o conteúdo das respectivas participações sociais, os membros do cartel faziam claudicar a eficácia deste, exactamente porque contribuíam para a proliferação de *outsiders*. Para evitar que isto acontecesse, era frequente os contratos das *Nebenleistungs-GmbH*, que serviam de estrutura jurídica aos cartéis ou que eram constituídas para a sua "gestão", incluírem uma cláusula proibindo aos membros do respectivo cartel, na sua qualidade de sócios de uma ou de outra dessas sociedades, a alienação das suas empresas sem a transmissão da respectiva participação social[30].

---

[30] O § 3 Abs. 2 GmbH-Gesetz, que permitiu, no interesse dos cartéis, a proliferação das *Nebenleistungs-GmbH*, mantém, ainda hoje, a sua redacção originária. Mas daí não decorre que a liberdade de conformação do contrato de GmbH, no que respeita às obrigações de prestações acessórias, não conheça actualmente algumas restrições, decorrentes de novas opções político-económicas do próprio legislador.
Em toda a primeira metade do século XX, sendo escassa, quase nula, a preocupação com a defesa da liberdade de concorrência, as obrigações acessórias, de conteúdo anti-concorrencial iniludível, mas indispensáveis para o reforço da eficácia monopolística dos cartéis, eram encaradas com a máxima benevolência. Acontecia assim, desde logo, com a obrigação, imposta aos membros do cartel, na sua qualidade de sócios da GmbH que servia de estrutura a esse cartel ou que fora constituída para a sua "gestão", de fornecimento dos produtos da sua indústria a uma ou outra dessas sociedades; mesmo que essa obrigação fosse acompanhada daquela outra, já atrás referida, que era a de os membros do cartel em causa não venderem os seus produtos a quaisquer terceiros (obrigação de fornecimento exclusivo), assumindo a sociedade, do mesmo passo, a obrigação de lhes comprar esses produtos, a sua licitude não era questionada. E o mesmo se diga em relação à obrigação de não-concorrência imposta aos membros do cartel no contrato da GmbH que servia de estrutura jurídica a esse cartel ou que fora constituída para a sua "gestão"; essa obrigação podia valer por todo o tempo por que durasse uma ou outra de tais sociedades, que seria, afinal, o período de vigência do próprio cartel, sendo também irrelevante que o seu âmbito material (ou merceológico) fosse mais ou menos amplo, como irrelevante seria o eventual alargamento do seu âmbito pessoal. Apenas a obrigação de não-concorrência que vinculava os membros do cartel para lá do momento em que estes, deixando de integrar a coligação, conseguiam fazer cessar a sua relação societária, obrigação de não-concorrência, digamos, *ex-post*, é que existia algum controlo, mediante a aplicação do § 138 BGB. Porém, e no que respeita, nomeadamente, ao *limite temporal* dessa obrigação, os tribunais alemães, aplicando esse preceito, sempre evidenciaram grande generosidade.
Já na segunda metade do século XX, com a entrada em vigor da GWB, à qual se juntaram as normas do próprio TCE sobre a defesa da liberdade de concorrência (mormente, a norma do artigo 85.º – actual artigo 81.º), os cartéis perderam a sua antiga impunidade. Disso se ressentiu, obviamente, a liberdade, que antes existira, de conformação do contrato de GmbH, no que respeita às obrigações de prestações acessórias. Não falamos, é claro, de todas e quaisquer obrigações de prestações acessórias. Mas falamos daquelas nas quais assentava o funcionamento dos cartéis, que por terem conteúdo anti-concorrencial – a obrigação de fornecimento (exclusivo ou não) de produtos à sociedade e a obrigação de não-concorrência, nas duas dimensões há pouco referidas, eram os exemplos mais típicos –, poderiam cair no âmbito de aplicação do § 1 GWB e, se fosse de concluir pela sua susceptibilidade de afectarem o comércio entre os Estados-membros, também poderiam cair no âmbito de aplicação do actual art. 81.º TCE.
É claro que esta restrição à licitude das obrigações acessórias, que decorre dos direitos nacional e comunitário de defesa da concorrência, não é (hoje) uma particularidade da ordem jurídica alemã; antes se afirma em todos os países da CE, cujas leis sobre as chamadas "sociedades de capitais" conheçam o instituto das "obrigações de prestações acessórias", já que, actualmente, todos esses países têm as suas próprias leis de defesa da concorência, neles valendo também

3.3. A GmbH como "fortaleza"

Associando, como nós aqui fazemos, a criação da GmbH à necessidade de proporcionar aos cartéis uma forma de organização que reforçasse a sua eficácia monopolística, não poderá também admirar que o legislador se tivesse afastado das soluções, consagradas no ADHGB (arts. 123, 124 e 125), e depois retomadas no HGB (§§ 131 Nr. 6, 132 e 133), sobre a dissolução (não necessariamente total) das sociedades em nome colectivo (e das sociedades em comandita simples) por *vontade/iniciativa* de algum dos seus sócios. Falamos, é claro, do *ordentliche Kündigungsrecht* e do *außerordentliche Kündigungsrecht*, igualmente consagrados no BGB (§ 723) no âmbito da disciplina das sociedades civis[31].

o direito europeu congénere. Entre nós, as obrigações de prestações acessórias são admitidas, quer nas sociedades por quotas (art. 209.º CSC), quer nas sociedades anónimas (art. 287.º CSC). Por outro lado, e no que respeita às regras nacionais de defesa da concorrência, das quais pode decorrer a ilicitude de algumas dessas obrigações – voltando a pensar nas hipóteses mais típicas, de obrigações como a de os sócios fornecerem os produtos da sua indústria à sociedade, acompanhada da de não os venderem a um concorrente e/ou da de não lhe fazerem concorrência, enquanto nela participarem ou mesmo depois de dela se apartarem –, vamos encontrá-las na Lei n.º 18/2003, de 11 de Junho (cfr. arts. 4.º e 5.º). A questão de saber se as obrigações acessórias do tipo das que foram referidas são ou não ilícitas depende, evidentemente, das circunstâncias do caso concreto. Pode acontecer, nomeadamente, que o *acordo* (*scilicet*: o contrato de sociedade do qual constem as obrigações acessórias de conteúdo anti-concorrencial) não seja susceptível de afectar o comércio entre os Estados-membros, não se lhe aplicando, por isso mesmo, o direito comunitário de defesa da concorrência. Em tal hipótese, relevando o acordo apenas do direito nacional de defesa da concorrência, mesmo que fosse de concluir pela violação do art. 4.º da Lei n.º 18/2003, ainda haveria que averiguar se esse acordo se não poderia considerar *justificado*, nos termos do art. 5.º do mesmo diploma.

Sobre outros aspectos do regime das obrigações acessórias, consagrado nos arts. 209.º e 287.º CSC, para além das considerações que atrás fizemos sobre o § 3 Abs. 2 GmbH-Gesetz – apoiando-nos fundamentalmente, diga-se, nos ensinamentos de P. Ulmer, in: *Hachenburg-GmbH-Gesetz*, § 3 anots. 65 a 111, e V. Emmerich, in: *Scholz-Kommentar zum GmbH-Gesetz*, § 3 anots. 42 a 58 –, *vide* V. Lobo Xavier, *RLJ* 119.º (1986-1987), 284 s., Raúl Ventura, *Sociedade por Quotas*, I, 201 s., C. Osório de Castro, *Valores Mobiliários*, 95 s., Id., in: *Juris et de Jure*, 138 s., J. M. Coutinho de Abreu, *Sociedades*, 326 s., R. Pinto Duarte, in: *Problemas do Direito das Sociedades*, 257 s., Id., in: *Nos 20 anos de vigência do Código das Sociedades Comerciais*, vol. I, 693 s., Id., in: *Ecritos*, 230 s., A. Menezes Cordeiro, *Manual*, II, 265 s., 562 s., Pedro Pais de Vasconcelos, *Participação social*, 278 s., e Paulo Olavo Cunha, *Sociedades Comerciais*, 428 s.

[31] Em *A(re-)emergência*, 165 s., debruçamo-nos, de modo desenvolvido, sobre o conteúdo destes dois direitos, e tivemos então oportunidade de evidenciar que, por via deles, sendo os cartéis organizados sob a forma de sociedade em nome colectivo ou sob a forma de sociedade civil, as respectivas coligações padeciam de *"precariedade endémica"*.

No que respeita ao *ordentliche Kündigungsrecht* não encontramos rastro dele na disciplina da GmbH. E isto – assim se dizia na própria fundamentação da respectiva proposta de lei[32] – para salvaguarda dos (interesses dos) credores: a denunciabilidade *ad nutum* da relação societária teria como consequência expô-los ao perigo de, a todo o momento, serem confrontados com uma diminuição do património da sociedade, mesmo abaixo da cifra do respectivo capital social, decorrente da liquidação do valor da quota do sócio-denunciante. Havia, evidentemente, a outra face da moeda: ficando os sócios da GmbH constituída por tempo indeterminado (ou por toda a vida de um sócio) privados do direito de denúncia (: exoneração) *ad nutum* da respectiva participação social, passaria então a haver lugar para os vínculos obrigacionais perpétuos, necessariamente ofensivos da liberdade (de iniciativa económica) dos respectivos devedores, que eram os sócios da GmbH com a referida característica. Na perspectiva do legislador alemão, para arredar essa consequência bastaria, porém, consignar a alienabilidade das participações sociais. E daí o § 15 Abs. 1 GmbH-Gesetz ("Die Geschäftsanteile sind veräußerlich und vererblich"). Mandaria a lógica que, concebendo-se a alienabilidade das participações sociais como *sucedâneo* da não-denunciabilidade da relação societária, a lei estatuísse no sentido da proibição de quaisquer cláusulas contratuais que restringissem essa mesma alienabilidade, é dizer, que fizessem depender a alienação das participações sociais do consentimento da sociedade ou de quaisquer outros requisitos. Mas, por sobre a lógica, estavam outros interesses. Os cartéis careciam de uma forma societária que funcionasse como uma *"fortaleza"*: uma vez lá dentro, não se poderia sair de *motu proprio*, e estando fora não se poderia entrar sem autorização. Daquele primeiro aspecto cuidou o legislador, por isso que não previu a denunciabilidade *ad nutum* da participação social; do segundo poderiam cuidar os próprios membros dos cartéis, na sua qualidade de sócios das GmbH que lhes serviam de estrutura jurídica ou das GmbH constituídas para a sua "gestão", fazendo uso da prerrogativa constante do § 15 Abs. 5 GmbH-Gesetz, cujo texto era o seguinte: "A cessão de participações sociais pode, através do contrato de sociedade, ser feita depender de outros [além dos enumerados nas Abs. 3 e 4, entenda-se] pressupostos, em particular do consentimento da sociedade".

O pouco apreço do legislador alemão do final de oitocentos pela liberdade de iniciativa económica dos indivíduos e, consequentemente, pela sua liberdade de concorrência, não se revelava apenas nessa *incoerência* de apresentar o regime da livre transmissibilidade das participações sociais

---

[32] Cfr. P. Schwerdtner, *GmbH-R* 1976, 103.

como sucedâneo da não-denunciabilidade *ad nutum* da relação societária, admitindo, do mesmo passo, a validade das cláusulas contratuais que afastavam esse regime (e não se diga que essas cláusulas seriam, afinal, fruto da *autonomia contratual* dos respectivos sujeitos, os sócios da GmbH em causa, pois o que o estava em questão era precisamente saber se essa autonomia – seja-nos permitido parafrasear Baptista Machado[33] –, comportava a possibilidade de esta se exprimir em termos de manifesta irracionalidade: em termos de verdadeira "autofagia", consumindo-se a si própria através da excessividade da sua vinculação). Ao admitir que a GmbH, mesmo quando constituída por tempo indeterminado ou por toda a vida de um sócio, fosse *assimilada*, nos seus efeitos económicos e na sua configuração jurídica, às "sociedades de pessoas" – e isso, já o sabemos, em consequência das obrigações de prestações acessórias e de prestações suplementares que era lícito incluir no respectivo contrato –, o legislador não podia ignorar que, estando os sócios privados do *ordentliche Kündigungsrecht*, muitos haveriam de ser os casos em que a respectiva vinculação se perpetuaria, contra a sua própria vontade. E isto mesmo na hipótese de valer o regime *(supletivo)* legal da livre transmissibilidade das participações sociais (§ 15 Abs. 1 GmbH-Gesetz). Na verdade, aparecendo a participação social *"impregnada"* de elementos personalísticos, que reflectiam as múltiplas obrigações de prestações acessórias e também as obrigações de prestações suplementares (limitadas ou ilimitadas) que impendiam sobre o respectivo titular, este correria o sério risco de não encontrar quem estivesse interessado na sua aquisição[34].

Silente em matéria de *ordentliche Kündigungsrecht*, a GmbH-Gesetz também não acolheu a doutrina do art. 125 ADHGB. Por força deste preceito, que, como atrás dissemos, tem correspondente no HGB (§ 133), o sócio de uma sociedade em nome colectivo (ou de uma sociedade em comandita simples) constituída por tempo determinado poderia requerer a dissolução judicial da sociedade (antes do termo da sua vigência, já se vê) com fundamento em "motivo grave" ligado à pessoa dos seus consócios: a violação (dolosa ou com negligência grosseira) de uma obrigação essencial decorrente do contrato de sociedade e a impossibilidade

---

[33] In: *Obra dispersa*, I, 650.
[34] Entre os autores alemães menos antigos, não faltou, evidentemente, quem se tivesse dado conta desse risco, e se tivesse recusado a aceitar que fossem os sócios das *Nebenleistungs-GmbH* a suportá-lo. H. Wiedmann, *Die Übertragung und Vererbung*, 90 s., foi um desses autores, e daí que tivesse defendido a existência do *ordentliche Kündigungsrecht* em tais sociedades; segundo D. Reuter, *Privatrechtliche Schranken*, 390 s., essa solução deveria valer para todas as GmbH "fechadas", que assumiam necessariamente o carácter de "sociedades de capitais personalísticas" – aplicação analógica dos §§ 723 e 724 BGB e §§ 132 e 134 HGB.

superveniente do cumprimento de uma obrigação com esse carácter eram os exemplos apontados pelo legislador. Falava-se, a este propósito, de um *außerordentliche Kündigungsrecht* (de cada um) dos sócios das "sociedades comerciais de pessoas".

Embora tivesse excluído o *außerordentliche Kündigungsrecht*, a GmbH-Gesetz não deixou de prever a possibilidade de dissolução judicial da sociedade com fundamento em "motivo grave" (§ 61). A correspondente acção só poderia, porém, ser intentada – e, se o fosse, teria de ser contra a própria sociedade – por sócio(s) cuja(s) quota(s) correspondesse(m), no mínimo, a 10% do capital social (§ 61 Abs. 2). Tratava-se, portanto, não já de um direito individual do sócio, como acontecia no quadro da sociedade em nome colectivo (art. 125 ADHGB; § 133 HGB), mas de um direito das minorias[35]. Por outro lado, o "motivo grave", cuja existência dava azo ao surgimento desse direito, teria de "residir na esfera da sociedade" (*in den Verhältnissen der Gesellschaft liegende*). Com esta exigência, o legislador afastava-se do conceito de motivo grave que valia no art. 125 ADHGB, e que foi posteriormente acolhido no § 133 HGB. À luz destas normas, qualquer facto ou circunstância ligado à pessoa de um sócio, cuja ocorrência não inviabilizasse a continuação da sociedade, poderia, ainda assim, constituir um "motivo grave": seria esse o caso se, em face desse facto ou circunstância, deixasse de ser exigível a algum dos co-sócios a manutenção da relação societária. No âmbito do § 61 GmbH--Gesetz, os *motivos pessoais* de um sócio, mesmo os mais ponderosos, para não perseverar na relação societária, eram irrelevantes – se se achasse nessa situação, diríamos, de *intolerabilidade* da participação social, restaria ao sócio cedê-la a um terceiro e, se isso não fosse possível, já porque não havia qualquer interessado, já porque o respectivo contrato exigia o consentimento da sociedade, e esta não o concedia, o seu único remédio seria manter-se no grémio social. "Graves", no sentido do referido preceito, eram apenas os motivos, em relação aos quais não havia forma possível de os ultrapasssar, e que tornavam impossível, destituída de sentido ou inexigível a existência da própria sociedade[36].

Essa restrição do conceito de "motivo grave", que dava azo ao surgimento do direito de requerer a dissolução judicial da GmbH, e a

---

[35] Cfr., por todos, K. SCHMIDT, in: *Scholz-Kommentar zum GmbH-Gesetz*, § 61, anot. 1.
[36] Cfr. K. SCHMIDT, in: *Scholz-Kommentar zum GmbH-Gesetz*, § 61 anots. 22 a 24, que refere alguns de "motivos graves" atinentes à "esfera da sociedade", para além, é claro, daquele que era apontado pelo próprio legislador, no § 61 Abs. 1, e que era o de "a consecução da finalidade da sociedade se tornar impossível": impossibilidade superveniente do objecto, diríamos nós.

própria circunstância desse direito não caber a cada um dos sócios, mas apenas aqueles cujas quotas correspondessem, no mínimo, a 10% do capital social, revelavam-se de grande utilidade para o reforço do poder dos cartéis. E não é difícil ver porquê. Os membros de um qualquer cartel, embora aliados na prossecução de um interesse comum, que radicava na sua vontade em não se sujeitar à liberdade de concorrência, não deixavam contudo de ser concorrentes. Por outras palavras, a existência de um cartel, significando, é certo, a afirmação de um poder de monopólio, com a consequente alteração da posição-na-concorrência dos *outsiders*, não eliminava a concorrência interna, é dizer, a concorrência entre os próprios membros do cartel, que mantinham a titularidade das respectivas empresas. Na perspectiva de que um dia a coligação acabaria por se dissolver, cada um deles procurava reforçar a sua própria posição no mercado: o fornecimento dos respectivos produtos a preço inferior àquele que o cartel impunha ou, sendo esse preço formalmente respeitado, a prática de condições particulares de venda e a concessão de prémios ou brindes *(Wertreklame)*, bem como a violação da respectiva quota de produção, eram alguns dos meios frequentemente usados com essa finalidade. Na hipótese de o cartel ter sido organizado sob a forma de sociedade em nome colectivo, o recurso a esses meios de concorrência por parte de algum dos seus membros redundaria, por via de regra, na violação de obrigações essenciais que para ele decorriam do próprio contrato de sociedade; consequentemente, qualquer um dos restantes membros do cartel, e seu consócio, passaria a ter o direito de requerer a dissolução judicial da sociedade – estamos a supor, é claro, que se tratava de uma sociedade em nome colectivo constituída por tempo determinado – com fundamento em "motivo grave" (art. 125 ADHGB; § 133 HGB), pondo assim termo ao próprio cartel. Se a forma jurídica não fosse a sociedade em nome colectivo, mas a sociedade civil, o resultado não seria diferente, apenas variando o modo como cada um dos co-sócios do inadimplente (sócio molesto, seria uma forma de o designar) podia fazer cessar a relação societária: uma declaração unilateral de vontade seria então suficiente (§ 723 Abs. 1 BGB).

Com a promulgação da GmbH-Gesetz, os cartéis puderam numa primeira e longa fase (de cerca de três décadas) superar esse risco permanente de colapso. Com efeito, à luz do § 61 dessa lei, os comportamentos de um membro de um cartel organizado sob essa nova forma de sociedade, que redundassem na violação de obrigações que para ele decorriam do contrato de sociedade – obrigações impostas ao abrigo do § 3 Abs. 2 GmbH-Gesetz, e que, dizendo-se acessórias, constituíam as obrigações essenciais dos membros do cartel, na sua qualidade de sócios da GmbH que lhe servia de estrutura jurídica ou da GmbH constituída para a sua "gestão" –, não constituíam "motivos graves", falecendo, por isso mesmo, a possibilidade de os restantes membros do cartel lhe porem termo, requerendo a dissolução judicial da respectiva sociedade. E mais. O não cumprimento por parte de algum dos membros do cartel das obrigações de prestações acessórias impostas no contrato de GmbH que servia de estrutura jurídica a esse cartel ou da GmbH constituída para fazer a sua "gestão", independentemente das sanções que ao caso coubessem – a inflicção das penas convencionais previstas no contrato seria a mais comum –, não libertava os outros membros do cartel, também eles sócios, é claro, de uma ou de outra dessas sociedades do cumprimento de tais obrigações. Na verdade, segundo a jurisprudência do RG[37], as obrigações de prestações acessórias impostas aos membros de um cartel, na sua qualidade de sócios da GmbH que lhe servia de estrutura jurídica ou da GmbH constituída para fazer a sua "gestão", sendo parte integrante da socialidade, não podiam ser objecto de denúncia. Por outras palavras, no entendimento do RG, os membros de um cartel só podiam eximir-se ao cumprimento das obrigações de prestações acessórias que lhes eram impostas, na sua qualidade de sócios da GmbH que servia de estrutura jurídica a esse cartel ou da GmbH que fora constituída para fazer a sua "gestão", se lhes fosse possível pôr termo à relação societária; e para isso, dado que a GmbH-Gesetz não previra o *ordentliche Kündigungsrecht* nem o *außerordentliche Kündigungsrecht*, teriam de recorrer à acção de dissolução da própria sociedade (§ 61), supondo, é claro, que se verificavam os respectivos pressupostos (existência de um motivo grave atinente à "esfera da sociedade" e vontade de alguns sócios, cujas quotas teriam de corresponder, no mínimo, a 10% do capital social, para que se chegasse a esse resultado). Deixou de ser assim a partir do acórdão, do próprio RG, de 2 de Julho de 1926[38]. O *Verordnung gegen Mißbrauch wirtschaftlicher Machstellung*, promulgado em 2 de Novembro de 1923, previa no seu § 8 a possibilidade de denúncia de todos os cartéis com fundamento em "motivo grave", que teria sempre de se considerar como existente "se a liberdade de acção económica do denunciante, nomeadamente em matéria de produção, de venda ou de formação dos preços, fosse restringida de forma iníqua" (§ 8 Abs. 2). Com apelo a este preceito, e a partir do referido acórdão, o RG passou a admitir o *außerordentliche Kündigungsrecht* nas *Nebenleistungs-GmbH*, abrindo assim a possibilidade de os membros

---

[37] Cfr., por exemplo, acórdãos de 7 de Junho de 1910 e de 23 de Outubro de 1923; com várias outras referência, vide R. Schröder, *Entwicklung des Kartellrechts*, 198, nota 26.
[38] Cfr. R. Schröder, *Entwicklung des Kartellrechts*, 198.

de um cartel organizado sob a forma de GmbH, que teria necessariamente essa característica (de "sociedade de capitais personalística"), porem termo à relação societária, libertando-se, em consequência, das obrigações de prestações acessórias que sobre eles impendiam, sem ser pela via da dissolução judicial da própria sociedade. Na hipótese que aqui mais nos interessa, essa possibilidade afirmar-se-ia quando, para o membro do cartel em causa, as obrigações de prestações acessórias que sobre ele impendiam, na sua qualidade de sócio da GmbH que servia de estrutura jurídica a esse cartel ou da GmbH que fora constituída para a sua "gestão", se tivessem tornado num *"encargo intolerável"*: caber-lhe-ia então o direito de se apartar da sociedade e, apartando-se dela (*silicet: exonerando-se da qualidade social*), libertar-se das referidas obrigações, com fundamento em "motivo grave".

Bibliografia

ABREU, J. M. Coutinho de – *Curso de Direito Comercial*, vol. II, *Das Sociedades*, 3.ª ed., Coimbra, 2009 (citado: *Sociedades*).

– *Da empresarialidade (As empresas no Direito)*, Coimbra, 1996 (citado: *Da empresarialidade*).

BARZ, Carl Hans – In: *Aktiengesetz – Großkommentar*, 3. Aufl., Erster Band, 1. Halbband (§§ 1-75), Berlin/New York, 1973 (citado: *Großkommentar*).

BAUCH, Fritz – *Die Rechtsform der Kartelle*, Jena, 1908 (citado: *Rechtsform*).

CASTRO, Carlos Osório de – *Valores Mobiliários: Conceito e Espécies*, 2.ª ed., Porto, 1998 (citado: *Valores Mobiliários*).

– "Da admissibilidade das chamadas 'OPA's estatutárias' e dos seus reflexos sobre a cotação das acções em Bolsa", in: *Juris et de Jure – nos 20 anos da Faculdade de Direito da Universidade Católica Portuguesa – Porto*, Porto, 1998, 117 s. (citado: in: *Juris et de Jure*).

CORDEIRO, António Menezes – *Manual de Direito das Sociedades*, vol. II, *Das sociedades em especial*, Coimbra, 2006 (citado: *Manual*, II).

CUNHA, Paulo Olavo – *Direito das Sociedades Comerciais*, 3.ª ed., Coimbra, 2007 (citado: *Sociedades Comerciais*).

DUARTE, R. Pinto – "Contribuições dos sócios para além do capital social: Prestações acessórias, prestações suplementares e suprimentos", in: *Escritos sobre Direito das Sociedades*, Coimbra, 2008, 225 s. (citado: in: *Escritos*).

– "Prestações suplementares e prestações acessórias (uma reincidência...)", in: *Nos 20 anos de vigência do Código das Sociedades Comerciais – Homenagem aos Profs. Doutores A. Ferrer Correia, Orlando de Carvalho e Vasco Lobo Xavier*, vol. I, Coimbra, 2007, 693 s. (citado: *Nos 20 anos de vigência do Código das Sociedades Comerciais*, vol. I).

– "Suprimentos, prestações acessórias e prestações acessórias – Notas e questões", in: *Problemas do Direito das Sociedades*, Coimbra, 2002, 257 s. (citado: in: *Problemas do Direito das Sociedades*).

EMMERICH, Volker – In: *Scholz – Kommentar zum GmbH-Gesetz*, 8. Aufl., I. Band (§§ 1-44), Köln, 1993-1995 (citado: in: *Scholz-Kommentar zum GmbH-Gesetz*).

GOERDELER, Reinhardt/MÜLLER, Welf – In: *Hachenburg – Gesetz betreffend die Gesellschaften mit beschränkter Haftung*, 8. Aufl., Erster Band, §§ 1-34, Berlin/New York, 1992 (citado: in: *Hachenburg-GmbH-Gesetz*).

LEHMANN, Karl – *Das Recht der Aktiengesellschaften*, Erster Band, Berlin, 1898 (citado: *Recht der Aktiengesellschaften*).

LEHNICH, Oswald – *Die Wettbewerbsbeschränkung – Eine Grundlegung*, Köln//Berlin, 1956 (citado: *Wettbewerbsbeschränkung*).

MACHADO, João Baptista – "Parecer sobre denúncia e direito de resolução de contrato de locação de estabelecimento comercial", in: *Obra Dispersa*, vol. I, Braga, 1991, 647 s. (citado: in: *Obra Dispersa*, I).

MEYER-LANDRUT, Joachim – In: *Aktiengesetz-Großkommentar*, 3. Aufl., Erster Band, 1. Halbband (§§ 1-75), Berlin/New York, 1973 (citado: in: *Großkommentar AktG*).

MONTEIRO, Sofia Gouveia – *As prestações suplementares no direito societário português*, 2004 (citado: *Prestações suplementares*).

MÜLLER, Welf – In: *Hachenburg – Gesetz betreffend die Gesellschaften mit beschränkter Haftung*, 8. Aufl., Erster Band, Allgemeine Einleitung, §§ 1-34, Berlin/New York, 1992 (citado: in: *Hachenburg- GmbH-Gesetz*).

RAISER, Thomas/VEIL, Rüdigar – *Recht der Kapitalgesellschaften – Ein Handbuch für Praxis und Wissenschaft*, 4. Aufl., München, 2006 (citado: *Kapitalgesellschaften*).

REICH, Norbert – "Die Entwicklung des deutschen Aktienrechts im neunzehnten Jahrhundert" in: *Ius Commune*, II (Hrsg.: Helmut Coing), Frankfurt am Main, 1969, 239 s. (citado: in: *Ius Commune*, II).

REUTER, Dieter – *Privatrechtliche Schranken der Perpetuierung von Unternehmen. Ein Beitrag zum Problem der Gestaltungsfreiheit im Recht der Unternehmensform*, Frankfurt am Main, 1973 (citado: *Privatrechtliche Schranken*).

RITTNER, Fritz/SCHMIDT-LEITHOFF – *Gesetz bettreffend die Gesellschaften mit beschränkter Haftung (GmbHG)*, 3. Aufl., München, 1997 (citado: in: *Rowedder-GmbH-Gesetz*).

ROJO, Angel – "Genesis y evolucion de las prestaciones accesorias", *RDMercantil* 1977, 271 s.

ROWEDDER, Heinz – *Gesetz betreffend die Gesellschaften mit beschränkter Haftung (GmbHG)*, 3. Aufl., München, 1997 (citado: in: *Rowedder-GmbHG-Gesetz*).

SCHMIDT, Karsten – *Gesellschaftsrecht*, 3. Aufl., Köln/Berlin/Bonn/München, 1997 (citado: *Gesellschaftsrecht*).

SCHRÖDER, Rainer – *Die Entwicklung des Kartellrechts und des kollektiven Arbeitsrechts durch die Rechtsprechung des Reichsgerichts vor 1914*, Ebelsbach am Main, 1988 (citado: *Entwicklung des Kartellrechts*).

SCHWERDTNER, Peter – "Das Kündigungsrecht des GmbH-Gesellschafters", *GmbH-R* 1976, 101 s.

SERENS, M. Nogueira – *A monopolização da concorrência e a (re-)emergência da tutela da marca*, Coimbra, 2007 (citado: *A (re)emergência*).

ULLRICH, H. – "Formzwang und Gestaltungsgrenzen bei Sonderrechten und Nebenleistungspflichten in der GmbH", *ZGR* 1985, 246 s.

ULMER, Peter – In: *Hachenburg – Gesetz betreffend die Gesellschaften mit beschränkter Haftung*, 8. Aufl., Erster Band, Allgemeine Einleitung, §§ 1-34, Berlin/New York, 1992 (citado: in: *Hachenburg-GmbH-Gesetz*).

VASCONCELOS, Pedro Pais de – *A participação social nas sociedades comerciais*, 2.ª ed., Coimbra, 2006 (citado: *Participação social*).

VENTURA, Raúl – *Sociedade por Quotas – Comentário ao Código das Sociedades Comerciais*, vol. I, 2.ª ed., Coimbra, 1987 (citado: *Sociedade por Quotas, I*).

WIEDEMANN, Herbert – *Die Übertragung und Vererbung von Mitgliedsschaftsrechten bei Handelsgesellschaften*, München/Berlin, 1965 (citado: *Die Übertragung und Vererbung*).

WIESNER, Georg – "Die Enthaftung ausgeschiedener persönlich haftender Gesellschafter einer KGaA", *ZHR* 1984, 56 s.

XAVIER, Vasco da Gama Lobo – "Sociedades por quotas; exclusão de sócios; deliberações sobre matérias estranhas à ordem do dia; responsabilidade por perdas sociais", *RLJ* 119.° (1986-1987), 186 s.

RESUMO: O recente DL 64/2009, de 20 de Março – considerando a situação de crise que se vive nos mercados de capitais e as dificuldades que, do regime do capital social, resultam para o financiamento das sociedades – veio consagrar, ainda que com carácter transitório, mecanismos destinados a facilitar a realização de operações de capitalização por parte das sociedades anónimas. Entre outras medidas, aquele diploma criou um novo conceito (e regime) de capital social, que deixa agora de corresponder necessariamente à soma do valor nominal das participações sociais. Neste artigo, procede-se à análise do novo regime legal, concluindo-se que se tratou de uma opção legislativa criticável, na medida em que os mecanismos da lei não conseguem solucionar – ao menos de forma útil e eficiente – o problema que se pretendia resolver. E com este novo regime abalou-se, escusada e injustificadamente, um instituto central e fundamental do direito societário, até porque resultados idênticos aos pretendidos pelo legislador poderão ser alcançados através de instrumentos já conhecidos e permitidos pelo ordenamento jurídico.

ABSTRACT: The recent Decree-Law 64//2009, published on March 20th – considering the stock markets crisis and the fact that legal capital is a serious handicap to stock market financing – enshrined in the law, although in temporary force, mechanisms that intend to rend easier the fulfilment of capitalization operations by public companies. Among other measures, the Decree-Law created a new concept (and regime) of legal capital, which is no longer necessarily the number of shares times the nominal value. In this paper, it is analysed the new legal regime, being concluded that it was a criticizable legislative option, in so far as the new law mechanisms don't solve – at least in an useful and efficient way – the problem that it intended to be solved. And with this new regime it was wounded, needlessly and uselessly, a fundamental element of companies law, also for the reason that identical results could be achieved through other instruments well-known and allowed by Law.

PAULO DE TARSO DOMINGUES [*]

O capital social como entrave ao financiamento das sociedades.
Os novos conceitos e regime de capital social introduzidos pelo DL 64/2009 são solução?

[*] Professor da Faculdade de Direito da Universidade do Porto

1 – O capital social como entrave ao financiamento das sociedades. A proibição da emissão de acções "abaixo do par". 2 – A *ratio* do regime criado pelo DL 64/2009. Análise crítica. 3 – Âmbito de aplicação do novo regime. 3.1 – Âmbito material. 3.2 – Âmbito temporal. 4 – A inadequação do recurso às acções sem valor nominal, no modelo permitido pela Segunda Directiva, como forma de superar o problema. 5 – Os dois "mecanismos" criados pelo DL 64/2009. 5.1 – O mecanismo previsto para as SA não cotadas. 5.2 – O mecanismo previsto para as SA cotadas.

1. *O capital social como entrave ao financiamento das sociedades. A proibição da emissão de acções "abaixo do par".* Uma das principais funções que se imputa ao capital social [1] é a de regulação da captação e manutenção dos meios destinados à exploração das actividades económicas que pela via societária se pretende exercer. I.é, o respectivo regime visa regular a reunião de meios que permitam o desenvolvimento da actividade societária, desempenhando assim aquilo que se pode designar por função de produção [2] ou função de financiamento da sociedade.

Acontece que – como se deu conta há muito tempo nos EUA [3] – o regime do capital social coloca graves dificuldades ao financiamento (sobretudo ao financiamento bolsista) das sociedades, que resultam primacialmente do valor nominal das participações sociais.

O ordenamento jurídico português, como de resto a generalidade das legislações europeias [4], consagra um sistema de *par value* ou *nominal value* [5]: as participações sociais devem necessariamente ter um valor nominal (cfr., para as SQ, artigo 219.º, n.º 3; e, para as SA, artigos 272.º, al. a) e 276.º CSC)[6].

---

[1] A par da função de organização e, sobretudo, da função de garantia. Sobre esta matéria, pode ver-se o nosso *Variações sobre o capital social*, Almedina, 2009, pp. 551 ss.

[2] Na medida em que visa assegurar "a formação de uma estrutura de produção". Cfr. Oliveira Ascensão, *Direito comercial*, vol. IV, *Sociedades comerciais*, Lisboa, 2000, p. 147.

[3] Foi essa uma das principais razões que levou à abolição, nos EUA, da figura do capital social no *Revised Model Business Corporation Act*, de 1984. Sobre a questão, pode ver-se Paulo de Tarso Domingues, *Variações...*, pp. 108 ss.

[4] Recentemente, no âmbito das alterações legislativas operadas pelo advento da moeda única, alguns ordenamentos jurídicos europeus vieram consagrar a admissibilidade das acções sem valor nominal.

[5] Vide Paul Davies, *Gower and Davies' principles of modern company law*, seventh edition, Sweet & Maxwell, London, 2003, p. 230.

[6] O esquema societário – como o demonstra o regime norte-americano – pode, no entanto, prescindir totalmente do conceito de valor nominal das participações sociais. Note-se, porém, que já houve quem defendesse que a figura das acções sem valor nominal era incompatível com "a provada eficácia do direito accionário alemão" (cfr. Kübler,

Ora, por imposição comunitária [7] – e por razões que se fundam na protecção de terceiros [8] mas também na tutela dos interesses dos próprios sócios [9] –, o valor nominal da participação social não pode ser superior ao valor real da contribuição do sócio [10], i. é, não pode, em caso algum, ser superior à importância em dinheiro com que cada sócio entra para a sociedade, ou ao valor venal dos bens, ditos em espécie [11], que constituem o *apport* desse mesmo sócio. Trata-se da chamada regra da proibição da emissão de acções "abaixo do par", que, entre nós, está consagrada com carácter geral, aplicável a todos os tipos societários, no artigo 25.º CSC e, especificamente prevista, para as SA, no artigo 298.º, n.º 1 CSC[12].

Ora, é este regime de *par value* – e da proibição, válida para todo o espaço comunitário [13], da emissão de acções abaixo do par – que levanta

---

"Aktie, Unternehmensfinanzierung und Kapitalmarkt", in *Il diritto delle società per azioni: problemi, esperienze, progetti*, Giuffrè, Milano, 1993, p. 104).

[7] Cfr. artigo 8.º da Segunda Directiva sobre Sociedades – Directiva do Conselho n.º 77/91/CEE de 13 de Dezembro de 1976, publicada no JO n.º L 26/1, de 31 de Janeiro de 1977 –, também designada Directiva do Capital (*Kapital Richtlinie*). Cfr., por todos, Ernst-August Baldamus, *Reform der Kapitalrichtlinie*, Carl Heymanns Verlag, 2002; e Wolfgang Schön, "Wer schützt den Kapitalschutz ?", *ZHR* 166 (2002), p. 2.

[8] Com o intuito de assegurar que – *in casu* no momento da constituição da sociedade, ainda que esta seja uma preocupação legislativa que se verifica ao longo de toda a vida da sociedade – o montante do património não seja inferior à cifra do capital social.

[9] Com o que se visa assegurar que todos os sócios efectuem contribuições equitativas para a sociedade.

[10] O *par value* visa, pois, assegurar o princípio da exacta formação do capital social, bem como o princípio da igualdade de tratamento entre os sócios.

[11] Diferentes de dinheiro (cfr. artigo 28.º do CSC).

[12] Nada impede, porém – pelo contrário, é expressamente admitido, nos termos do artigo 295.º, n.º 3, al. a) CSC –, que o valor da participação social seja *inferior* ao valor da entrada: é uma solução igualmente admitida no direito alemão, pelo § 9.º, 2 AktG; em Espanha, pelo artigo 47.º, n.º 3 TRLSA; em Itália, pelo artigo 2346.º CCit; na Grã-Bretanha, pela *Sec.* 610 CA 2006; e em França pelo artigo L. 225-128 CComf). Nas SA abertas, de resto, é muito generalizada a prática de emissão de acções "acima do par", i.é, por um valor superior ao seu valor nominal, designando-se por prémio de emissão ou ágio a diferença entre o valor nominal da participação social e o valor por ela pago. Sobre as consequências do financiamento da sociedade por outras vias, que não mediante a realização de capital social, vide o nosso "Do capital social – Noção, princípios e funções", BFDUC, *Studia Iuridica*, 33, 2ª ed., Coimbra Editora, 2004, pp. 222 ss.. Veja-se ainda Harald Herrmann, *Quasi-Eingenkapital im Kapitalmarkt- und Unternehmensrecht*, WdG, Berlin, 1996; e Ulf. R. Siebel, , *Eigenkapital und Quasi-Eingenkapital von Kreditinstituten*, Fritz Knapp Verlag, Frankfurt am Main, 1980.

[13] Note-se que o constrangimento comunitário apenas vale para as SA, uma vez que é esse o único tipo societário abrangido pela Directiva do Capital. O nosso legislador alargou, porém, tal solução a todos os tipos societários (cfr. artigo 25.º CSC).

sérios obstáculos ou impossibilita até a obtenção de financiamento no mercado bolsista [14], quando o valor da cotação das acções esteja muito próximo ou seja inferior ao respectivo valor nominal. Ninguém estará, de facto, interessado em concorrer à subscrição de acções ao par, quando as pode adquirir por um valor inferior em Bolsa. O regime do capital social pode, pois, revelar-se – como se constatou agora entre nós, com a crise financeira que se abateu sobre os mercados de capitais – um empecilho para o financiamento, através de capital próprio, por parte das sociedades cujas acções estejam admitidas à negociação em mercado regulamentado (chamemos-lhes, *brevitatis causa*, sociedades cotadas).

2. *A ratio do regime criado pelo DL 64/2009. Análise crítica.* A actual situação de crise financeira – que se vive a nível mundial e em que Portugal se encontra também mergulhado – levou a que algumas das nossas maiores sociedades se vissem confrontadas com uma situação em que o valor da cotação bolsista das suas acções é inferior ao respectivo valor nominal, dificultando assim, pelas razões atrás expostas, o recurso ao mercado de capitais para a obtenção de financiamento.

Ora, a finalidade, assumida e confessada [15], da intervenção legislativa efectuada pelo DL 64/2009 foi precisamente a de instituir um regime – com carácter transitório [16] – destinado a fazer face à coeva situação de grave contracção dos mercados de capitais e que permitisse contornar aquelas dificuldades [17], criando mecanismos facilitadores das operações de capitalização das sociedades.

Esta via – de intervenções pontuais e transitórias por parte do legislador – no sentido de apoiar as empresas num período em que se vive, talvez, a mais grave crise económica desde a Grande Depressão, nada tem

---

[14] Que é obviamente uma, se não a principal, razão por que a sociedade "go public", i.é, requer a sua admissão a uma determinada Bolsa.
[15] Como resulta do respectivo Preâmbulo. Vide também PAULO CÂMARA, "O Decreto-Lei n.º 64/2009: diminuição extraordinária do valor nominal das acções", *Revista de Direito das Sociedades*, Ano I (2009), n.º 2, pp. 237 ss.
[16] Cfr. artigo 5.º do DL 64/2009.
[17] Note-se que as dificuldades levantam-se primacialmente no que diz respeito ao financiamento no mercado de capitais, pelo que, como adiante se dirá (cfr. *infra* ponto 3.1), não se justificaria a consagração de qualquer medida excepcional para as sociedades não cotadas em Bolsa.

de censurável e é ate de aplaudir [18]. O que já é claramente criticável [19] é o modo como se legisla, sem – pelo menos aparentemente – se ponderar o alcance e as consequências das medidas adoptadas, derrubando institutos seculares profundamente arreigados e sedimentados na cultura jurídica, e criando um regime complexo e artificioso, não cuidando de averiguar se idêntico resultado não poderia ser alcançado – sem cortes e rupturas tão radicais – com recurso a mecanismos e instrumentos já disponíveis na ordem jurídica [20].

O legislador português criou, de facto, um novo conceito [21] e um novo regime de capital social [22], desprezando completamente o facto de a figura ser, como já alguém disse [23], uma "aquisição cultural de primeiro grau" (*Kulturleistung ersten Ranges*) ou de se tratar de um "postulado indeclinável" [24] ou de um elemento "quase sacramental" [25] do direito das sociedades. E se é verdade que o capital social não pode, hoje, ser perspectivado

---

[18] Trata-se, de resto, de um caminho que tem sido seguido noutras latitudes. Por exemplo, na Alemanha o conceito de *Überschuldung* (de sobreendividamento societário, importante nomeadamente para efeitos insolvenciais) foi alterado transitoriamente – até final de Dezembro de 2010 – por forma a evitar que a presente conjuntura pudesse arrastar para um processo de insolvência sociedades cuja viabilidade económica não estivesse em causa (vide alteração ao §19 InsO, efectuada pela *Finanzmarktstabilierungsgesetz*, de 17/10/2008). Cfr. K. Schmidt, "La reforma alemana de la sociedad de responsabilidad limitada: también una reforma del derecho concursal", *Revista de Derecho Concursal y Paraconcursal*, n.º 10, 2009, ponto 5.

[19] Em sentido crítico relativamente à reforma – mas sem identificar todos os problemas que a mesma levanta –, veja-se também Paulo Câmara, "O Decreto-Lei n.º 64/2009 ...", pp. 336 ss.

[20] O problema que o diploma visa resolver fica, em grande medida, esbatido através do recurso às chamadas *low par shares*. Sobre esta temática, pode ver-se o nosso *Variações...*, pp. 101 ss.

[21] O capital social, até aqui, podia definir-se como a cifra representativa da soma dos valores nominais das participações sociais. Cfr. Coutinho de Abreu, *Sumários das aulas de direito comercial*, FDUC, Coimbra, ano 1995-96, ed. policopiada, lição 38ª, ponto VI, 1; Id., *Curso de direito comercial*, vol. II – *Das sociedades*, Almedina, Coimbra, 2007, p. 66. Era esta, de resto, a noção que constava do POC/77, onde, na nota explicativa à conta do capital social (então a conta 52), expressamente se afirmava que o capital social, nas sociedades de capital fixo, "representa a soma das quotas-partes subscritas pelos sócios e constantes do pacto social". Vide também o nosso *Variações...*, pp. 47 ss. e *infra* ponto 5.2.

[22] Cfr. artigo 3.º, n.º 4 do DL 64/2009.

[23] Cfr. H. Wiedemann, *Gesellschaftsrecht*, vol. 1, Munich, Beck, 1980, p. 558.

[24] Cfr. Adrián Celaya Ulibarri, *Capital y sociedad cooperativa*, Editorial Tecnos, Madrid, 1992, p. 39.

[25] Cfr. Cozian/Viandier/Deboissy, *Droit des societés*, Litec, Paris, 2005, n.º 303, p. 102.

como algo intocável [26], não é menos verdade que a sua alteração merecia seguramente uma reflexão mais ponderada e cuidadosa [27] do que aquela que manifestamente esteve subjacente ao DL 64/2009.

Em todo o caso, este vascolejar da figura vai trazer (não pequenas) dificuldades de interpretação e aplicação do novo regime, o que, somado às consequências que o mesmo acarreta [28] – e que perdurarão ou poderão perdurar muito para além do arco temporal, durante o qual é possível recorrer a este novo regime [29] –, irá seguramente suscitar uma atitude de desconfiança por parte dos agentes económicos [30] relativamente ao regime

---

[26] A temática do capital social é efectivamente, neste virar de século (sobretudo por força dos ventos que sopram de Oeste e que levaram à eliminação da figura nos EUA), uma das mais candentes questões que tem ocupado a literatura jurídica europeia – que se encontra claramente dividida sobre o caminho a seguir –, como inequivocamente o demonstram os infindáveis artigos e monografias, bem como obras colectivas temáticas, que sobre o assunto têm sido ultimamente editados. Cfr., nomeadamente, o número especial da *ECFR* de 2006 e o número 7 da *EBOR*, igualmente de 2006 (contém os trabalhos apresentados no simpósio do Max Planck Institut, de Munique, em Dezembro de 2005), bem como os inúmeros artigos publicados na ZGR, em 2006 e 2007, especialmente dedicados a esta temática. Vide também *Quel avenir pour le capital social ?*, Paris, Dalloz, 2004, com as actas de um colóquio organizado pela Universidade Panthéon-Sorbonne, em Outubro de 2003, especificamente destinado à análise da figura e do futuro do capital social.

Trata-se, por outro lado, de uma matéria que está a ser objecto de re-ponderação por parte dos legisladores europeus, assim como do próprio legislador comunitário. Veja-se o caminho que está a ser trilhado pela União Europeia, nomeadamente com as soluções apontadas pelo Relatório *Winter* (relatório elaborado pelo designado *High Level Group of Company Law Experts* – presidido por Jaap Winter e, daí, o nome pelo que, por antonomásia, se costuma designar o Relatório por este Grupo elaborado –, criado pela Comissão Europeia, em Setembro de 2001. O texto desse relatório, na sua versão em francês, pode ler-se em http://europe.eu.int/comm/internal_market/en/company/company/modern/consult/report_fr.pdf>), recomendações que foram depois, em grande medida perfilhadas pela Comissão na sua Comunicação 2003-284, ao Conselho e ao Parlamento Europeu, de 21/05/2003, com o título "Modernizar o direito das sociedades e reforçar o governo das sociedades na União Europeia – Uma estratégia de futuro", que se pode ler em <http://europa.eu.int/eur-lex/pt/com/cnc/2003/com2003_0284pt01.pdf>, referenciada como "COM/2003/0284 final".

[27] O legislador português não deveria ter deixado de atentar no enorme debate doutrinário que, sobre a figura, está instalado no espaço europeu, bem como nos prudentes passos que têm sido dados pelos legisladores europeus sobre esta matéria.

[28] Pense-se na exigência da constituição da reserva especial indisponível (cfr. artigo 2.º, n.º 1 do DL 64/2009); ou ainda nas dificuldades que o novo conceito de capital social pode originar relativamente à obtenção de certos quóruns constitutivos e/ou deliberativos mínimos Sobre estas questões, vide *infra* ponto 5.

[29] Veja-se *infra* ponto 3.2.

[30] Assim, também Paulo Câmara, "O Decreto-Lei n.º 64/2009 ...", p. 336.

instituído pelo DL 64/2009 e, consequentemente, assim o julgamos [31], afastá-los da sua utilização.

Pelo que antecipando, desde já, a resposta à pergunta que serve de título a este artigo, podemos afirmar que os novos conceito e regime de capital social introduzidos pelo DL 64/2009 não se apresentam como solução para o problema – o financiamento bolsista das sociedades – que o diploma pretende resolver [32].

3. *Âmbito de aplicação do novo regime*. O DL 64/2009 não pretendeu instituir um regime com carácter geral, nem sequer permanente, pelo que se revelou avisada a forma como foi operada a intervenção legislativa, através de um diploma avulso, e já não de uma alteração do CSC [33]. Importa dedicar algumas linhas ao âmbito de aplicação (nomeadamente ao âmbito material e ao âmbito temporal) deste novo regime.

3.1. *Âmbito material*. O regime do DL 64/2009 foi criado exclusivamente para as sociedades anónimas, estabelecendo "mecanismos extraordinários" de diminuição do valor nominal das acções (cfr. artigo 1.º). Como referimos *supra* (no ponto 1), a finalidade do diploma foi primacialmente a de superar as dificuldades de obtenção de financiamento, através de capital próprio, por parte das sociedades, quando o valor da cotação das suas acções é inferior ao respectivo valor nominal.

Este é, porém, um problema que se coloca essencialmente e com particular acuidade nas sociedades cotadas. Com efeito, nas sociedades não cotadas (sejam SA ou SQ) não se levantam – pelo menos com idênticos contornos e intensidade – as mesmas dificuldades que nas sociedades cotadas na captação de financiamento, quando o valor real das participações sociais for inferior ao seu valor nominal. Desde logo, porque não há, na circunstância, um mercado (*v.g.*, a Bolsa) onde o potencial investidor possa adquirir participações por um valor inferior àquele que é proposto pela sociedade [34]. Por outro lado, porque nas sociedades não cotadas, ao investidor – independentemente do valor (real) das participações que

---

[31] E a estarmos certos, a precipitada e pouco judiciosa intervenção legislativa operada pelo DL 64/2009, ter-se-á revelado totalmente injustificada.
[32] Até porque a idênticos resultados se poderá chegar (como veremos) através doutros mecanismos, já conhecidos dos agentes económicos, sem a incerteza e insegurança associadas a este novo regime instituído pelo DL 64/2009.
[33] Como, pelas informações a que tivemos acesso, chegou a ser inicialmente pensado e projectado.
[34] Pelo que o valor das participações – ainda que o seu valor, de acordo com critérios contabilísticos ou quaisquer outros, seja inferior ao respectivo valor nominal – será sempre aquele que as Partes envolvidas na transacção, por consenso, lhes atribuírem.

recebe a troco da sua contribuição – importa sobretudo a posição relativa que passará a ter no grémio societário, bem como a possibilidade de intervir na gestão da sociedade. I.é, não será o facto de o valor real das quotas ser inferior ao seu valor nominal que impedirá um investidor de injectar capital numa SA ou SQ, se, p. ex., após o aumento de capital, ele passar a ter a maioria do capital [35].

Significa isto que as razões que justificaram a intervenção legislativa e a criação de "mecanismos extraordinários de capitalização" valem sobretudo para as SA cotadas. Carece, por isso, de fundamento a invocação de "razões de paridade de tratamento" [36] para, de igual modo, se ter criado um regime extraordinário para as SA não cotadas. Aqueles dois tipos sociais apresentam-se, de facto – a este propósito, no que respeita ao financiamento através de capital próprio –, como duas realidades distintas [37]. De resto, isso mesmo acaba por resultar do próprio regime legal, pois, apesar das alegadas "razões de paridade de tratamento", as soluções consagradas para aqueles dois tipos sociais (SA cotadas e não cotadas) são absolutamente desiguais (cfr. artigos 2.º e 3.º do DL 64/2009).

Diferentemente, tendo-se consagrado um "mecanismo excepcional" para as SA não cotadas, o princípio da igualdade de tratamento justificaria a sua aplicação também às SQ, uma vez que – aí sim ! – se verifica, relativamente à questão de que ora cuidamos, uma identidade material de situações, para as quais não encontramos razão nem critério para um tratamento desigual.

3.2. *Âmbito temporal.* O DL 64/2009 visou combater e fazer face a uma situação de crise que se acredita ser conjuntural. Por isso, o legislador consagrou apenas a possibilidade de as sociedades recorrerem aos mecanismos previstos no diploma até 31 de Dezembro de 2009 [38].

---

[35] Pense-se no seguinte caso: uma dada sociedade tem um capital social de 5.000. A sua situação líquida é de apenas 500, pelo que, simplisticamente e por facilidade de exposição, vamos considerar que o valor real de cada participação social é de apenas 10% do seu valor nominal: ou seja, por cada euro de valor nominal das participações sociais, elas valem afinal, efectivamente, apenas dez cêntimos. Ora, não será isto que impedirá alguém (seja um sócio ou um *newcomer*), se nisso estiver interessado, de investir naquela empresa, subscrevendo, p.ex., um aumento de capital de 15.000 ao par (mesmo sabendo que, naquele momento, o valor das participações sociais corresponderá apenas a 10% do seu valor nominal), uma vez que ele passará a ser titular de 75% do respectivo capital social e, portanto, a dominar a dita sociedade.
[36] Como se invoca no Preâmbulo do diploma.
[37] Donde poderá até afirmar-se que o princípio da igualdade reclamaria precisamente uma solução contrária à consagrada na lei, uma vez que, como é sabido, o princípio da igualdade de tratamento postula tratamento desigual para situações desiguais.
[38] Cfr. artigo 5.º do DL 64/2009.

Sublinhe-se, no entanto, que isto não significa que o regime previsto no DL 64/2009 se esgote completamente no final de 2009. Na verdade, o recurso aos mecanismos extraordinários previstos naquele diploma legal poderá acarretar a produção de efeitos que se prolonguem muito para além da data indicada. Pense-se, p. ex., nas sociedades que podem, recorrendo ao mecanismo previsto no artigo 2.º do DL 64/2009, ficar com um capital social inferior ao mínimo legal (sem que a lei estabeleça qualquer prazo para que aquela situação seja revertida) ou, ainda, na existência de sociedades com o "novo" modelo de capital social (previsto no artigo 3.º do DL 64/2009), em que, uma vez mais, não se prevê qualquer limite temporal para que as mesmas "regressem" à utilização do clássico conceito de capital social.

É uma razão mais justificativa para que se dediquem algumas linhas à análise do respectivo regime.

4. *A inadequação do recurso às acções sem valor nominal, no modelo permitido pela Segunda Directiva, como forma de superar o problema.* Antes da análise dos mecanismos de flexibilização da capitalização das sociedades anónimas previstos no DL 64/2009, importa desfazer um equívoco em que parece incorrer o legislador.

Com efeito, pode ler-se no Preâmbulo do diploma que se optou por uma flexibilização de regime "prudente e limitada" e não se deu o passo[39] no sentido da consagração das acções sem valor nominal, mas que esta será, a prazo [40], a melhor solução para fazer face ao problema de financiamento que o novo regime legal visa enfrentar [41].

A existência de verdadeiras acções sem valor nominal (*true no par shares*)[42] facilita efectivamente a obtenção do financiamento no mercado bolsista, ao permitir à administração colocar as acções no mercado pelo preço que, em cada momento, considere mais atractivo para os investidores[43].

Acontece que o legislador português está, nesta matéria e no que respeita às SA, limitado pelo disposto na Segunda Directiva sobre Sociedades. Este diploma legal já expressamente admite a possibilidade de os Estados-

---

[39] Que, neste estádio, seria, ao que parece, imprudente.
[40] É isso, de facto, o que parece resultar da utilização do advérbio de tempo "ainda" por parte do legislador no Preâmbulo, quando refere: "não se optando ainda pela consagração da possibilidade de acções sem valor nominal".
[41] No mesmo sentido se pronuncia, se bem percebemos o seu pensamento, Paulo Câmara (cfr. "O Decreto-Lei n.º 64/2009 ...", p. 338).
[42] Sobre a questão, pode ver-se o nosso *Variações* ..., pp. 179 ss.
[43] Sem ter como limite, por baixo, o valor nominal da acção.

membros consagrarem acções sem valor nominal (*Stückaktien*)[44]. Recentemente, alguns importantes Estados Europeus – como a Alemanha[45], a Itália[46] e a França[47] –, aproveitando a adaptação dos respectivos Direitos ao euro e visando facilitar a conversão e adequação das acções [48] à nova moeda única, introduziram esta figura nos seus ordenamentos jurídicos[49]. Entre nós (cfr. artigos 272.º, al. a) e 276.º CSC), em Espanha e também na Grã-Bretanha (que ainda não faz parte do "clube euro")

---

[44] Cfr. artigo 3.º, al. c) e artigo 9.º, n.º 1 da Directiva do Capital. A figura das *Stückaktien* já se encontrava consagrada, antes da Segunda Directiva, nos ordenamentos jurídicos belga e luxemburguês. Cfr. P. ALEMÁN LAÍN, *Función del valor nominal de las acciones. Una aproximación desde el derecho norteamericano*, Aranzadi, Navarra, 2003, p. 140.

[45] Cfr. § 8, Abs. 1 e § 23, Abs. 3, 4 AktG, com a redacção que lhe foi dada pela *Gesetz über die Zulassung von Stückaktien*, de 25 de Março de 1998. Vide B. KOPP, "Stückaktie und Euro-Umstellung", *BB*, Heft 14, 1998, pp. 701 ss.

[46] Cfr. artigo 2346 CCit, com a redacção que lhe foi dada pelo D. lgs. 6/2003. Vide COSTANZO/GAZZANI/NOVATI, *Le società*, Egea, Milano, 2003, pp. 30 ss., e CARLO ALBERTO BUSI, *S.p.a. – S.r.l., operazioni sul capitale*, Egea, Milano, 2004, pp. 19 ss. A introdução da figura em Itália deu-se, contudo, com a L. n. 366/2001. Cfr. G.B. PORTALE, "Dal capitale «assicurato» alle «tracking stocks»", *RS*, 2002, pp. 159 ss.

[47] Cfr. artigo L. 228-8 CComf (a inovação foi introduzida pela *Loi 98-546, du 2 juillet*, que consagrou regras de adaptação do direito francês ao euro e que, a este propósito, alterou o regime antes previsto e regulado no artigo 268 da L. n.º 66-537).

[48] O novo regime, nos três países referidos em texto, apenas se aplicou às SA e já não às GmbH, às SRL ou às SARL. Veja-se, para a Alemanha, § 5, Abs. 1 GmbHG, com a redacção que lhe foi dada pela *Gesetz zur Einführung des Euro*, de 9 de Junho de 1998, que prescrevia um valor mínimo para a quota de cem euros; o regime da transição para o euro, no que respeita às GmbH, consta do actual § 86 GmbHG (cfr. O. DE LOUSANOFF/B. LAURIN, *GmbH-Gesetz*, Fritz Knapp Verlag, Frankfurt am Main, 2000, pp. 125 ss. e 205); note-se, porém, que, com a MoMiG, o valor mínimo da quota passou a ser de 1 euro. Para as SRL em Itália, vide artigo 2463 CCit, o qual não estabelece, no entanto, agora, qualquer valor mínimo para a participação social (cfr. COSTANZO/GAZZANI/NOVATI, *Le società*, p. 217). Para a França, veja-se o artigo L. 223-2 CComf, cujo regime se manteve inalterado no que respeita ao valor da quota, não se prescrevendo qualquer valor mínimo para a mesma (cfr. COZIAN/VIANDIER/DEBOISSY, *Droit des sociétés*, n.º 956, p. 405).

[49] Vide, sobre esta matéria, G. FIGÀ-TALAMANCA, "Euro e azioni", *RS*, 2001, pp. 336 ss.; e MARCO S. SPOLIDORO, "Capitale sociale, valore nominale delle azioni e delle quote e transizione all'euro", *RS*, 1999, pp. 348 ss.

mantém-se, no entanto, a obrigatoriedade de todas as acções terem valor nominal[50, 51].

O regime permitido pela Segunda Directiva – e, consequentemente, o que se encontra consagrado nos países da União – é, todavia, apenas o das chamadas acções sem valor nominal impróprias (*unechte nennwertlose Aktie* [52]). Com efeito, na medida em que o regime implica a existência de um capital social fixo (cfr. artigo 6.º da Directiva do Capital) e estando este "dividido em acções" [53], as acções sem valor nominal correspondem necessariamente a uma determinada percentagem, a uma determinada fracção ou "quota" do capital [54]. Por isso, é sempre possível, a qualquer momento e por um simples cálculo aritmético, determinar o respectivo

---

[50] Cfr. *Secs.* 10 e 542 CA 2006 (e, antes, *Sec.* 2, 5, a do CA 1985); J.H. Farrar/B.M.Hannigan, *Farrar's Company law*, Butterworths, London, 1998, p. 163; Steering Group, Relatório Final do *Company Law Review Steering Group*, de Junho 2001, elaborado para o Governo do Reino Unido, sob a designação *Modern company law for a competitive economy*, que pode ler-se em <http://www.dti.gov.uk /cld/final_report/index.htm>, p. 219; e Alemán Laín, *Función del valor nominal* ..., pp. 140 ss.

[51] Não se deixe, contudo, de dizer que a discussão e o tratamento destes temas de ponta de direito societário – sejam as *no par shares*, sejam outros instrumentos, normalmente surgidos nos EUA, como, p. ex., as *tracking stocks* – têm estado completamente ausentes na nossa literatura especializada, o que seguramente contribui para que tais soluções não sejam integradas no nosso ordenamento jurídico. Sobre as *tracking shares* – designadas na Alemanha por "Spartenaktien ou "Bereichaktien", na França por "actions traçantes" ou "actions sectorielles", em Itália por ""azioni correlate" e que podemos, entre nós, designar por "acções rastejantes" ou "acções sectoriais" –, cujo traço fundamental consiste no facto de elas atribuírem apenas o direito sobre uma parte do lucro da sociedade (respeitante a um sector de actividade da empresa, *v.g.*, de *new economy*), vide Portale, "Dal capitale «assicurato» ...", pp. 162 ss. (que reconhece ser escassa a literatura europeia sobre o assunto), e Sandra Thiel, *Spartenaktien für deutsche Aktiengesellschaften. Übernahme des US-amerikanischen Tracking Stock-Modells in europäischen Rechtsordnungen*, Carl Heymanns, Köln, 2001.

[52] Vide K. Schmidt, "La reforma alemana ...", pp. 28 ss.; Karsten Heider, *Münchener Kommentar zum Aktiengesetz,*, Bd 1, Beck, München, 2000, *Rdn* 12 ss., pp. 238 ss.; Portale, "Dal capitale «assicurato» ...", p. 160; e Alemán Laín, *Función del valor nominal* ..., pp. 140 ss.

[53] Cfr., entre nós, o artigo 271.º CSC. Sobre esta matéria, veja-se Fernando Sánchez Calero, "La división del capital en acciones", in AAVV., *Derecho de sociedades anonimas*, II, *Capital y acciones*, vol. II, Civitas, Madrid, 1994, pp. 13 ss.

[54] É esta constatação que leva Alemán Laín a considerar que, em rigor, as acções sem valor nominal permitidas pela Directiva do Capital são "acções de quota". Cfr. Alemán Laín, *Función del valor nominal* ..., p. 140. Sobre as *Quotenaktien*, pode ver-se o nosso *Variações...*, p. 180.

valor nominal destas acções [55], que corresponderá, nesse caso, àquilo que a Segunda Directiva apelida de valor contabilístico (cfr. artigos 8.º e 9.º)[56].

Esta circunstância leva a que o regime destas acções sem valor nominal impróprias se aproxime, em aspectos importantes, do regime das acções com valor nominal. É, p. ex., idêntico o regime da liberação da entrada (cfr. artigo 9.º da Directiva do Capital) e, sobretudo, o que aqui nos importa, também aquelas acções não podem ser emitidas abaixo do par (por um valor inferior ao seu valor contabilístico – artigo 8.º da Directiva do Capital)[57].

É por isso errado supor que a pretendida flexibilidade, quanto à obtenção do financiamento através de capital próprio, será alcançada com a simples consagração das chamadas acções sem valor nominal impróprias (*unechte nennwertlose Aktie*), as únicas que, hoje, são permitidas pela Segunda Directiva. Esse desiderato só será possível, com uma profunda alteração do regime vigente [58], que consagre a admissibilidade das *real no par shares* [59].

Estas *true no par shares* tornam inquestionavelmente o regime mais simples, com as vantagens daí decorrentes, nomeadamente ao não levantar entraves ou dificuldades à emissão e colocação de acções, quando o seu valor de mercado é inferior ao par (seja ele o par nominal ou o par contabilístico). Mas a figura apresenta também um grave risco que importa acautelar, uma vez que uma das funções que se atribui ao valor nominal das acções é precisamente a de assegurar o princípio da igualdade de tratamento entre os sócios [60], o qual poderá ser posto em causa, atenta a

---

[55] Pelo que estas acções também se podem designar como falsas acções sem valor nominal. Cfr. K. Schmidt, "La reforma alemana …", p. 28.

[56] Ou valor fraccional, como é designado no Relatório *Winter* (p. 98).

[57] E, portanto, quando o valor da cotação for inferior ao valor contabilístico, a dificuldade na obtenção de financiamento em Bolsa será idêntica à que se verifica com as acções com valor nominal.

[58] Nomeadamente do regime previsto na Directiva do Capital.

[59] Note-se que a consagração destas acções passará pela própria eliminação da figura do capital social, uma vez que estas acções, para além de não fazerem qualquer referência ao valor nominal, não contêm também qualquer indicação sobre a fracção ou percentagem do capital que representam. Cfr. G.B. Portale, "Capitale sociale e società per azioni sottocapitalizzata", in Colombo, G.E./Portale, Giuseppe B., *Trattato delle società per azioni*, vol. 1 **, Utet, Torino, 2004, nt 3, pp. 6 ss. Veja-se, contudo, Relatório *Winter*, p. 98.

[60] Assegurando direitos iguais para contribuições iguais. Cfr. Bayless Manning/James J. Hanks Jr., *Legal Capital*, Foundation Press, New York, 1990, p. 57, e Alemán Laín, *Función del valor nominal …*, p. 77.

liberdade que se deixa aos administradores para discricionariamente fixar o valor por que se emitem as novas acções [61].

Não se deixe, no entanto, de dizer que tem sido já defendida a consagração no direito europeu destas *real no par shares* [62]. Conforme se pode ler no Relatório *Winter*, a introdução desta figura "é fortemente desejada pelos representantes do sector financeiro e pelas profissões jurídicas" (p. 97). Este Grupo de Alto Nível, porque teve dúvidas acerca da dimensão e da importância das alterações que a introdução das verdadeiras acções sem valor nominal implicaria[63], propôs um estudo mais aprofundado sobre a matéria, de modo a avaliar o impacto que as mesmas teriam no regime do capital previsto na Segunda Directiva[64].

5. *Os dois "mecanismos" criados pelo DL 64/2009.* O regime "prudente e limitado" (*sic*), introduzido pelo DL 64/2009, traduziu-se na criação de dois "mecanismos" – um destinado às SA cotadas e outro às SA não cotadas [65] – destinados à facilitação das operações de capitalização das sociedades anónimas. É esse regime que passamos a analisar.

5.1. *O mecanismo previsto para as SA não cotadas.* Seguindo a ordem do DL 64/2009 [66], comecemos pela análise do regime previsto para as sociedades não cotadas, que marcadamente não foi o que motivou a intervenção legislativa [67].

---

[61] A solução terá de passar por um reforço e um regime mais rigoroso dos deveres fiduciários dos administradores e dos sócios de controle. Vide, para os EUA, o regime previsto na *Sec.* 8.30 RMBCA. Note-se, no entanto, que o problema da desigualdade de tratamento se coloca também, em termos não muito dissemelhantes, num sistema de *par value*. Com efeito, também aqui pode haver uma diluição do valor da participação social dos antigos accionistas se, numa nova emissão de acções, o preço de subscrição – ainda que superior ao valor nominal – for inferior ao valor real das acções existentes. Sobre esta matéria, vide Manning/Hanks Jr., *Legal capital*, p. 181, e Alemán Laín, *Función del valor nominal ...*, pp. 76 ss.
[62] Cfr. Relatório *Winter*, pp. 97 ss. O Steering Group defende a eliminação do *par value*, seja para as *public companies*, seja para as *private companies*. Cfr. Steering Group, *Modern company law for a competitive economy*, p. 219.
[63] Para alguns, para a introdução destas acções bastará a eliminação da proibição da emissão de acções abaixo do valor contabilístico prevista no artigo 8.º da Segunda Directiva (cfr. Relatório *Winter*, p. 98).
[64] Vide Relatório *Winter*, recomendação IV.3, p. 17 e p. 98. Sobre esta temática, veja-se Alemán Laín, *Función del valor nominal ...*, pp. 207 ss.; e Baldamus, *Reform der Kapitalrichtlinie*, pp. 105 ss.
[65] Cfr. artigos 2.º e 3.º do DL 64/2009.
[66] Cfr. artigo 2.º do DL 64/2009.
[67] E não se deixe de dizer que, para as SA não cotadas, o legislador consagrou, como veremos em texto, um arremedo de regime de facilitação das operações de capitalização, o que

Para estas sociedades a criação do tal mecanismo de facilitação das operações de capitalização traduziu-se simplesmente na possibilidade de redução do capital social por diminuição do valor nominal das acções. Embora com particularidades que examinaremos de seguida[68], trata-se, no essencial, de uma operação que o CSC já expressamente previa e admitia (cfr. artigo 94.º, n.º 1, al. b) CSC).

São três as particularidades que distinguem o novo regime, de redução do capital consagrado no artigo 2.º do DL 64/2009, relativamente ao regime consagrado no CSC.

Em primeiro lugar, a redução do capital social deve ser acompanhada da constituição de uma reserva especial equivalente ao montante da redução. Aquela reserva fica sujeita ao regime do capital social no que tange às garantias perante credores sociais (cfr. artigo 2.º, n.º 1), o que implica nomeadamente a impossibilidade da sua distribuição aos sócios (cfr. artigo 32.º CSC).

Note-se que, no artigo 2.º, não se prescreve qualquer destino para aquela reserva especial, pelo que aparentemente a mesma deveria ser mantida indefinidamente. Isso constituiria, porém, uma solução extremamente gravosa e injustificada, pelo que, assim nos parece, se deve entender que lhe é aplicável o regime previsto para a reserva legal (cfr. artigo 295.º CSC)[69].

A constituição daquela reserva especial torna, no entanto, a operação neutra do ponto de vista da tutela dos interesses dos credores, uma vez que o património social – que se mantém indisponível em benefício dos sócios – é exactamente o mesmo antes e depois da operação.

Esta característica do regime leva, contudo, a que operação seja muito pouco atractiva para a sociedade e para os sócios: para estes, porque vêm reduzido o valor nominal da sua participação social, sem que recebam ou possam vir a receber, por isso, qualquer valor ou contrapartida; para a sociedade, porque através da redução do capital[70], dá ao mercado e aos

---

se ficará a dever à pretensa necessidade – por força do alegado princípio da igualdade de tratamento – de criação de um regime semelhante ao previsto para as sociedades cotadas.
[68] Particularidades que não trazem, porém, como veremos, qualquer vantagem para a sociedade.
[69] Uma vez que não é possível, *in casu*, a aplicação analógica do disposto no artigo 3.º, n.º 5 do DL 64/2009, a propósito do "mecanismo" previsto para as SA cotadas (aquele reserva, p. ex., não pode ser eliminada mediante uma redução do capital social, uma vez que ela não é uma "componente" deste).
[70] É preciso, de facto, não esquecer que a figura do capital social serve, pelo menos, como ponto de referência da robustez financeira da empresa societária, constituindo, desse modo, um elemento indiciário no qual os terceiros podem basear as relações de crédito

agentes económicos um sinal de diminuição da sua consistência patrimonial, quando na verdade o património social[71] se mantém exactamente idêntico ao que existia antes da operação.

Dir-se-á, e alegadamente foi esse o propósito do legislador, que com aquela redução facilita-se a capitalização da sociedade [72]. Acontece, como se disse já, que nas sociedades fechadas o valor nominal das participações não é o factor impeditivo ou sequer determinante para a decisão de investir no capital de uma determinada sociedade.

Acresce que aquela operação defrontar-se-á, por via de regra, com a resistência dos accionistas, a quem cabe exclusivamente deliberar a realização desta operação [73], que sempre terão relutância em aceitar uma diminuição do valor nominal da sua participação social – e, consequentemente, uma diminuição da sua posição jurídico-societária –, para beneficiar e dar condições mais vantajosas a alguém (seja um sócio ou um *newcomer*) que pretenda investir na sociedade.

Por outro lado, ao exigir para a realização da operação prevista no artigo 2.º os mesmos quóruns [74] que se exigem para a redução do capital social prevista no CSC, o DL 64/2009 em nada é mais facilitador da utilização de tal "mecanismo". Bem pelo contrário, entre a possibilidade de redução do capital social, nos termos do artigo 2.º do DL 64/2009, e a possibilidade de redução de acordo com o regime do CSC, seguramente que os sócios optarão por esta última modalidade, uma vez que ela não

---

(o montante do capital social é, p. ex., um dos elementos em que a Banca normalmente baseia o *plafond* de crédito a conceder a determinada sociedade). Assim, FRANCESCO FENGHI, *La riduzione del capitale sociale*, Giuffrè, Milano, 1974, p. 36 e PAOLO SPADA, "Reintegrazione del capitale reale senza operare sul nominale", *GiurCom*, 1978, I, p. 37.

[71] Bem como o respectivo vínculo de indisponibilidade em benefício dos sócios.

[72] Pense-se numa dada sociedade com um capital social de 100.000€, distribuído por 100.000 acções de 1€ cada. Suponha-se que a sociedade necessita de ser capitalizada e que há um sujeito na disposição de realizar um investimento de capital, no montante de 50.000€, que entende, no entanto, que com tal investimento deveria passar a ser titular de participações correspondentes a 50% do capital social. Os sócios poderão, com essa finalidade, socorrer-se do mecanismo previsto no artigo 2.º do DL 64/2009, reduzindo o capital social para 50.000€ por diminuição do valor nominal das acções para 0,5€. Vide, porém, o que de seguida se refere em texto.

[73] Cfr. artigo 85.º, n.º 1 CSC. E, tenha-se presente, que para obstar à realização da operação basta que contra ela se manifestem um ou mais sócios titulares daquilo que se designa por minoria de bloqueio. As exigências legais, nas SA, relativamente aos quóruns constitutivo e deliberativo para a alteração do contrato de sociedade – que a redução do capital social sempre consubstancia – constam dos artigos 383.º, n.º 2 e 386.º, n.ºs 3 e 4 CSC.

[74] O regime do DL 64/2009 seria efectivamente facilitador das operações de capitalização se, p. ex., estabelecesse para a sua realização – como se prevê no artigo 3.º, n.º 6 para as instituições de crédito – quóruns menos exigentes do que os previstos no CSC.

implica o gravame[75] que resulta da obrigatoriedade da constituição da reserva especial, de montante igual ao valor da redução[76].

Em segundo lugar, à operação prevista no artigo 2.º do DL 64/2009 não se aplica o disposto no artigo 95.º, n.º 1 CSC, o que significa que, após a redução do capital social, a situação líquida da sociedade não precisa de ficar a exceder o novo capital em, pelo menos, 20%.

Importa referir que nas sociedades não cotadas, e uma vez que nada se estabelece em sentido contrário – diferentemente do que sucede com o regime previsto para as SA cotadas [77] –, será sempre possível recorrer ao "mecanismo" de redução previsto no artigo 2.º do DL 64/2009, independentemente da situação patrimonial da sociedade, i.é, independentemente da sua situação líquida ser superior ou inferior à soma do valor nominal das participações sociais (ou, é o mesmo, superior ou inferior ao valor do capital social [78]).

De todo o modo, seja qual for a situação patrimonial em que se encontre a sociedade, a dispensa de aplicação do regime previsto no artigo 95.º, n.º 1 CSC – no caso de recurso ao mecanismo previsto no artigo 2.º do DL 64/2009 – não se apresenta nunca como uma vantagem ou benefício que é concedido à sociedade.

Para a hipótese da redução por perdas (em que a situação líquida da sociedade é inferior ao capital social), essa é também, assim o defendemos já [79], a solução consagrada no CSC. Com efeito, o disposto no artigo 95.º, n.º 1 CSC nunca será aplicável àquela modalidade de redução, uma vez que esta previsão legal é contraditória e incompatível com o regime previsto no artigo 35.º, n.º 3, al. b) CSC [80].

---

[75] Em sentido idêntico, considerando a obrigatoriedade da constituição desta reserva um *handicap* para a sociedade, vide PAULO CÂMARA, "O Decreto-Lei n.º 64/2009 ...", p. 330.

[76] E dado que não se vê que as duas outras particularidades do regime previstas no DL 64/2009, de seguida mencionadas em texto, possam sobrelevar aquela imposição.

[77] Cfr. artigo 3.º, n.º 1, al. a) do DL 64/2009.

[78] Uma vez que, para as sociedades não cotadas, continuamos a ter um único conceito de capital social, que corresponde precisamente à soma do valor nominal das participações sociais.

[79] Vide o nosso *Variações...*, pp. 361 ss.

[80] O artigo 95.º, n.º 1 CSC não distingue as modalidades de redução que ficam por ela abrangidas, pelo que se poderia pensar que tal regime seria igualmente aplicável à hipótese da redução por perda do capital. Não nos parece, no entanto, que seja assim. Na verdade, aquele regime foi e está sobretudo pensado para a redução do capital exuberante, como resultava, aliás, inequivocamente da redacção originária da norma, uma vez que tal exigência estava apenas prevista como causa de recusa da autorização judicial para a operação, sendo que a intervenção do Tribunal apenas era necessária para a redução do capital exuberante.

No caso de a sociedade apresentar uma situação líquida superior ao capital social, a redução deste ao abrigo do disposto no artigo 2.º do DL 64/2009 implica um regime claramente mais exigente que o previsto no artigo 95.º, n.º 1 CSC – cuja aplicabilidade é dispensada –, porquanto no património da sociedade deverá permanecer o valor total da redução e não apenas um montante correspondente a 20% do capital social reduzido.

Em terceiro lugar, e de forma absolutamente surpreendente [81], a sociedade que recorra ao mecanismo previsto no artigo 2.º fica dispensada da observância da exigência legal do capital social mínimo (uma vez que o artigo 2.º, n.º 2 dispensa a aplicação, neste caso, do disposto no artigo 95.º, n.º 3 CSC) [82]. Ou seja, pode a sociedade anónima reduzir o seu capital ao valor que bem entender [83], sem que se veja obrigada a repor o valor do capital social mínimo legalmente exigido.

Mas esta solução é também a que resulta do disposto no artigo 35.º, n.º 3, alínea b) CSC – que se deve considerar aplicável a toda e qualquer redução de capital por perdas – que estabelece expressamente a proibição de a redução ser efectuada para montante inferior ao capital próprio da sociedade. Daqui decorre que, se apenas é permitido que a redução – para cobertura das perdas – se efectue até àquele limite, não pode, consequentemente, o valor da situação líquida ficar, neste caso, a exceder o valor do novo capital social reduzido. I.é, o capital social reduzido terá de ser superior ou, no limite, igual ao valor do capital próprio, o que significa que a situação líquida não poderá ficar, após a operação, superior em 20% ao novo capital social. Considere-se o seguinte exemplo: uma sociedade com um capital social de 20.000 apresenta, num dado exercício, uma Situação Líquida de 8.000. A redução por perdas, nos termos do artigo 35.º, n.º 3, al. b) CSC, terá de ser, no máximo, para 8.000 (não poderá, p. ex., reduzir-se o capital social para 7.000), o que implica que, nesta operação, nunca se conseguirá criar a tal almofada de 20% prevista no artigo 95.º, n.º 1 CSC. Trata-se de uma regra com a qual se visa impedir que os sócios – aproveitando a oportunidade da redução aberta pela *fattispecie* do artigo 35.º CSC – aprovem uma redução do capital em montante superior ao valor dos prejuízos, tornando, assim, disponíveis para distribuição pelos sócios fundos da sociedade que, de outra forma, estariam vinculados à cobertura do capital social.

[81] Chegamos a pensar que houvesse lapso na redacção da lei, mas o tempo entretanto decorrido, sem que tenha sido publicada uma declaração de rectificação do texto legal, leva-nos a concluir o contrário (temos presente que as declarações de rectificação devem ser publicadas no prazo de 60 dias após a publicação do texto rectificando, sob pena de serem nulas – cfr. artigo 5.º, n.º 2 da L 74/98, de 11 de Novembro, republicada na íntegra pela L 42/2007, de 24 de Agosto). Sobre esta matéria, veja-se Paulo Câmara, "O Decreto-Lei n.º 64/2009 ...", pp. 332 e 337 ss.

[82] Capital social mínimo, que para as SA – o tipo abrangido pelo diploma legal – é, como é sabido, de 50.000€. Cfr. artigo 276.º, n.º 3 CSC.

[83] No limite, a lei parece permitir – o que, como se verá de seguida em texto, não é admissível – que o capital social mínimo seja de 5 cêntimos, uma vez que o valor nominal mínimo das acções é de 1 cêntimo (artigo 276.º, nº 2 CSC) e, em princípio, a sociedade terá, pelo menos, 5 sócios (artigo 273.º CSC).

Com efeito, apesar do afirmado no Preâmbulo – de que o regime consagrado pelo DL 64/2009 se destina à facilitação das operações de capitalização –, nas sociedades não cotadas [84] nada obriga a que uma sociedade, que recorra ao mecanismo (de redução do capital) previsto no artigo 2.º, realize, coeva ou subsequentemente, uma operação de aumento, pelo que o capital social reduzido se poderá manter indefinidamente.

Diga-se, no entanto, que dificilmente uma sociedade desejará ter e manter – pelo sinal que isso transmite ao mercado e ao tráfego jurídico-mercantil [85] – um capital social inferior ao mínimo legal.

Em todo o caso, o legislador parece ter esquecido que, relativamente às SA e no que ao capital social mínimo diz respeito, há regras comunitárias que o Estado português está obrigado a observar. Com efeito, o artigo 6.º da Directiva do Capital prescreve que o capital social mínimo para o tipo social correspondente à SA não pode ser inferior a 25.000€, pelo que não se deverá ter por admissível que a redução do capital social – ao abrigo do disposto no artigo 2.º do DL 64/2009 – possa ser efectuada para montante inferior àquele patamar [86].

Pelo exposto e tudo somado, parece-nos, pois, que dificilmente os agentes económicos [87] – pelo menos os que estejam devidamente informados e avisados – se socorrerão do "mecanismo" previsto no artigo 2.º do DL 64/2009.

5.2. *O mecanismo previsto para as SA cotadas*. A razão primeira que motivou a intervenção do legislador foi a de resolver o problema de financiamento, através do recurso ao mercado de capitais, por parte das sociedades cotadas. Daí resultou um regime (que consta do artigo 3.º do DL 64/2009) mais detalhado e bem mais exigente do que aqueloutro previsto para as SA não cotadas.

---

[84] Ao contrário do regime previsto para as SA cotadas (cfr. artigo 3.º, n.º 1, al. b) do DL 64/2009).

[85] Vide *supra* o que ficou dito na nota 70.

[86] Se tal situação vier a ocorrer, o Conservador deverá recusar o registo da operação. Para um caso paralelo em que – em violação do regime comunitário – é atribuída competência aos credores, no âmbito de um processo de insolvência, para deliberarem uma operação de aumento de capital social, vide COUTINHO DE ABREU, *Curso de direito comercial*, vol. I – *Introdução, actos de comércio, comerciantes, empresas, sinais distintivos*, Almedina, Coimbra, 2006, p. 337.

[87] Que têm de revestir a forma de sociedades anónimas não cotadas, uma vez que apenas estas se encontram abrangidas pela previsão legal.

O legislador teve aqui, de facto, a preocupação de pormenorizar os requisitos e condições em que é possível a uma SA cotada recorrer ao "mecanismo extraordinário de flexibilização" [88] previsto no diploma legal.

Assim, apenas poderão recorrer ao mecanismo extraordinário previsto no artigo 3.º, as SA que se encontrem *in bonis* [89], i.é, aquelas sociedades cuja situação líquida seja superior ao capital social (cfr. artigo 3.º, n.º 1, al. a) do DL 64/2009 [90]) [91]. A verificação deste requisito terá necessariamente de ser confirmada por um balanço, certificado pelo revisor oficial de contas da sociedade, com uma data não superior a 6 meses relativamente à data da deliberação de diminuição do valor nominal das acções [92].

Por outro lado, porque o regime excepcional consagrado no DL 64/2009, apenas é justificado – como é dito no Preâmbulo – pela necessidade de facilitar as operações de capitalização das sociedades, expressamente se estabelece que o recurso ao "mecanismo extraordinário" ali previsto só é possível [93] quando ele revista carácter instrumental de uma operação de aumento de capital [94].

Note-se que, para as instituições financeiras [95], as deliberações de diminuição do valor nominal das acções e do conexo aumento de capital poderão – desde que se destinem ao reforço da sua solidez financeira – ser apro-

---

[88] Que se traduz, de forma absolutamente inovadora, na possibilidade de ser deliberada a diminuição do valor nominal das acções sem redução do capital social (cfr. artigo 3.º, n.º 1).

[89] É diverso o regime consagrado – como vimos *supra* no ponto 5.1 – para as SA não cotadas.

[90] É nessa circunstância que o valor contabilístico das acções será superior ao respectivo valor nominal, e em que, portanto, se terá por verificada a previsão legal da norma indicada.

[91] Note-se que, segundo Paulo Câmara, esta exigência legal irá afastar uma boa parte das sociedades, sobretudo não financeiras, da possibilidade de recorrerem ao mecanismo previsto no DL 64/2009. Cfr. Paulo Câmara, "O Decreto-Lei n.º 64/2009 ...", p. 334.

[92] A lei não exige, pois, a elaboração de um balanço especial para este efeito. Poderá tratar-se – desde que seja observado o limite temporal de 6 meses – do balanço anual da aprovação das contas.

[93] Apesar da evidência da solução, atenta a *ratio legis* do diploma, a mesma – como vimos *supra* no ponto 5.1 – não foi consagrada no artigo 2.º para as SA não cotadas.

[94] Vide artigo 3.º, n.º 1, al. b) do diploma, que estabelece que a diminuição do valor nominal das acções fica condicionada à deliberação, prévia ou simultânea, de um aumento de capital social.

[95] Para quem estará, sobretudo, especialmente pensado e dirigido o regime legal previsto no DL 64/2009.

vadas por maioria simples dos votos presentes e sem exigência de quórum constitutivo [96].

Para a operação de aumento de capital envolvida neste "mecanismo extraordinário", o artigo 3.º, n.º 7 do diploma expressamente prevê a impossibilidade de se limitar ou suprimir o direito de preferência por parte dos sócios, independentemente da modalidade das respectivas entradas (sejam, portanto, as entradas em dinheiro ou em espécie). É uma solução que se compreende, uma vez que a diminuição do valor nominal das participações poderá lesar os seus direitos corporativos [97], justificando-se, por isso, que obrigatoriamente eles possam concorrer ao aumento de capital a fim de conseguirem manter inalterado o seu *status socii* [98].

Afigurando-se possível um direito de preferência nos aumentos de capital por entradas em espécie [99] – embora esta regra se afaste da prevista no CSC, onde apenas se prevê tal direito para os aumentos de capital por entradas em dinheiro [100] –, parece-nos, manifestamente, que o legislador não previu nem preveniu as dificuldades que a consagração deste regime, sobretudo nos termos em que é feito [101], pode implicar [102].

---

[96] Cfr. a remissão do artigo 3.º, n.º 6 do DL 64/2009, para o disposto no artigo 10.º, n.º 2 da Lei 63-A/2008, de 24 de Novembro. A remissão era escusada, uma vez que o disposto nesta última norma legal sempre seria aplicável às operações previstas no artigo 3.º do DL 64/2009. Assim também, Paulo Câmara, "O Decreto-Lei n.º 64/2009 ...", p. 336. Sobre os quóruns exigidos pelo CSC, para estas operações, vide supra nota 73.

[97] Tenha-se presente que a diminuição do valor nominal das acções é acompanhada da criação de uma "componente" – correspondente ao valor da diminuição –, que poderá ser utilizada mais tarde, para incorporação no capital social (cfr. artigo 3.º, nº 5 do DL 64/2009). Por isso, se os sócios não concorrerem ao aumento de capital social contemporâneo da diminuição do valor nominal das acções, não beneficiarão, em termos idênticos aos que tiverem concorrido a tal aumento, com a incorporação no capital da dita "componente".

[98] Note-se, porém, que a simples consagração deste direito de preferência poderá, apesar de tudo, não acautelar totalmente o interesse dos sócios, sobretudo dos sócios minoritários que, pelos mais diferentes motivos, poderão não concorrer ao aumento de capital. Trata-se de um problema que se prende com a interessantíssima temática da necessidade/ desnecessidade de fixação de um prémio de emissão nos aumentos de capital, quando a sociedade está *in bonis*. Sobre esta matéria, pode ver-se o nosso *Variações...*, pp. 452 ss.

[99] Esse direito está consagrado, p. ex., no ordenamento jurídico alemão. Cfr. Uwe Hüffer, *Akiengesetz*, Beck, München, 2006, § 183, *Rdn* 8, pp. 895 ss. e § 186, *Rdn* 34, pp. 926 ss.; H. Wiedemann, *AktG Großkommentar*, Walter de Guyter, Berlin, § 186, *Rdn* 168; e M. Lutter, *Kölner Kommentar zum Akiengesetz*, Band 5/1, Carl Heymanns Verlag, Köln, 1995, § 186 *Rdn* 79, p. 219.

[100] Cfr. artigo 458.º, n.º 1 CSC.

[101] Em que, aparentemente, tal direito não poderá nunca ser afastado ou limitado.

[102] Não é aqui o local próprio para uma análise do regime relativo à consagração do direito de preferência nos aumentos de capital por entradas em espécie. Sobre a questão, pode ver-se a bibliografia referida na nota 99 e o nosso *Variações...*, pp. 475 ss.

Finalmente, no regime do mecanismo extraordinário previsto no artigo 3.º do DL 64/2009, importa destacar a necessidade de intervenção da CMVM. O mecanismo em causa destina-se a sociedades sujeitas à supervisão daquela entidade, pelo que o legislador, com a finalidade de evitar comportamentos abusivos ou oportunísticos, entendeu submeter a operação de diminuição do valor nominal das acções (e só esta! [103]) ao controle da CMVM. Esta terá de emitir uma declaração de não oposição à realização da operação, sob pena de a mesma não poder ser definitivamente registada (cfr. artigo 3.º, n.º 3). É uma solução que se aceita, atentos a novidade do regime e os interesses em causa que importa acautelar, mas que obviamente torna mais difícil o recurso ao mecanismos previsto no DL 64/2009.

No juízo que terá de efectuar para a emissão daquela declaração, a CMVM deverá ter em conta "o interesse social e a sua adequação à realização do aumento de capital de acordo com as circunstâncias do mercado" (cfr. artigo 3.º, n.º 2). Deste enunciado normativo resulta, assim nos parece – considerando a assumida finalidade da lei [104] e os interesses em jogo que importa tutelar [105] –, que a CMVM só deverá emitir a declaração de não oposição se a sociedade interessada demonstrar a necessidade de se capitalizar e se o valor nominal das acções for diminuído para o mínimo estritamente necessário destinado a permitir-lhe o financiamento no mercado de capitais [106].

---

[103] Para a conexa operação de aumento de capital, o legislador já confiou nos mecanismos de reacção que o regime geral do direito das sociedades coloca à disposição dos interessados.
[104] De permitir a captação de financiamento bolsista por parte das sociedades cotadas. Vide *supra* n.º 1.
[105] Vide *supra* o que ficou dito na nota 97.
[106] Suponha-se o seguinte exemplo: uma dada sociedade tem acções com o valor nominal de 5€, estando as mesmas cotadas em Bolsa, a 3€. Nesta hipótese, a CMVM deverá emitir a declaração de não oposição, quando o valor nominal das acções seja reduzido para um valor próximo – mas inferior – ao da cotação bolsista. Note-se que a diminuição do valor nominal deverá ser para um montante ligeiramente inferior ao da cotação, a fim de assegurar que, quando a oferta chega ao público, não se corra o risco de ela não ser atractiva para os potenciais investidores, por entretanto o valor da cotação se ter tornado inferior ao preço da emissão. André Tunc refere que, existindo direito de preferência – como é o caso –, a colocação dos novos títulos em Bolsa deverá ser inferior, em cerca de 10%, ao valor da cotação, a fim de permitir que eles se mantenham atractivos para os investidores, em caso de uma baixa de cotação durante o interim até à conclusão do processo de subscrição do aumento. Cfr. A. Tunc, *Le droit américain des sociétés anonymes*, Économica, Paris, 1985, pp. 67 ss.

Verificados os exigentes requisitos atrás expostos, poderão então as sociedades cotadas recorrer ao mecanismo extraordinário previsto no artigo 3.º do DL 64/2009, que se traduz na possibilidade de diminuição do valor nominal das acções sem redução do capital social.

Com esta operação, consegue-se, de facto, abrir a porta à possibilidade de captação de financiamento bolsista por parte da sociedade [107] mas, uma vez que ela não é acompanhada da correspondente redução do capital social, a operação implica também a criação de um novo conceito de capital social. Na verdade, para além do entendimento "clássico" de capital social, passa a existir uma nova noção – com todos os inconvenientes e dúvidas que tal origina – que corresponde agora à cifra que resulta da soma de duas componentes: uma representativa do valor nominal das acções e a outra representativa do diferencial resultante da diminuição do valor nominal das acções (cfr. artigo 3.º, n.º 4)[108].

Uma fracção do capital social deixa, pois, nesta nova modalidade, de corresponder ao valor nominal das participações emitidas. Trata-se de uma solução claramente criticável, como já tivemos oportunidade de expor [109], justificando, no entanto, o legislador a sua opção com o facto de solução idêntica estar já consagrada, entre nós, a propósito do regime da remição de acções (cfr. artigo 345.º CSC) [110].

Acontece que o regime da remição de acções do CSC – que terá resultado, em grande medida, de uma má transposição e compreensão do

---

[107] Tenha-se presente o exemplo referido na nota anterior. Se a sociedade mantiver o valor nominal das suas acções em 5€, obviamente – dada a proibição da emissão de acções abaixo do par – que não conseguirá financiar-se no mercado de capitais. Porém, tal já será possível se reduzir o respectivo valor nominal, p. ex., para 2,7€.

[108] A esta segunda componente, deste hodierno capital social, apenas poderá ser dado um dos destinos previstos no artigo 3.º, n.º 5 do DL 64/2009.

[109] Cfr. *supra* ponto n.º 2.

[110] Vide Preâmbulo do diploma.

direito inglês [111] – não deixou de causar perplexidades e dúvidas na doutrina nacional[112]. E, *ça va de soit*, um erro não legitima novo erro...

A verdade é que estes novos conceito e regime de capital social não deixarão de levantar ruído relativamente a um instituto central e fundamental do direito societário [113], originando dúvidas e questões a propósito da sua interpretação e aplicação.

Pense-se, nomeadamente, nas dificuldades que o novo conceito de capital social pode originar relativamente à obtenção de certos quóruns constitutivos e/ou deliberativos mínimos legalmente exigidos, nomeadamente para efeitos de alteração do contrato de sociedade (cfr. artigo 383.º, n.º 2 CSC) e de distribuição dos lucros (cfr. artigo 294.º CSC). Considere-se o seguinte exemplo: uma sociedade com um capital social de 100, reduz, ao abrigo do mecanismo previsto no DL 64/2009, a soma do valor nominal das suas acções para 20. O capital social continuará a ser de 100 (cfr. artigo 3.º, n.º 4), sendo composto pela soma do valor nominal das acções (20) com aquela outra "componente" (de 80), correspondente ao valor que resulta da diminuição do valor nominal das participações sociais. Ora, nesta hipótese, nunca se poderá verificar a presença em Assembleia Geral de accionistas que "detenham, pelo menos, acções correspondentes a um terço do capital social" (cfr. artigo 383.º, n.º 2 CSC), ou obter uma "deli-

---

[111] O regime português da remição de acções teve, de facto, por principal fonte o regime inglês. O nosso legislador, contudo, não considerou o facto de, no que ao capital social diz respeito, o direito insular se afastar significativamente do direito continental. Com efeito, no direito insular há que atender a duas noções de capital. O designado *nominal capital* ou *authorized capital*. Trata-se da cifra que consta dos estatutos (*memorandum of association*) e que a sociedade está autorizada a emitir, mas que não precisa de estar integralmente emitido e subscrito. À parcela do *authorized capital* que é subscrita pelos accionistas, designa-se por *alloted capital* ou *issued capital*. Por isso, no direito inglês, no caso da remição de acções, o capital que não sofre redução é o *authorized capital* (uma vez que este não está relacionado com as acções subscritas), sendo, no entanto, diminuído em conformidade o *issued capital*. Sucede que no direito português – como na generalidade dos direitos continentais – o capital social tem de estar integralmente subscrito, pelo que a remição de acções deveria necessariamente implicar uma redução do capital social!

[112] Vide C. Osório de Castro, *Valores mobiliários: conceito e espécies*, UCP, Porto, 2ª ed., 1998, pp. 123 ss. Sobre a remição de acções – que a Segunda Directiva também prevê, no seu artigo 39.º –, veja-se também Raúl Ventura, "Acções preferenciais sem voto; acções preferenciais remíveis; amortização de acções (acções de fruição)", in "Estudos vários sobre sociedades anónimas", *Comentário ao código das sociedades comerciais*, Almedina, 1992, pp. 454 ss.

[113] Paulo Câmara fala, a este propósito, de uma "entorse num instituto societário central". Cfr. Paulo Câmara, "O Decreto-Lei n.º 64/2009 ...", p. 336.

beração tomada por maioria de três quartos dos votos correspondentes ao capital social" (cfr. artigo 294.º, n.º 1 CSC) [114].

Pense-se também na restrição aos direitos dos sócios que, com a adopção do novo capital social, poderão resultar das normas que fazem depender o exercício de certos direitos sociais da titularidade de uma determinada participação mínima no capital social [115], ou ainda das normas que estabelecem como medida dos direitos e deveres dos sócios a sua participação no capital social [116]. Recupere-se o exemplo dado: poderá um sócio titular de acções com o valor nominal de 2 (correspondentes, portanto, a 2% do capital social, mas a 10% do valor global das participações sociais) propor a acção social de responsabilidade ao abrigo do disposto no artigo 77.º CSC, ou exercer o chamado grande direito à informação previsto no artigo 291.º CSC? E terá aquele sócio direito a receber 2% ou 10% dos lucros?

Eis porque não nos parece que o caminho seguido pelo nosso legislador de "mexer" no regime do capital social, nos termos em que o fez no DL 64/2009, tenha sido – de todo! – a melhor opção, não se nos afigurando tão-pouco que solucione, ao menos de forma útil e eficiente, o problema que pretendeu resolver.

De resto, o regime do diploma [117] – tendo em vista a finalidade pretendida [118] – era perfeitamente escusado, uma vez que a resultado idêntico

---

[114] Parece-nos que, nas hipóteses indicadas, a solução terá – sob pena de ser impossível verificar-se a exigência legal – necessariamente de passar por se atender apenas, para o cômputo dos quóruns legalmente exigidos, à componente do capital social representativa do valor nominal das participações sociais.

[115] A título meramente exemplificativo, em todos os tipos de sociedade, só quem possuir 5% – ou 2%, se se tratar de uma sociedade aberta – do capital social é que pode propor a acção social de responsabilidade contra os gerentes ou administradores por prejuízos que estes tenham causado à sociedade (cfr. artigo 77.º CSC). Por outro lado, e no que diz respeito às SA, só quem possuir 1% do capital social é que pode exercer o direito consagrado no artigo 288.º CSC (o chamado direito mínimo à informação, como seja o de consultar, na sociedade, os relatórios de contas, etc.); quanto a solicitar informações por escrito – e, caso estas sejam recusadas, a requerer inquérito judicial – sobre assuntos sociais, só os accionistas que disponham de 10% do capital social (artigos 291.º e 292.º CSC) o poderão fazer; por sua vez, só podem requerer a convocação da assembleia geral os accionistas que disponham de, pelo menos, 5% do capital social (artigo 375.º, n.º 2 CSC), etc.

[116] Cfr., p. ex., a norma do artigo 22.º, n.º 1 CSC, que estabelece que os sócios participam nos lucros e nas perdas da sociedade segundo a proporção dos valores nominais das respectivas participações no capital.

[117] Que é, para além do mais, um regime exigente e rigoroso.

[118] A possibilidade de recurso ao financiamento bolsista.

se poderá chegar a através de instrumentos já conhecidos [119] e permitidos pelo ordenamento jurídico. Na verdade, uma sociedade pode reduzir o seu capital, mediante a redução do valor nominal das suas acções, por forma a que este valor se torne inferior ao da cotação bolsista [120], permitindo-lhe, desse modo, colocar um aumento de capital na Bolsa [121]. Sendo importante – como será, em regra, no caso das sociedades que recorram a estas operações por necessidade de capitalização – que o montante correspondente à redução se mantenha no património social, poderá a sociedade [122], nesse caso, com o valor correspondente à redução, deliberar a constituição de uma reserva, destinada precisamente a um subsequente aumento de capital social – através da emissão de novas acções com o valor nominal reduzido – por incorporação de reservas [123].

---

[119] E sem, portanto, o risco que se corre, com o recurso ao mecanismo do DL 64/2009, de se ser surpreendido por um qualquer efeito e/ou consequência imprevistos.

[120] Com efeito, a flexibilidade permitida pelas *low par shares* (i.é, acções com valor nominal baixo) torna sempre possível tal solução. As *low par shares* passaram a ser admitidas entre nós com a alteração ao CSC efectuada pelo regime da transição para o euro. Cfr. artigo 276.º, n. 2 CSC, com a redacção que lhe foi dada pelo DL n.º 343/98, de 6 de Novembro, que passou a prever a possibilidade de acções com o valor nominal de um cêntimo.

[121] Que antes, porventura, por força do antigo valor nominal das acções, estaria impedida de realizar. Suponha-se uma sociedade com um capital social de 500, correspondente a 100 acções, no valor nominal de 5 cada. Se o valor, em Bolsa, da cotação das acções for de 3, ela não se conseguirá financiar no mercado de capitais, uma vez que não pode emitir acções abaixo do par (*in casu*, abaixo de 5) e, obviamente, nessa hipótese ninguém estará na disposição de adquirir as acções por aquele valor. Contudo, se reduzir o capital social para 200 – por redução do valor nominal das acções para 2 –, isso já lhe permitirá colocar em Bolsa acções a um preço atractivo para os investidores e, consequentemente, financiar-se no mercado de capitais.

[122] Uma vez que, entre nós, ao contrário do que tem sido defendido no ordenamento jurídico italiano, nada parece obrigar a que, no caso de redução do capital social não destinado à cobertura de perdas, o montante do capital reduzido tenha necessariamente de ser distribuído aos sócios. Na jurisprudência e doutrina italianas tem sido, de facto, entendido que não é admissível a redução de capital por exuberância, quando os fundos libertados pela redução se mantenham na sociedade a título de reservas, porquanto isso evidencia que, afinal, aquele "capital" ainda é necessário à sociedade. Cfr. Lo Cascio *et als.*, *Società per azioni*, Giuffrè, Milano, 2003, pp. 526 ss.; e G. Bianchi, *Le operazioni sul capitale sociale*, Cedam, Padova, 1998, *Le operazioni sul capitale sociale*, pp. 230 ss., indicando diversa jurisprudência em sentido concordante.

[123] Pense-se no exemplo dado na nota 121. Subsequentemente ou até contemporaneamente à redução do capital social, pode a sociedade deliberar um aumento de capital, novamente para 500, por incorporação da reserva constituída com o valor da redução (ou seja, 300), mediante a emissão de 150 novas acções, com o valor nominal de 2. E, desta forma, a operação será (e só desta forma o será!) absolutamente neutra – seja para credores, seja para sócios –, uma vez que a respectiva situação se mantém totalmente inalterada: a sociedade continua com um capital social no valor de 500 (com a diferença de corres-

Julgamos, por isso – e conforta-nos essa ideia –, que poucas sociedades irão recorrer a este "mecanismo" e que, mesmo aquelas que o façam, terão seguramente interesse em voltar rapidamente ao clássico conceito de capital social, dadas as dificuldades e dúvidas que o novo regime sempre suscitará.

ponder, agora, a 250 acções no valor nominal de 2 cada), mantendo-se os sócios e a sua posição relativa exactamente na mesma. Trata-se, no fundo, nesta hipótese, da realização da chamada operação-acórdeão, em que não se visa o saneamento de perdas ou injecção de capital na sociedade, mas tão-só, a redução do valor nominal das participações sociais, através de meras operações contabilísticas.

Resumo: No âmbito do regime legal das sociedades unipessoais por quotas, são disciplinados expressamente os negócios jurídicos celebrados entre o sócio único e a sociedade. Neste âmbito, o artigo 270.º-F do CSC prevê, no n.º 4, que a violação do disposto nos seus números anteriores "implica a nulidade dos negócios jurídicos celebrados e responsabiliza ilimitadamente o sócio". Com o presente estudo visa-se, através do recurso aos diversos factores hermenêuticos, com destaque para o esclarecimento da *ratio legis*, interpretar esse texto legal, atribuindo-lhe o alcance conforme ao pensamento legislativo. De caminho, problematiza-se a relação entre a norma em análise e a chamada "desconsideração da personalidade jurídica", bem como a aplicabilidade do artigo 84.º do CSC às sociedades unipessoais por quotas.

Abstract: In the legal *regimen* of the one-person private limited companies, the legislator expressly disciplined the acts mutually involving the sole partner, on the one hand, and the company itself, on the other hand. Article 270.º-F of the Portuguese Companies Code determines, in its number 4, that the violation of the rules laid down in the previous numbers "brings about the nullity of the acts concluded, and the unlimited liability of the partner". This paper focuses on the interpretation of such legal text, in accordance with its *ratio legis*, and taking into account all relevant hermeneutical factors. On the way, it deals with the relationship between the legal rule under analysis and the so-called *"piercing of the corporate veil"*, as well as with the applicability of Article 84 of the Portuguese Companies Code to the one-person private limited companies.

MARIA DE FÁTIMA RIBEIRO[*]

O âmbito de aplicação do artigo 270.º-F, n.º 4, do CSC e a responsabilidade "ilimitada" do sócio único

1. A sociedade unipessoal por quotas e a *ratio* do artigo 270.º-F

Com o Decreto-Lei n.º 257/96, de 31 de Dezembro, e a introdução, no CSC, dos artigos 270.º-A a 270.º-G, a lei portuguesa passou a admitir a constituição de sociedades por quotas "por uma só pessoa"[1]. No que

[*] Professora da Faculdade de Direito da Universidade Católica Portuguesa (Porto)

---

[1] Sobre a consagração legislativa da unipessoalidade originária no âmbito das sociedades por quotas em Portugal, cfr. RICARDO ALBERTO SANTOS COSTA, *A Sociedade por Quotas Unipessoal no Direito Português. Contributo para o Estudo do seu Regime Jurídico*, Almedina, Coimbra, 2002, pp. 267 e ss.; MARIA DE FÁTIMA RIBEIRO, *A Tutela dos Credores da Sociedade por Quotas e a "Desconsideração da Personalidade Jurídica"*, Almedina, Coimbra, 2009, pp. 39 e ss., e 371 e ss.; FILIPE CASSIANO DOS SANTOS, *A Sociedade Unipessoal por Quotas. Comentários e Anotações*

respeita à tutela dos interesses dos credores da sociedade unipessoal por quotas, o protagonismo acaba por ser assumido pelo disposto no artigo 270.º-F do CSC, cujo conteúdo carece de análise cuidadosa. Apenas neste preceito, a lei disciplina "[o]s negócios jurídicos celebrados entre o sócio único e a sociedade", estabelecendo requisitos de validade quanto ao respectivo fim, quanto à forma da sua celebração e quanto à publicidade a dar aos mesmos.

Desde logo, "[o]s negócios jurídicos celebrados entre o sócio único e a sociedade devem servir o objecto da sociedade", como dispõe o n.º 1 do artigo 270.º-F, sob pena de invalidade, nos termos do n.º 4. O que equivale a dizer que este negócio, para ser válido, deve respeitar o fim da sociedade (ou seja, a capacidade de a sociedade obter um lucro, "atribuível" ao sócio único), como resulta do artigo 6.º do CSC (e vale para todos os negócios jurídicos celebrados no âmbito de qualquer tipo social)[2] e, além disso, servir a prossecução do objecto da mesma[3]. Do ponto de vista

---

aos Artigos 270.º-A a 270.º-G do Código das Sociedades Comerciais, Coimbra Editora, Coimbra, 2009, pp. 39 e ss..

[2] Se o negócio não respeitar o fim da sociedade, seja ela unipessoal ou pluripessoal e de qualquer tipo, será nulo por violação do artigo 6.º, n.º 1, do CSC, por força do artigo 294.º do Código Civil. Cfr. AGOSTINHO CARDOSO GUEDES, «A limitação dos poderes dos administradores das sociedades anónimas operada pelo objecto social no novo Código das Sociedades Comerciais», in *RDE*, n.º 13, 1987, pág. 131; ALEXANDRE SOVERAL MARTINS, «Capacidade e representação das sociedades comerciais», in *Problemas do Direito das Sociedades*, Almedina, Coimbra, 2002, pp. 472 e ss.; JORGE MANUEL COUTINHO DE ABREU, *Curso de Direito Comercial. Vol. II. Das Sociedades*, 2.ª ed., Almedina, Coimbra, 2007, pp. 187 e ss..

[3] Ou seja, nas palavras de FILIPE CASSIANO DOS SANTOS, *A Sociedade Unipessoal por Quotas* ..., cit., pág. 111, "o negócio deve ser necessário, útil ou conveniente à prossecução das actividades inscritas no estatuto como objecto da sociedade". Note-se que a prossecução do objecto social não constitui, em regra, requisito de validade dos actos praticados pelos gerentes. Para determinarmos a função do objecto da sociedade no âmbito dos efeitos dos actos praticados pelos gerentes da sociedade por quotas, devemos analisar o disposto nos artigos 259.º e 260.º, n.ºs 1 e 2, do CSC. Da conjugação destes preceitos resulta que as cláusulas estatutárias ou deliberações que fixam o objecto social limitam os poderes de gestão dos seus gerentes (estes, em obediência ao disposto no artigo 6.º, n.º 4, do CSC, têm o dever de não excederem esse objecto). E também limitam os seus poderes de representação, pois os actos estranhos ao objecto social praticados pelos gerentes da sociedade são válidos e eficazes em relação a terceiros, com uma excepção: a sociedade pode opor a terceiros a violação, pelos gerentes, das limitações de poderes impostas pelo objecto social, se esses terceiros não estiverem de boa fé (cabe à sociedade a prova de que o terceiro não está de boa fé, aferida esta pelo facto de o terceiro saber, ou não poder ignorar, tendo em conta as circunstâncias do acto praticado, que esse acto não respeitava o objecto social). Cfr. ANTÓNIO MENEZES CORDEIRO, *Manual de Direito das Sociedades. II. Das Sociedades em Especial*, 2.ª ed., Almedina, Coimbra, 2007, pp. 423 e ss.. Neste último caso, o negócio não será inválido, mas apenas ineficaz em relação à sociedade (dado que os gerentes,

dos requisitos formais, o negócio jurídico celebrado entre o sócio único e a sociedade deve obedecer sempre à forma escrita (se outra forma mais exigente não for legalmente exigida para esse específico negócio jurídico). E devem os documentos de que consta ser patenteados conjuntamente com o relatório de gestão e os documentos de prestação de contas, e estar disponíveis na sede da sociedade, a todo o tempo, para consulta de qualquer interessado[4].

---

praticando um acto estranho ao objecto social, agem fora do âmbito dos seus poderes de representação – cfr. o artigo 268.º, n.º 1, do Código Civil). Como se trata de um acto ineficaz em relação à sociedade, esta não fica vinculada pelo acto, a menos que o ratifique, expressa ou tacitamente ("por deliberação expressa ou tácita dos sócios", na expressão do legislador), conferindo-lhe eficácia plena. Para a análise da mesma questão para todos os tipos societários, com particular incidência nas sociedades anónimas, cfr. AGOSTINHO CARDOSO GUEDES, «A limitação dos poderes dos administradores das sociedades anónimas operada pelo objecto social», cit., pp. 127 e ss.; ANTÓNIO AGOSTINHO CAEIRO, «A Parte Geral do Código das Sociedades Comerciais», separata do número especial do BFDUC – Estudos em Homenagem ao Prof. Doutor Afonso Rodrigues Queiró, 1986, pág. 17; ELISEU FIGUEIRA, «Disciplina jurídica dos grupos de sociedades. Breves notas sobre o papel e a função do grupo de empresas e a sua disciplina jurídica», in CJ, XV, n.º 4, 1990, pp. 55 e ss.; ALEXANDRE SOVERAL MARTINS, «Capacidade e representação das sociedades comerciais», cit., pp. 489 e ss.; idem, «Da personalidade e capacidade jurídicas das sociedades comerciais», in Estudos de Direito das Sociedades, 8.ª ed., Almedina, Coimbra, 2007, pp. 108 e ss.; FILIPE CASSIANO DOS SANTOS, Estrutura Associativa e Participação Societária Capitalística. Controlo da Sociedade, Estrutura Societária e Participação do Sócio nas Sociedades Capitalísticas, Coimbra Editora, Coimbra, 2006, pp. 284 e ss., e 300 e ss.; MIGUEL PUPO CORREIA, Direito Comercial. Direito da Empresa, 10.ª ed. (com a colaboração de ANTÓNIO JOSÉ TOMÁS/OCTÁVIO CASTELO PAULO), Ediforum, Lisboa, 2007, pp. 197 e ss..

[4] Isto, porque se o acto for nulo, por falta de cumprimento de algum dos requisitos previamente indicados, a legitimidade para invocar a nulidade é de "qualquer interessado", "a todo o tempo" (cfr. o artigo 286.º do Código Civil). CATARINA SERRA, «As novas sociedades unipessoais por quotas (algumas considerações a propósito do DL n.º 257/96, de 31 de Dezembro)», in Scientia Iuridica, Janeiro-Junho 1997, tomo XLVI, n.ºs 265-267, pág. 138, entende que não se justifica a consagração do dever de tornar acessíveis a terceiros os documentos de que constam os negócios jurídicos, que conduzirá a "resultados nocivos", como o incumprimento desta obrigação ou o recurso ao expediente das sociedades fictícias, para evitar que as empresas concorrentes da sociedade "tenham conhecimento dos seus negócios jurídicos". Estes perigos subsistem mesmo que se considere, com FILIPE CASSIANO DOS SANTOS, A Sociedade Unipessoal por Quotas ..., cit., pág.113, que "qualquer interessado" será apenas, para este efeito, quem tenha um crédito sobre a sociedade ou quem esteja numa relação pré-negocial da qual possa vir a resultar um crédito ou responsabilidade da sociedade. À luz de preceito que dispõe em sentido semelhante no direito espanhol, também RODRIGO URÍA/AURELIO MENÉNDEZ/ JUAN LUIS IGLESIAS PRADA, «La sociedad unipersonal», in VVAA, Curso de Derecho Mercantil RODRIGO URÍA/AURELIO MENÉNDEZ. I. Empresario, Establecimiento Mercantil y Actividad Empresarial. Derecho de la Competencia y de la Propiedad

Podemos interrogar-nos acerca dos motivos que levaram o legislador nacional a regular, quando permitiu finalmente a constituição de sociedades de responsabilidade limitada por uma única pessoa (singular ou colectiva), a específica área da celebração de negócios jurídicos entre a sociedade e o seu sócio único. As preocupações que o moveram estão evidenciadas nos requisitos exigidos para esses negócios: pretende-se impedir a celebração, entre sociedade e sócio, de outros negócios que não os que sirvam a prossecução do objecto da sociedade; mas também se impõe que esses negócios sejam celebrados formalmente, e publicitados. Ou seja, a lei garante que, ou não são celebrados negócios entre o sócio único e a sociedade ou, se o forem – e ainda que sirvam o objecto da sociedade –, facilmente os credores sociais os conhecem, para que possam fazer valer eventuais direitos que lhes assistam[5]. Na tentativa de determinação do alcance da norma em apreço, precisa de ser esclarecido o motivo que levou o legislador a revelar este especial cuidado nas sociedades unipessoais por quotas, em particular, uma vez que em relação às sociedades pluripessoais de qualquer tipo, bem como em relação às sociedades "temporariamente" reduzidas à unipessoalidade, nenhum preceito acautela especificamente estas situações.

Pode ver-se no artigo 270.º-F do CSC uma manifestação do princípio da proibição do contrato consigo mesmo (embora o âmbito de aplicação deste preceito se estenda às situações em que a sociedade é representada, na celebração do contrato, por alguém que não seja o seu único sócio[6])[7],

---

Industrial e Intelectual. Derecho de Sociedades, coord. María Luisa Aparicio González, 2.ª ed., Civitas, Madrid, 2006, pág. 1367, tecem aquela crítica.

[5] Cfr. Jorge Manuel Coutinho de Abreu, *Da Empresarialidade. As Empresas no Direito*, Almedina, Coimbra, 1996, pág. 149.

[6] Sobre esta diferença entre o artigo 261.º do Código Civil e o artigo 270.º-F do CSC, cfr. Margarida Azevedo de Almeida, «O problema da responsabilidade do sócio único perante os credores da sociedade por quotas unipessoal», in *RCEJ*, n.º 3, 2005, pág. 75.

[7] Já antes da consagração legal expressa, com carácter geral, deste princípio, foi defendido entre nós que o facto de um representante de outrem "contratar consigo mesmo, como representante e em seu nome", é potencialmente "perigoso" se os interesses das duas partes forem opostos, uma vez que é de temer "que o representante sacrifique os do representado a favor dos seus". Cfr. Adriano Paes da Silva Vaz Serra, «Contrato consigo mesmo», in *RLJ*, ano 91.º, 1959, pp. 179 e 180; Inocêncio Galvão Telles, *Manual dos Contratos em Geral*, 3.ª edição, Lex, Lisboa, 1965 (reimpressão de 1995), pp. 318 e ss.. Entretanto, já se via na proibição constante no artigo 173.º, § 3, do Código Comercial (que dispunha ser expressamente proibido aos directores das sociedades anónimas negociar por conta própria, directa ou indirectamente, com a sociedade cuja gerência lhes estivesse confiada), aplicável às sociedades por quotas por força do disposto no artigo 31.º da Lei de 11 de Abril de 1901, uma manifestação positiva da proibição do contrato consigo mesmo. Cfr. António de Arruda Ferrer Correia, *Sociedades Fictícias e Unipessoais*, Livraria Atlântida, Coimbra,

uma resposta à já vetusta questão de saber se pode o sócio de uma sociedade unipessoal figurar num contrato ao mesmo tempo enquanto representante da sociedade (na qualidade de gerente ou através de outrem que desempenhe essas funções) e em seu nome individual[8].

O artigo 261.º do Código Civil determina a anulabilidade do negócio celebrado pelo representante consigo mesmo[9], a menos que o representado "tenha especificadamente consentido na celebração", ou que o negó-

---

1948, pp. 312 e ss.; INOCÊNCIO GALVÃO TELLES, «Contrato entre a sociedade anónima e o seu director», in *O Direito*, 1955, pp. 12 e ss., e 18 e ss.; ADRIANO PAES DA SILVA VAZ SERRA, «Contrato consigo mesmo e negociação de directores ou gerentes de sociedades anónimas ou por quotas com as respectivas sociedades (algumas considerações)», in *RLJ*, ano 100.º, 1967, pp. 83 e ss..

[8] A questão assim colocada mereceu, já em 1948, o exame de ANTÓNIO DE ARRUDA FERRER CORREIA, *Sociedades Fictícias e Unipessoais, cit.*, pp. 314 e ss., tema depois retomado pelo Autor no estudo «O problema das sociedades unipessoais», in *BMJ*, n.º 166, Maio de 1967, pp. 196 e ss., e na obra *Lições de Direito Comercial. Vol. II. Sociedades Comerciais. Doutrina Geral* (com a colaboração de Vasco Lobo Xavier, Manuel Henrique Mesquita, José Manuel Sampaio e António Agostinho Caeiro), edição policopiada, Universidade de Coimbra, 1968, pp. 192 e ss.. Para FERRER CORREIA, não existe aqui verdadeiro antagonismo de interesses, pois a sociedade unipessoal só pode prosseguir o interesse do *dominus societatis*: se o sócio privilegiar, no negócio, o seu interesse pessoal em detrimento do interesse da sociedade, só ele próprio "poderá colher prejuízo directo", pois não verá condignamente remunerado o capital investido na empresa. Em consequência, conclui o Autor que não será lícito à sociedade unipessoal invocar a invalidade do negócio celebrado consigo mesmo pelo sócio único, na qualidade de seu representante, pois essa invalidade é estatuída para situações diferentes, além do que essa invocação corresponderia a um *venire contra factum proprium*.

[9] A escolha legislativa da sanção anulabilidade foi questionada por ADRIANO PAES DA SILVA VAZ SERRA, «Contrato consigo mesmo e negociação de directores ou gerentes ...», *cit.*, pp. 161 e ss., que parecia preferir a ineficácia, por ser mais favorável ao representado (afirmando: "a ratificação é muito mais simples do que uma acção de anulação"; e questionando: "não se verificando nenhuma das excepções previstas no n.º 1 do artigo 261.º, a presunção a estabelecer não deveria ser antes a de que o representado não quer que o contrato produza efeitos em relação a ele [...]?"). Contudo, RAUL GUICHARD, «O negócio consigo mesmo: uma tentativa de justificação do regime legal», in *RCEJ*, n.º 11, 2007, pp. 65 e ss., justifica cabalmente a opção do legislador: embora exista efectiva afinidade entre a situação do contrato consigo mesmo e a do abuso de representação (para a qual o artigo 269.º do Código Civil prescreve, na ausência de ratificação do representado, a sanção ineficácia), não pode ignorar-se que, no caso do abuso de representação, "se atende (apenas) a um efectivo desvio do representante da prossecução dos interesses do representado", enquanto no negócio consigo mesmo já releva a "mera situação de potencial dissídio entre os interesses de ambos"; aqui, aceita-se que os efeitos do negócio consigo mesmo se produzam, a menos que o representado tome a iniciativa de o impedir.

cio "exclua por sua natureza a possibilidade de um conflito de interesses"[10]. A tutela desta norma dirige-se ao interesse directo do próprio representado (visa evitar um benefício do representante em prejuízo do representado), não ao dos seus credores, razão pela qual o consentimento daquele afasta a invalidade do negócio[11]. Logo, entender que o artigo 270.º-F é uma manifestação da proibição do negócio consigo mesmo passa pela identificação, nas sociedades unipessoais, de dois pressupostos fundamentais: o entendimento de que, nos negócios celebrados entre o sócio único e a sociedade unipessoal, o sócio age simultaneamente em seu nome e em representação da sociedade (o que, formalmente, nem sempre se verifica); e a existência de conflito ou oposição entre o interesse do sócio único e o interesse da sociedade.

Analisemos o primeiro aspecto: a menos que o sócio único seja gerente da sociedade unipessoal (ou tenha sido por esta mandatado para a celebração do negócio), não pode afirmar-se que ele actua simultaneamente

---

[10] Sobre o alcance da referência ao conflito de interesses a que esta norma responde, cfr. PEDRO DE ALBUQUERQUE, *A Representação Voluntária em Direito Civil (Ensaio de Reconstrução Dogmática)*, Almedina, Coimbra, 2004, pp. 939 e ss., nota 1477, que conclui pelo entendimento de que este conflito de interesses será um "conflito entre vontades ou fins predeterminados pela vontade do representado (determinada [...] em função da procuração e da relação-base ou causal) e os potencialmente visados pelo representado". Cfr., ainda, a análise de RAUL GUICHARD, «O negócio consigo mesmo ...», *cit.*, pp. 53 e ss..

[11] Aliás, como nota ANTÓNIO FERRER CORREIA, «O problema das sociedades unipessoais», *cit.*, pp. 197 e ss., e *Lições de Direito Comercial. Vol. II. Sociedades Comerciais. Doutrina Geral* ..., *cit.*, pág. 194, o contrato do representante consigo mesmo, porque anulável, pode ser sempre confirmado pelo representado; pelo que, cabendo nas sociedades a confirmação à respectiva assembleia geral, seria o sócio único a decidir acerca da validade daquele acto que, então, deveria entender-se sempre válido, porque acompanhado de uma confirmação tácita, em virtude das circunstâncias da sua própria celebração (de resto, para o negócio – anulável – celebrado consigo mesmo, em geral, sustenta ADRIANO PAES DA SILVA VAZ SERRA, «Contrato consigo mesmo e negociação de directores ou gerentes ...», *cit.*, pág. 197, a existência de uma obrigação de o representado não fazer anular o negócio se a boa fé o obrigar a abster-se disso). Note-se que KARL LARENZ, *Metodologia da Ciência do Direito*, tradução de José Lamego da 6.ª ed., 3.ª ed., Fundação Calouste Gulbenkian, Lisboa, 1997, pp. 557 e ss., defende a redução teleológica de norma equivalente na ordem jurídica alemã, o § 181 do BGB, quando o negócio jurídico, pela sua natureza, só pode trazer uma vantagem ao representado e quando essa redução não possa pôr em perigo o interesse deste último. Contudo, quanto ao caso concreto de celebração, pelo sócio único de uma sociedade de responsabilidade limitada, como representante daquela, de negócio jurídico consigo mesmo, LARENZ mostra-se sensível ao facto de a redução do § 181 do BGB poder fazer perigar especialmente os interesses dos credores sociais, pelo que parece manifestar uma certa reserva relativamente a essa solução.

em seu nome e em representação da sociedade[12]. Mas pode e deve ponderar-se a circunstância de ele condicionar, directa ou indirectamente, a actuação daquele que age em representação desta, determinando desse modo que a sua actuação sirva os interesses pessoais do sócio único[13], em detrimento dos interesses da sociedade representada[14].

E, daqui, somos conduzidos à análise do segundo aspecto: só é possível ver no representante da sociedade uma actuação que submeta os interesses da sociedade representada aos interesses da outra parte do negócio (o sócio único) se, ainda, se admitir que se trata de interesses que não são necessariamente coincidentes. Subsiste, então, a questão de sabermos o que poderia levar hoje o legislador a ver também no negócio celebrado entre sócio único de sociedade unipessoal por quotas e a própria sociedade um negócio consigo mesmo (contra o entendimento da doutrina pátria tradicional). Para o efeito, é essencial que se identifique a possibilidade de existência de antagonismo entre o interesse do sócio único e o da sociedade unipessoal, o que pode parecer difícil, mas passa por uma análise muito realista da evolução do conceito de interesse de cada uma

---

[12] Já INOCÊNCIO GALVÃO TELLES, «Contrato entre a sociedade anónima e o seu director», cit., pp. 18 e ss., e 24 e ss., interpretava o artigo 173.º, § 3.º, do Código Comercial, de modo a que a proibição que resultava dessa norma apenas se aplicasse à situação em que o director actuasse em representação da sociedade consigo próprio (excluindo, portanto, aquela em que a sociedade fosse representada por outro director). Por seu turno, CARLOS FERREIRA DE ALMEIDA, Contratos. I. Conceito. Fontes. Formação, 3.ª ed., Almedina, Coimbra, 2005, pág. 147, nota 198, reconhece a qualidade de contrato consigo mesmo àquele que é celebrado entre o sócio único e a sociedade unipessoal, mas apenas quando esse sócio seja também seu administrador único ou o único administrador que intervém em representação da sociedade.

[13] Conforta esta posição o facto de a doutrina tender a considerar abrangido pela proibição do negócio consigo mesmo o caso em que o representante designe um substituto para representar o representado (uma vez que, esclarece ADRIANO PAES DA SILVA VAZ SERRA, «Contrato consigo mesmo», cit., pág. 213, "pode acontecer que [o representante] se inspire, ao fazer a nomeação, no seu próprio interesse, ou que venha a valer-se da circunstância da nomeação, com o fim de obter do substituto negócios jurídicos vantajosos para si e prejudiciais para o representado". Neste sentido, além de VAZ SERRA, últ. ob. cit., pág. 214, cfr. RAUL GUICHARD, «O negócio consigo mesmo ...», cit., pp. 35 e ss., que realça o facto de, aqui, inexistindo a "identidade pessoal" entre o representante e a contraparte, não ser de ignorar a "'dependência jurídica' ou tão-só "'fáctica'"): isto, porque a designação do representante da sociedade unipessoal (que será, em regra, o seu gerente) caberá exclusivamente ao seu único sócio.

[14] De resto, a mesma ratio informa o regime de responsabilidade do sócio controlador consagrado no artigo 83.º do CSC.

das partes do negócio[15]. A total compreensão da *ratio* do artigo 270.º-F do CSC implica a rejeição da identidade entre o interesse da sociedade e o interesse do sócio único. É verdade que ele, enquanto sócio, tem interesse em obter o máximo lucro possível através dessa pessoa colectiva: não pode ignorar-se que o lucro distribuível, como se sabe, só é apurado depois de deduzidas as dívidas do exercício e de compensadas as perdas transitadas, o que condiciona o interesse do sócio (mesmo único) ao fim da sociedade; ao procurar o lucro, devem os sócios, necessária e previamente, fazer com que a sociedade tenha a maior capacidade possível para cumprir as suas obrigações para com terceiros. Mas o sócio único também pode ser portador de interesses pessoais, de carácter extra-social, que conflituem com os seus próprios interesses enquanto sócio (daí, a particular incidência das análises da doutrina e da experiência jurisprudencial do recurso à "desconsideração da personalidade jurídica" no domínio das sociedades unipessoais). Pelo que não pode afirmar-se, em abstracto, a identidade absoluta entre o interesse do sócio único e o interesse social, de modo a excluir liminarmente a aplicação da proibição de celebração de negócio consigo mesmo em tais casos[16].

---

[15] Para as sociedades "temporariamente" reduzidas a um sócio entende-se, tradicionalmente, que não é verdade que a sociedade "esteja ao serviço do seu único accionista" (cfr. ANTÓNIO FERRER CORREIA, *Sociedades Fictícias e Unipessoais, cit.*, pág. 319), pois a sociedade está ao serviço dos seus sócios, só acidentalmente reduzidos à unidade (note-se, porém, que a tutela dos interesses dos sócios futuros merece, no âmbito das sociedades por quotas, sérias reservas por parte da doutrina. Cfr. VASCO LOBO XAVIER, *Anulação de Deliberação Social e Deliberações Conexas* (reimpressão), Almedina, Coimbra, 1998, pp. 231 e ss.; JORGE MANUEL COUTINHO DE ABREU, *Do Abuso de Direito. Ensaio de um Critério em Direito Civil e nas Deliberações Sociais Abusivas*, Almedina, Coimbra, 1983, pp. 162 e ss.). Aqui, seria clara a pertinência da aplicação do artigo 261.º do Código Civil quando o sócio único contratasse com a sociedade por si representada, por ter claramente havido representação, pela mesma pessoa, de dois interesses em conflito (ainda que potencial).

[16] A doutrina pátria tradicional recusava-se a ver no negócio celebrado entre o sócio único de sociedade unipessoal por quotas e a própria sociedade um negócio consigo mesmo, por negar, aí, a existência de antagonismo entre o interesse do sócio único e o interesse da sociedade unipessoal. Como é o caso de ANTÓNIO FERRER CORREIA, *Sociedades Fictícias e Unipessoais, cit.*, pp. 314 e ss., e MANUEL DE ALARCÃO, «Sociedades Unipessoais», in *BFDUC*, Suplemento ao Vol. XIII, 1961, pp. 271 e ss.; e, recentemente, de JORGE MANUEL COUTINHO DE ABREU, *Da Empresarialidade. As Empresas no Direito, cit.*, pp. 149 e ss., nota 388. Também TERESA SAPIRO ANSELMO VAZ, «A responsabilidade do accionista controlador», in *O Direito*, ano 128.º, III-IV (Julho-Dezembro), pág. 350 revela grande dificuldade em distinguir, nas sociedades unipessoais, o interesse social do interesse particular do sócio único. Nesta linha, já no Anteprojecto de lei das sociedades por quotas, da autoria de ANTÓNIO FERRER CORREIA, VASCO LOBO XAVIER, ANTÓNIO CAEIRO e MARIA ÂNGELA COELHO, publicado na *RDE*, ano III, 1977, n.ºs 1 e 2, e ano V, 1979, n.º 1 (sob o título «Sociedade por quotas de responsabi-

Deste ponto de vista, o artigo 270.º-F do CSC viria determinar, concretamente, a admissibilidade dos negócios celebrados entre o sócio único e a sociedade unipessoal por quotas – o que não seria líquido, na ausência de previsão legal expressa –, desde que respeitado um conjunto de requisitos, verdadeiros "mecanismos de segurança" com vista à salvaguarda do interesse social e, reflexamente, dos interesses dos credores da sociedade[17].

Contudo, alguns destes aspectos de regime – aqueles essencialmente vocacionados para a tutela dos credores sociais – parecem afastar o disposto no artigo 270.º-F do CSC do regime legal do negócio consigo mesmo: os negócios entre sócio único e sociedade estão geralmente autorizados, desde que respeitados certos requisitos; nem a obrigação de respeitar esses requisitos nem a aplicação das consequências estabelecidas para o seu incumprimento estão dependentes do facto de a pessoa que representa a sociedade no negócio ser o próprio sócio único; uma das consequências desse incumprimento é a nulidade do negócio, o que revela uma clara intenção do legislador de tutelar interesses de terceiros; o consentimento do lesado não afasta a invalidade do negócio[18]; nenhuma das consequências previstas para o incumprimento de algum dos requisitos legais é afastada pelo facto de o negócio em causa não ser, em si mesmo, apto para causar qualquer prejuízo ao representado[19]; para mais, estabelece-se a responsabilidade "ilimitada" do sócio único em caso de incum-

---

lidade limitada. Anteprojecto de lei. 2.ª redacção e exposição de motivos»), se previa (no artigo 88.º, na pág. 375 do n.º 2 de 1977) que, se a sociedade tivesse um único sócio e este fosse o gerente, os negócios jurídicos por ele celebrados com a sociedade deveriam obedecer à forma escrita, não lhes sendo aplicável a norma do artigo 261.º do Código Civil, que prescreve a anulabilidade dos negócios celebrados pelo representante consigo mesmo. Todavia, CATARINA SERRA, «As *novas* sociedades unipessoais por quotas ...», *cit.*, pp. 137 e ss., embora veja no contrato celebrado entre o sócio enquanto sujeito e o sócio enquanto administrador e representante legal da sociedade um caso de "contrato consigo mesmo", afirma a inexistência da necessária "contraposição de interesses de que depende o equilíbrio de todo o negócio bilateral".

[17] Podem caber aqui as exigências formais e de publicidade exigidas para o negócio, embora a necessidade de tornar o negócio consigo mesmo conhecido por terceiros seja, tradicionalmente, apenas vista como meio de os fazer saber se o acto se efectuou para produzir os seus efeitos jurídicos, ou se não passou de um propósito do representante. Neste sentido, cfr. ADRIANO PAES DA SILVA VAZ SERRA, «Contrato consigo mesmo», *cit.*, pág. 243.

[18] Note-se que a invalidade do artigo 270.º-F do CSC podia, até à reforma de 2006, ser afastada pelo "consentimento" – na escritura pública de constituição ou alteração – da sociedade unipessoal representada, o que também contribuía para que se aceitasse que este preceito era expressão da proibição de celebração de negócio consigo mesmo. Mas a verdade é que este "consentimento" seria sempre, afinal, prestado pelo sócio único.

[19] Como, nomeadamente, no caso em que o negócio é gratuito para a sociedade.

primento de algum desses requisitos, mais direccionada para a tutela de terceiros do que para a do próprio representado.

Esta divergência de regime parece justificar-se nalguns dos aspectos expostos (por exemplo, no que respeita à irrelevância do consentimento da sociedade). Noutros, contudo, o legislador pecou por excesso, vítima do seu empenho em conciliar a real operatividade da sociedade unipessoal por quotas com a proibição geral do negócio consigo mesmo e com a necessidade de tutela dos credores sociais.

De qualquer modo, face ao "desconforto" que provoca a leitura do artigo 270.º-F à luz da proibição genérica do negócio consigo mesmo (particularmente, devido ao entendimento generalizado, entre nós, de que o interesse do sócio único não pode conflituar com o interesse da sociedade unipessoal), a doutrina contemporânea tenta, também, relacionar o fundamento deste preceito com outras normas do Código das Sociedades Comerciais que visam assegurar a rigorosa afectação do património social ao cumprimento das obrigações da sociedade (e que contemplam situações onde também pode ser duvidosa a afirmação da inexistência de um antagonismo de interesses), como é o caso do artigo 29.º, n.º 4[20], ou do artigo 397.º, n.ºs 1 e 2[21], todos do CSC.

---

[20] Esta norma prevê a nulidade do contrato de aquisição de bens pela sociedade ao accionista antes da celebração do contrato de sociedade, ao tempo dessa celebração, ou nos dois anos seguintes à respectiva escritura ou à escritura de aumento de capital, desde que esse contrato não tenha observado a forma escrita. Também é necessário, para que o contrato seja eficaz, que tenha sido aprovado pela assembleia geral. Para RICARDO ALBERTO SANTOS COSTA, «As sociedades unipessoais», in *Problemas do Direito das Sociedades*, Almedina, Coimbra, 2002, pág. 57, nota 84, a regulação do artigo 270.º-F aproximaria o regime das sociedades unipessoais por quotas do regime das sociedades anónimas e das sociedades em comandita por acções previsto no artigo 29.º, n.º 4, do CSC, quanto às aquisições de bens aos sócios. Mas no caso de que nos ocupamos estão em causa todos os tipos de negócios jurídicos celebrados entre a sociedade e o seu único sócio, sejam eles de alienação, de aquisição, ou outros.

[21] ALEXANDRE SOVERAL MARTINS, «Código das Sociedades Comerciais. Alterações introduzidas pelo Decreto-Lei n.º 257/96, de 31 de Dezembro», in *Revista Jurídica da Universidade Moderna*, Vol. I, 1998, pág. 313, nota 12, entende que o regime do artigo 270.º-F do CSC se aproxima daquele que vigora para os negócios celebrados entre a sociedade anónima e os seus administradores, no artigo 397.º do CSC, e que determina a nulidade destes negócios, a menos que tenham sido previamente autorizados por deliberação do conselho de administração (na qual, naturalmente, o interessado não pode votar) e tenham o parecer favorável do conselho fiscal (sobre a possibilidade de aplicação do disposto no artigo 397.º, n.º 2, do CSC, às sociedades por quotas em geral, cfr. RAÚL VENTURA, *Sociedades por Quotas. Vol. III. Comentário ao Código das Sociedades Comerciais* (reimpressão), Almedina, Coimbra, 1996, pp. 177 e ss., com resposta negativa, argumentando que nas sociedades por quotas não existem normalmente esses conselhos, pelo que deve ser directamente

Certo é que a ideia de tutela dos credores sociais informa todo o regime do artigo 270.º-F, imprimindo-lhe um cunho próprio: sem esta norma, aqueles credores deveriam recorrer aos mecanismos de responsabilização previstos nos artigos 72.º e seguintes do CSC, o que pode implicar grandes dificuldades, sobretudo quanto à prova dos respectivos pressupostos[22]. Ou poderiam fazer funcionar o artigo 84.º do CSC, uma vez verificados os requisitos para a sua aplicação, mas apenas no caso de insolvência da sociedade. Antes dessa fase, a aplicação das normas que visam assegurar a conservação do capital social também apresenta, no plano probatório, os inconvenientes que se indicaram. Com o recurso ao artigo 270.º-F do CSC, a reacção dos credores sociais à existência de negócios entre o sócio único e a sociedade está extremamente facilitada nas sociedades unipessoais por quotas: perante o mero incumprimento de um dos requisitos materiais, formais ou de publicidade do negócio em causa, determina-se a nulidade do negócio e a responsabilidade "ilimitada" do sócio único.

O facto de o legislador estabelecer a consequência da nulidade para os negócios jurídicos em que não tenha sido observado algum destes requisitos legais é revelador de que na sociedade unipessoal por quotas (ao invés do que acontece nas sociedades pluripessoais) a desconfiança do legislador prima sobre a necessidade de protecção da contraparte contratual, sempre e só quando nesta posição se encontre o sócio único. Neste caso, a lei coloca a sociedade na situação privilegiada de poder, a todo o tempo, invocar a nulidade do referido negócio[23]. Sobretudo, a mesma legitimidade assiste a "qualquer interessado" que será, normalmente, um credor social. Logo, é certo que estamos perante uma norma de tutela da sociedade e do seu fim, mas que não se esgota nessa função: é evidente a

---

aplicável à situação, nesse tipo societário, o disposto no artigo 261.º do Código Civil, com uma adaptação: o consentimento deverá ser dado por deliberação dos sócios, na qual o interessado, se for sócio, estará impedido de votar, por força do disposto no artigo 251.º, n.º 1, alínea g), do CSC. E JORGE MANUEL COUTINHO DE ABREU, *Da Empresarialidade. As Empresas no Direito*, cit., pág. 148, nota 384, com resposta positiva, defendendo a aplicação analógica da norma pelo menos para os casos em que a sociedade por quotas tenha gerência colegial e conselho fiscal). Mas não se esqueça que a doutrina tendia a considerar a norma que precedeu no tempo o artigo 397.º, n.ºs 1 e 2, do CSC (ou seja, o já referido artigo 173.º, § 3.º, do Código Comercial), também, uma manifestação da proibição do contrato consigo mesmo.

[22] Não deve ignorar-se que, nas situações em que o sócio único de uma sociedade unipessoal por quotas não é gerente dessa sociedade, ele será simultaneamente, muitas vezes, seu gerente de facto. Cfr. NICCOLÒ ABRIANI, *Gli Amministratori di Fatto delle Società di Capitali*, Giuffrè, Milano, 1998, pp. 85 e ss..

[23] O que pode acontecer, nomeadamente, depois de o sócio único transmitir a sua participação social a terceiro, quando este tome conhecimento do dito negócio.

função de tutela dos credores sociais. De todo o modo, a sanção da nulidade, pela sua gravidade, só tem cabimento nos casos em que os interesses a tutelar a justifiquem, impedindo que o negócio produza os efeitos a que se destinava e não admitindo qualquer possibilidade de sanação[24]. Lamenta-se que esteja, aqui, prevista para um leque tão amplo de situações, independentemente da verificação concreta da potencialidade de prejuízo do negócio para a sociedade e para os terceiros cujo interesse se visa tutelar[25].

2. A responsabilidade "ilimitada" do sócio único

Acresce a esta sanção que a violação do disposto nos n.ºs 1 a 3 do artigo 270.º-F do CSC "responsabiliza ilimitadamente o sócio". Antes de mais, cumpre determinar se esta responsabilização "ilimitada" do sócio se restringe ao negócio (inválido) em causa e aos seus efeitos, ou se, tendo havido um negócio celebrado entre a sociedade e o sócio único com violação de um dos requisitos materiais ou formais estabelecidos na lei, este sócio se torna, a partir desse momento, ilimitadamente responsável perante qualquer credor social por toda e qualquer obrigação da sociedade[26]. Se atentarmos no que fica exposto a propósito das razões que

---

[24] Cfr. MANUEL A. DOMINGUES DE ANDRADE, *Teoria Geral da Relação Jurídica. Vol. II. Facto Jurídico, em Especial Negócio Jurídico*, reimpressão, Almedina, Coimbra, 2003, pp. 415 e ss. (em referência à figura da "nulidade absoluta"); INOCÊNCIO GALVÃO TELLES, *Manual dos Contratos em Geral. Refundido e Actualizado*, 4.ª ed., Coimbra Editora, Coimbra, 2002, pp. 357 e ss.; CARLOS ALBERTO DA MOTA PINTO, *Teoria Geral do Direito Civil*, 4.ª ed. por ANTÓNIO PINTO MONTEIRO e PAULO MOTA PINTO, Coimbra, Editora, Coimbra, 2005, pp. 619 e ss..

[25] ALEXANDRE SOVERAL MARTINS, «Código das Sociedades Comerciais. Alterações …», *cit.*, pp. 313 e ss., considera "difícil" aceitar que a nulidade seja a sanção legal para o negócio que, embora cumprindo todos os restantes requisitos, não foi apresentado com o relatório de gestão e os documentos de prestação de contas, ou não foi posto à consulta de qualquer interessado na sede da sociedade.

[26] A favor desta solução, cfr. ALEXANDRE SOVERAL MARTINS, «Código das Sociedades Comerciais. Alterações …», *cit.*, pág. 314, bem como MARGARIDA AZEVEDO DE ALMEIDA, «O problema da responsabilidade do sócio único …», *cit.*, pág. 75, e ANTÓNIO MENEZES CORDEIRO, *Manual de Direito das Sociedades. II*, *cit.*, pág. 475 (apesar de o Autor falar aqui expressamente em "cessação do privilégio" da limitação da responsabilidade como "sanção" e, simultaneamente, "levantamento da personalidade colectiva" para "procurar, sob o manto societário, qual o verdadeiro sujeito responsável pelos actos levados a cabo"), mas sem indicarem qualquer fundamento. Também RICARDO ALBERTO SANTOS COSTA, *A Sociedade por Quotas Unipessoal …*, *cit.*, pp. 682 e ss., nota 890, entende que esta sanção não se refere apenas às eventuais consequências obrigacionais de um negócio em concreto que tenha violado os requisitos legais, por esse negócio ser nulo; para o Autor, o legislador pretendeu "pressio-

levaram o legislador a estabelecer a sanção da nulidade para este negócio jurídico, que se prendem com a tutela dos interesses da própria sociedade e dos seus credores, parece que só a primeira alternativa faz sentido[27], pelo que a responsabilidade ilimitada do sócio deveria entender-se relativa aos prejuízos decorrentes, para o património social, do acto celebrado e da sua nulidade[28]. Também a letra do número 4 do artigo 270.º-F do CSC parece confortar esta restrição: é "[a] violação do disposto nos números anteriores" que "responsabiliza ilimitadamente o sócio", pelo que tudo indica que esta responsabilidade é responsabilidade civil, exclusivamente destinada a prover à reparação dos danos causados ao património social no âmbito da prática desse acto. De outro modo, tratar-se-á da consagração legal de uma alteração do regime de responsabilidade do sócio; a perda definitiva, no âmbito daquela sociedade comercial, do benefício da limitação da responsabilidade, consequência de alcance marcadamente punitivo[29] e que em nada protegerá os interesses dignos de tutela dos credores sociais (quando contratam com uma sociedade unipessoal por quotas, os credores sociais têm a expectativa de verem satisfeitas as obrigações sociais através do recurso ao património da sociedade; e, quando muito, tendo eventualmente havido para este um dano causado por um negócio celebrado entre o sócio único e a sociedade com preterição dos requisitos

---

nar o sócio único a observar essas *normas de segurança*", pelo que a não observância de um desses requisitos em relação a um negócio concreto ("basta um só") seria suficiente para fazer com que o sócio passasse a ser responsável (a partir da data da celebração desse negócio jurídico) ilimitada e subsidiariamente pelos débitos contraídos pela sociedade unipessoal por quotas.

[27] A mesma tutela do interesse da sociedade (e, consequentemente, dos respectivos credores) quando este é sacrificado ao interesse pessoal de algum sócio, no âmbito de deliberação abusiva, merece da parte do legislador a prescrição da responsabilidade desse sócio para com a sociedade ou para com os outros sócios "pelos prejuízos causados" (cfr. os artigos 58.º, n.º 1, alínea b), e n.º 3, do CSC). E a mesma interpretação restritiva mereceu, da nossa doutrina, a previsão de uma responsabilidade "ilimitada" do dirigente, de direito ou de facto, da sociedade falida, estabelecida no artigo 126.º-A do CPEREF, entretanto revogado.

[28] Cfr. António Pereira de Almeida, *Sociedades Comerciais*, 5.ª ed., Coimbra Editora, Coimbra, 2008, pág. 391; Filipe Cassiano dos Santos, *A Sociedade Unipessoal por Quotas* ..., cit., pp. 115 e ss..

[29] É incompatível com a declarada aceitação legislativa da unipessoalidade. Na verdade, o facto de o legislador aceitar a constituição de sociedades unipessoais, ainda que apenas com o objectivo de limitar, por este meio, a sua responsabilidade na exploração de uma empresa, será um argumento contra a responsabilização genérica deste sócio pelas obrigações da sociedade unipessoal. Cfr. Annette Wiegand, *Die "Sachwalterhaftung" als richterliche Rechtsfortbildung*, Dunker & Humblot, Berlin, 1991, pp. 206 e ss..

legais, através do recurso ao património desse sócio, na medida do dano causado – e não mais do que isso).

Ou seja, a responsabilização ilimitada do sócio pelas obrigações sociais, nestas circunstâncias, não encontra justificação possível, uma vez que pode nem decorrer dano algum, para a sociedade e para os terceiros, do acto praticado e da respectiva nulidade (pense-se, por exemplo, na hipótese de estar em causa o mero incumprimento das formalidades destinadas a dar publicidade ao acto; ou, ainda, na situação em que o acto não serve o objecto social, mas não se traduz numa desvantagem patrimonial para a sociedade[30])[31]. De resto, a solução que resulta de uma interpretação do artigo 270.º-F com o sentido que parece decorrer imediatamente da sua letra não encontra paralelo no tratamento que a mesma situação recebeu noutros ordenamentos jurídicos[32], nem resulta de imposição comunitária.

---

[30] Note-se que até no estrito âmbito do negócio consigo mesmo se entende que, sendo ele puramente gratuito para o representado, não envolverá para este qualquer risco e será, por conseguinte, admissível. Cfr. INOCÊNCIO GALVÃO TELLES, «Contrato entre a sociedade anónima e o seu director», cit., pág. 17.

[31] Talvez para ultrapassar uma "objecção de consciência" provocada pela palavra "ilimitada" utilizada pelo legislador pátrio na qualificação da responsabilidade do sócio único nestes casos, JOSÉ DE OLIVEIRA ASCENSÃO, Direito Comercial. Vol. IV. Sociedades Comerciais. Parte Geral, Lisboa, 2000, pp. 134 e ss. (seguido por MARGARIDA AZEVEDO DE ALMEIDA, «O problema da responsabilidade do sócio único ...», cit., pp. 77 e ss.), propõe uma "correcção" da letra da lei que passaria pela interpretação (muito) extensiva da expressão "objecto social" utilizada no artigo 270.º-F do CSC, de modo a que este abrangesse "ainda a satisfação do interesse social". A noção básica de interesse social serviria para "filtrar" a correcção dos negócios jurídicos celebrados, permitindo "rejeitar" aqueles em que o interesse social tivesse sido postergado (aliás, alguns Autores, como MARGARIDA AZEVEDO DE ALMEIDA, «O problema da responsabilidade do sócio único ...», cit., pág. 92, passam a discursar como se o legislador estabelecesse exactamente aquilo que desejam que ele tivesse estabelecido: "[a]ssim, ao passo que o funcionamento do art. 501.º CSC não depende da verificação de qualquer medida abusiva prejudicial ao interesse da sociedade, a actuação do art. 270.º-F/4 implica um comportamento abusivo a este contrário". Ora, repetimos, a lei não estabelece que a actuação do artigo 270.º-F, n.º 4, do CSC, implique necessariamente um comportamento abusivo contrário ao interesse da sociedade). Além de visivelmente forçada, não nos parece útil esta correcção, por continuar a consentir que a lei "rejeite" negócios de inteira correcção substancial e formal, mas sem o cumprimento dos requisitos legais de publicidade. Por outro lado, parece-nos que todas estas dificuldades podem ser mais facilmente ultrapassadas com o recurso a uma interpretação restritiva da palavra "ilimitada", como propomos.

[32] Para uma análise comparativa entre as respostas dos diversos ordenamentos à questão em análise, cfr. GÉRARD HERTIG/HIDEKI KANDA, «Operazioni con parti correlate», in REINIER R. KRAAKMANN/PAUL DAVIES/HENRY HANSMANN/GÉRARD HERTIG/KLAUS J. HOPT/HIDEKI KANDA/EDWARD B. ROCK, Diritto Societario Comparato (edizione italiana a cura di LUCA ENRIQUES de The

O exemplo de regulação que, em nossa opinião, consegue a conciliação mais equilibrada dos interesses em causa é o do direito espanhol. Na *Ley 2/1995, de 23 de marzo* (*Ley de Sociedades de Responsabilidad Limitada*), o artigo 128. prescreve a necessidade de redução a escrito dos contratos celebrados entre o sócio único e a sociedade, bem como medidas destinadas a dar publicidade a esse negócio jurídico[33]. Durante o prazo de dois anos a contar da data da celebração de um contrato nestas condições, o sócio único responderá, perante a sociedade[34], pelas vantagens que directa ou indirectamente tenha obtido, em prejuízo desta, em virtude da conclusão do contrato em causa[35]. Com redacção introduzida pela *Ley 22/2003, de 9 de julio*, prevê ainda o n.º 2 do artigo 128. que, em caso de insolvência do sócio único ou da sociedade, estes contratos só serão oponíveis à massa se tiverem sido cumpridos todos os requisitos de publicidade estabelecidos. Resulta da análise sucinta desta norma que, em primeiro lugar, o legislador espanhol não estabeleceu para a válida celebração destes negócios requisitos atinentes ao objecto da sociedade; a prioridade parece ter sido a de permitir a todos os eventuais interessados conhecer o conteúdo do negócio celebrado. Em segundo lugar, salienta-se o facto de o sócio único

---

Anatomy of Corporate Law. A Comparative and Functional Approach, Oxford University Press, Oxford, 2004), il Mulino, Bologna, 2006, pp. 149 e ss..

[33] Cfr. a análise de GUILLERMO J. JIMÉNEZ SÁNCHEZ/ALBERTO DÍAZ MORENO, *Comentario al Régimen Legal de las Sociedades Mercantiles*, dir. RODRIGO URÍA/AURELIO MENÉNDEZ/MANUEL OLIVENCIA. Tomo XIV. Volumen 5.º. *Sociedad Unipersonal de Responsabilidad Limitada (Artículos 125 a 129 de la Ley de Sociedades de Responsabilidad Limitada)*, 2.ª ed., Civitas, Madrid, 2001, pp. 225 e ss.. Em sentido muito crítico, por considerarem que a disciplina legal não conseguiu alcançar o desejável equilíbrio entre a "conveniente transparência" desses contratos e a "devida protecção" do segredo empresarial inerente aos mesmos", uma vez que não só devem ser mencionados os contratos, como também a sua natureza e as condições da sua celebração, cfr. RODRIGO URÍA/AURELIO MENÉNDEZ/ JUAN LUIS IGLESIAS PRADA, «La sociedad unipersonal», in VVAA, *Curso de Derecho Mercantil* RODRIGO URÍA/AURELIO MENÉNDEZ. I. *Empresario, Establecimiento Mercantil y Actividad Empresarial. Derecho de la Competencia y de la Propiedad Industrial e Intelectual. Derecho de Sociedades*, coord. MARÍA LUISA APARICIO GONZÁLEZ, 2.ª ed., Civitas, Madrid, 2006, pág. 1367.

[34] Cfr. PEDRO PRENDES CARRIL, *La Sociedad de Responsabilidad Limitada. Compendio de Jurisprudencia Comentada*, Aranzadi, Navarra, 2002, pp. 835 e ss..

[35] Para poder ter eficácia prática a previsão desta consequência, entendem os autores, com acerto, que a reintegração dos prejuízos da sociedade deve poder ser operada pelos credores sociais, pela via sub-rogatória, como autoriza o artigo 1.111 do *Código civil*. Neste sentido, cfr. GUILLERMO J. JIMÉNEZ SÁNCHEZ/ALBERTO DÍAZ MORENO, *Comentario al Régimen Legal de las Sociedades Mercantiles*, cit., pp. 243 e ss.; DANIEL ESPINA, *La Autonomía Privada en las Sociedades de Capital: Principios Configuradores y Teoría General*, Marcial Pons, Madrid-Barcelona, 2003, pág. 355; FERNANDO CARBAJO CASCÓN, *La Sociedad de Capital Unipersonal*, Aranzadi, Navarra, 2002, pág. 491.

responder, pela celebração do contrato, perante a sociedade, e sempre com o limite do enriquecimento consequentemente verificado no seu património em prejuízo do património social[36].

Por sua vez, em Itália, o regime aplicável aos negócios celebrados entre o sócio único e a sociedade unipessoal sofreu alterações recentes que o aproximam do regime espanhol[37]. Para regular a celebração de contratos

---

[36] Cfr. JUSTINO F. DUQUE DOMÍNGUEZ, «Recientes desarrollos del derecho de los grupos de sociedades en el derecho español», in *Conferências na Faculdade de Direito de Coimbra 1999/2000*, Coimbra Editora, Coimbra, 2000, pp. 58 e ss.; CÁRMEN BOLDÓ RODA, *Levantamiento del Velo y Persona Jurídica en el Derecho Privado Español*, 4.ª ed., Aranzadi, Navarra, 2006, pp. 299 e ss.; FERNANDO CARBAJO CASCÓN, *La Sociedad de Capital Unipersonal, cit.*, pp. 477 e ss..

[37] E que se compreendem melhor à luz da análise da evolução do próprio regime de responsabilidade do sócio único em geral. No artigo 2362 do *codice civile* italiano, vigente no ordenamento jurídico italiano antes da reforma de 2003, previa-se que, em caso de insolvência, o sócio único de sociedade anónima que detivesse a totalidade das participações sociais respondia ilimitadamente pelas obrigações sociais contraídas durante o período de unipessoalidade (quanto à controvérsia em torno da própria natureza jurídica desta responsabilidade, cfr. GASTONE COTTINO, *Le Società. Diritto Commerciale. Volume 1. Tomo II*, Cedam, Padova, 1999, pp. 200 e ss.). E, até 1993, valia para a *società a responsabilità limitata* o mesmo regime vigente para as sociedades anónimas no referido artigo 2362, consagrado no então artigo 2497, *comma* 2º, do *codice civile*. Entretanto, com a introdução, na ordem jurídica italiana, da possibilidade de constituição de sociedades de responsabilidade limitada com um único sócio, esta disciplina teve de ser alterada. O *decreto legislativo 3 marzo 1993, n.º 88*, que pretendeu dar cumprimento à Directiva 89/667/CEE em matéria de sociedades de responsabilidade limitada com um único sócio, introduziu diversas alterações ao *codice civile* (que, entretanto, sofreu importantes alterações com o *decreto legislativo 17 gennaio 2003, n.º 6*, em vigor desde 1 de Janeiro de 2004). Assim, o artigo 2497, *comma* 2º, passou a prescrever a responsabilidade ilimitada do sócio único pelas obrigações sociais contraídas durante o período de unipessoalidade, em situação de insolvência da sociedade de responsabilidade limitada, apenas quando aquele sócio fosse uma pessoa colectiva ou quando, sendo pessoa singular, fosse simultaneamente sócio único de uma outra sociedade de capitais. Acrescente-se que a lei ainda determinava a perda do benefício da responsabilidade limitada quando, numa situação de unipessoalidade neste tipo societário, as entradas em dinheiro não estivessem integralmente realizadas, ou quando não tivessem sido cumpridas as formalidades destinadas a dar publicidade à situação, nos termos do então artigo 2475-*bis*. Desde a reforma de 2003, o sócio único só é, em termos gerais (artigos 2325 e 2462 do *codice civile*, respectivamente, para os tipos societários correspondentes à sociedade anónima à sociedade por quotas), responsável ilimitadamente pelas dívidas da sociedade contraídas durante o período de unipessoalidade, em caso de insolvência desta, nos casos em que as entradas não estejam realizadas nos termos previstos na lei, e nos casos em que não estejam cumpridas todas as regras destinadas a garantir a publicidade da situação de unipessoalidade da sociedade e da identidade do seu único sócio. Esta responsabilidade ilimitada do sócio único é estabelecida como "sanção" para os referidos casos (cfr. ALESSANDRO NIGRO, «Società unipersonali e fallimento», in *Il Diritto Fallimentare e delle Società Commerciali*, n.º 2, 2005, pág. 333). Note-se que o regime da

celebrados entre o sócio único e a sociedade, foi introduzido pelo *decreto legislativo 3 marzo 1993, n.º 88*, o artigo 2490-*bis*, que determinava que estes contratos, bem como as operações a favor do sócio único, deviam ser transcritos no livro de actas das deliberações do órgão de administração da sociedade ou resultar de acto escrito. Mas não foi especificamente previsto nenhum tipo de responsabilização do sócio pela celebração destes negócios, nem pelo incumprimento destas formalidades[38]. Entretanto, a disciplina dos contratos celebrados entre o sócio único e a sociedade unipessoal sofreu significativas alterações com a reforma de 2003. Agora, dispõem o artigo 2362, *comma* 5º, para a sociedade anónima, e o artigo 2478, *comma* 3º, para a sociedade de responsabilidade limitada, que os contratos celebrados entre a sociedade unipessoal e o sócio único e, em geral, as operações que resultem em favor do segundo, não são oponíveis aos credores da sociedade se não forem transcritos no livro de actas do conselho de administração ou se não resultarem de documento escrito com data certa anterior à penhora[39]. Na ausência de tal documentação, o sócio não pode fazer valer os direitos que para ele derivem do contrato ou operação ou, quando já os tenha exercido, tudo quanto tenha recebido deve considerar-se indevidamente recebido. Estas exigências servem para a possível verificação da compatibilidade do acto em causa com o fim e com o objecto social; pelo que a mera violação pontual desta norma apenas produzirá as consequências nela estabelecidas[40]. E só quando da documentação em causa resultar que a sociedade foi sistematicamente utilizada para satisfazer os interesses extra-sociais do sócio único, ou tiver sido sistematicamente ignorada a obrigatoriedade de redução a escrito ou

---

unipessoalidade é hoje muito semelhante nas sociedades anónimas e nas sociedades de responsabilidade limitada, o que não acontecia antes da reforma operada em 2003 (cfr. a análise de Marcus Lutter, «Miβglückte Rechtsangleichung: das Chaos der Ein-Personen-Gesellschaft in Europa», in *Festschrift für Hans Erich Brandner zum 70. Geburtstag*, Otto Schmidt, Köln, 1996, pp. 91 e ss.).

[38] Considerando insuficientes estas cautelas, cfr. Giorgio Oppo, «La nuova legislazione commerciale. Società, contratto, responsabilità (a propósito della nuova società a responsabilità limitata)», in *Rivista di Diritto Civile*, XXXIX, 1993, II, pág. 185.

[39] Ou seja, por exemplo, o sócio não poderá invocar a propriedade de um bem que lhe tenha sido vendido pela sociedade, se não for certo que essa venda é anterior à acção executiva do credor social. Cfr. Francesco Galgano, *Diritto Commerciale. 2. Le Società. Contratto di Società. Società di Persone. Società per Azioni. Altre Società di Capitali. Società Cooperative*, 15.ª ed., Zanichelli, Bologna, 2005, pág. 167.

[40] Cfr. Niccolò Salanitro, *Profili Sistematici della Società a Responsabilità Limitata*, Giuffrè, Milano, 2005, pp. 119 e ss..

transcrição no livro de actas, poderá ser o sócio único impedido de beneficiar da responsabilidade limitada[41].

No direito alemão, não existe previsão legal expressa contemplando a conclusão de negócios entre o sócio único de sociedade unipessoal e a sociedade, a menos que esse sócio seja, também, seu gerente. Se o sócio único é, simultaneamente, o único gerente da sociedade, o § 35 da GmbHG remete para o § 181 do BGB, que estabelece a proibição do negócio consigo mesmo, proibição que fica afastada quando exista autorização em contrário[42], caso em que o negócio deverá, necessariamente, ser reduzido a escrito[43]. Simplesmente, o § 35, IV, da GmbHG distingue a situação em que o sócio único é, também, o único gerente, daquela em que o órgão de administração da sociedade é pluripessoal. Aqui, as cautelas do legislador são menores, uma vez que a existência de outro ou outros gerentes pode assegurar a defesa dos interesses da sociedade, pelo que se estabelece a liberdade de celebração dos negócios entre o sócio único e a sociedade, sujeitos estes à mera necessidade de redução a escrito[44]. Em qualquer dos

---

[41] Como afirma Francesco Galgano, *Diritto Civile e Commerciale. Vol. III. L'Impresa e le Società. Tomo II. Le Società di Capitale e le Cooperative*, 4.ª ed., Cedam, Padova, 2004, pág. 535.

[42] Embora do preceito legal referido não resulte a forma que deverá revestir essa autorização, deve entender-se, com base na exposição de motivos da lei que instituiu este regime (*GmbH-Novelle* de 1980) e na necessidade de uma eficaz tutela dos terceiros (através de adequada publicidade), que tem de constar do contrato de sociedade a menção de que o sócio único não está sujeito à proibição do auto-contrato (cfr. Maria Ângela Coelho, «A reforma da sociedade de responsabilidade limitada (GmbH) pela lei alemã de 4 de Julho de 1980 (GmbH-Novelle)», in *RDE*, anos VI/VII, 1980/1981, pp. 58 e ss.. No mesmo sentido, cfr. Marcus Lutter/Peter Hommelhoff, «§ 35. Vertretung durch Geschäftsführer», in *Lutter/Hommelhoff GmbH-Gesetz Kommentar*, 16.ª ed., Otto Schmidt, Köln, 2004, pp. 637 e ss.; Wolfgang Zöllner/Ulrich Noack, «§ 35. Vertretung durch Geschäftsführer», in *Baumbach/Hueck GmbH-Gesetz*, 18.ª ed., C.H. Beck, München, 2006, pp. 629 e ss.. Em sentido contrário, porém, admitindo a possibilidade de a referida autorização poder ser obtida por outros meios, nomeadamente, deliberação da assembleia geral de sócios, cfr. Holger Altmeppen, «§ 35. Vertretung durch Geschäftsführer», in *Roth/Altmeppen GmbHG. Gesetz betreffend die Gesellschaften mit beschränkter Haftung. Kommentar*, 5.ª ed., C.H.Beck, München, 2005, pp. 571 e ss.; Walter G. Paefgen, «§ 35. Vertretung durch Geschäftsführung», in *Peter Ulmer/Mathias Habersack/Martin Winter GmbHG Großkommentar, Tomo II. §§ 29-52*, Mohr Siebeck, Tübingen, 2006, pág. 637).

[43] Cfr. Hans-Joachim Mertens, «§ 35. Vertretung und Geschäftsführung», in Hans-Joachim Mertens/Ursula Stein, *Das Recht des Geschäftsführers der GmbH*, 2.ª ed., Walter de Gruyter, Berlin/New York, 1997, pp. 24 e ss.; Walter G. Paefgen, «§ 35. Vertretung durch Geschäftsführung», *cit.*, pp. 636 e ss..

[44] Cfr. Walter G. Paefgen, «§ 35. Vertretung durch Geschäftsführung», *cit.*, pág. 638. Recorde-se que Inocêncio Galvão Telles, «Contrato entre a sociedade anónima e o seu director», *cit.*, pp. 18 e ss., e 24 e ss., pelos mesmos motivos, interpretava o artigo 173.º, §

casos, a violação da obrigação de redução do negócio a escrito nunca terá como consequência a respectiva nulidade, mas a doutrina aponta a possibilidade de dela poder resultar a responsabilidade directa do sócio único/ gerente perante os credores sociais (preenchidos que estejam todos os pressupostos do recurso a uma responsabilidade *Durchgriff* por mistura de patrimónios)[45].

No direito inglês, a celebração de contrato entre o sócio único de uma *limited company* e a sociedade, quando o sócio único é também seu *director* e o negócio não pertence ao domínio das operações correntes da sociedade, é disciplinada na *section* 322B do *Companies Act* 1985, nos termos seguintes: a sociedade deve, se o contrato não tiver sido celebrado por escrito, providenciar no sentido de que os termos da sua celebração fiquem registados. O não cumprimento deste dever não afecta a validade do contrato em causa, mas sujeita o *director* responsável a sanções de natureza pecuniária. Note-se que a questão é regulada, em termos idênticos, na *section* 231 do *Companies Act* 2006, com a diferença de que, aí, se estende expressamente ao *shadow director* este regime[46].

Por sua vez, o legislador francês não dispõe no sentido de prever qualquer tipo de medida especial para os casos de contratos entre a EURL e o sócio único, aplicando-se à situação as disposições que regem tais acordos nas sociedades de responsabilidade limitada pluripessoais (e que constam dos artigos L. 223-19 a L. 223-21 do *Code de commerce*)[47]. O sócio único está apenas obrigado a inscrever todos os contratos que celebre com a sociedade no livro de registo das deliberações da assembleia geral (e, aqui, o procedimento é bastante mais simples do que aquele que se exige nas sociedades pluripessoais, onde os negócios celebrados entre a sociedade e algum dos seus gerentes ou sócios estão sujeitos a aprovação da assembleia geral, sob pena de esse gerente ou sócio vir a responder pelos prejuí-

---

3.º, do Código Comercial, de modo a que a proibição que resultava dessa norma apenas se aplicasse à situação em que o director actuasse em representação da sociedade consigo próprio (excluindo, portanto, aquela em que a sociedade fosse representada por outro director).

[45] Cfr. Hans-Joachim Mertens, «§ 35. Vertretung und Geschäftsführung», *cit.*, pág. 28; Holger Altmeppen, «§ 35. Vertretung durch Geschäftsführer», *cit.*, pág. 572; Walter G. Paefgen, «§ 35. Vertretung durch Geschäftsführung», *cit.*, pág. 640.

[46] Cfr. VVAA, *Palmer's Company Law. Annotated Guide to the Companies Act 2006*, Thomson/Sweet & Maxwell, London, 2007, pp. 213 e ss..

[47] Cfr. Yves Guyon, *Droit des Affaires. Tome 1. Droit Commercial Général et Sociétés*, 12.ª ed., Economica Paris, 2003, pp. 558 e ss.; Philippe Merle, *Droit Commercial. Sociétés Commerciales*, 11.ª ed., Dalloz, Paris, 2007, pág. 266; Maurice Cozian/Alain Viandier/Florence Deboissy, *Droit des Sociétés*, 20.ª ed., Litec, Paris, 2007, pp. 453 e ss..

zos que o contrato em causa possa ter causado à sociedade), a menos que se trate de operações correntes e concluídas em condições normais, para as quais a lei não prevê, quer a sociedade seja unipessoal, quer pluripessoal, qualquer tipo de formalidade (cfr. os artigos L. 223-19, al. 3 e L. 223-20 do *Code de commerce*)[48].

Acrescente-se que a disciplina dos contratos celebrados entre o sócio único e a sociedade unipessoal sofreu, nos ordenamentos jurídicos dos países da Europa comunitária, a influência da Directiva 89/667/CEE do Conselho, de 21 de Dezembro de 1989, XII Directiva em matéria de sociedades, relativa às sociedades de responsabilidade limitada, publicada no JOCE de 30 de Dezembro de 1989, n.º L. 395, pp. 40 e ss., nomeadamente do seu artigo 5.º, onde se dispõe que os contratos celebrados entre o sócio único e a sociedade por ele representada devem ser lavrados em acta ou assumir a forma escrita, sem estabelecer sanções, a nível da responsabilização do sócio, pelo incumprimento destas formalidades; aliás, no n.º 2 do mesmo artigo, abre-se aos Estados-membros a possibilidade de não submeterem a esta exigência as "operações correntes celebradas em condições normais". Não tendo o legislador português exceptuado do seu regime este último tipo de operações, mais estranhas se tornam as consequências jurídicas previstas, entre nós, para o incumprimento das referidas formalidades, sobretudo se interpretadas no sentido de levarem à responsabilidade ilimitada do sócio único por todas as obrigações sociais. A previsão de uma responsabilidade deste teor como "sanção" exigirá que o comportamento que lhe subjaz revista, necessariamente, alguma relevância do ponto de vista da tutela dos interesses em causa.

3. O artigo 270.º-F do CSC, a tutela dos credores sociais e os chamados "problemas Durchgriff"

Mesmo tendo em conta que o artigo 270.º-F visa tutelar os interesses dos credores sociais, além daqueles da sociedade, no seu n.º 4 a letra da lei diz, em nosso entender, demais[49]: pode ser obtida uma tutela satisfa-

---

[48] Cfr. MAURICE COZIAN/ALAIN VIANDIER/FLORENCE DEBOISSY, *Droit des Sociétés*, cit., pág. 468.
[49] Neste caso, é difícil apurar com segurança o alcance dos significados literais possíveis do texto legal, o que vai dificultar a determinação da operação interpretativa necessária. Na verdade, a mera expressão "responsabiliza ilimitadamente o sócio" (a parte da estatuição do artigo 270.º-F do CSC que agora interessa) parece indicar que esse sócio passa a ser responsável, ilimitadamente, pelas obrigações sociais, mas – de tão sintética – não afasta peremptoriamente outra leitura, aquela que propomos: o sócio será ilimitadamente responsável pelos danos que a "violação do disposto nos números anteriores"

tória de ambos os grupos de interesses com a mera consagração expressa da obrigação de ressarcimento da sociedade pelos danos resultantes do negócio e da sua nulidade (podendo os credores sociais sub-rogar-se, nos termos gerais, à sociedade, para o exercício desse direito)[50], e a legitimação directa dos credores da sociedade para o exercício desse direito quando, em virtude do negócio em causa e da sua invalidade, o património social se tenha tornado insuficiente para a satisfação dos respectivos créditos[51]. Note-se, porém, que só pode existir ressarcimento da sociedade pelos danos eventualmente causados se estes danos puderem ser concretamente apurados, o que pressupõe que não exista, nesta sociedade, uma situação de "mistura de patrimónios" geradora de "opacidade" contabilística[52].

possa causar à sociedade. Pelas razões expostas, esta solução ainda caberá no domínio da interpretação declarativa da norma ("o intérprete limita-se a escolher um dos sentidos que o texto directa e claramente comporta, por ser aquele que corresponde ao pensamento legislativo". Cfr. João Baptista Machado, *Introdução ao Direito e ao Discurso Legitimador*, 9.ª reimpressão, Almedina, Coimbra, 1996, pág. 185; António dos Santos Justo, *Introdução ao Estudo do Direito*, 3.ª ed., Coimbra Editora, Coimbra, 2006, pág. 332) e, quando muito, no da interpretação restritiva (pela qual o intérprete não se deixa "arrastar pelo alcance aparente do texto". Cfr. João Baptista Machado, *últ. ob. cit.*, pág. 186). Neste caso, não parece necessário ir mais além (e propor a redução teleológica da norma, com todos os problemas que pode levantar a sua definição e distinção da própria interpretação correctiva, ou mesmo da interpretação ab-rogante. Cfr. José de Oliveira Ascensão, *O Direito. Introdução e Teoria Geral*, 13.ª ed., Almedina, Coimbra, 2005, pp. 427 e ss.), uma vez que o sentido proposto ainda cabe no "sentido literal possível" (cfr. Karl Larenz, *Metodologia da Ciência do Direito*, tradução de José Lamego da 6.ª ed., 3.ª ed., Fundação Calouste Gulbenkian, Lisboa, 1997, pág. 556, que distingue assim o domínio da interpretação restritiva daquele da redução teleológica).
[50] A exemplo do que, como ficou exposto, prevê a lei espanhola.
[51] Paralelamente ao que está consagrado em sede de responsabilidade dos membros da administração.
[52] Neste sentido, cfr. Ulf R. Siebel, «La società di capitali con unico socio nel diritto tedesco e inglese», tradução de L. Mengoni, in *RivDCom*, 1954, Parte I, pág. 104. O Autor, com grande antecipação, já defendia neste estudo dos anos cinquenta que a consequência da prática pelo sócio único de sociedades ditas de capitais de acto que causasse dano ao património social não poderia ser, em condições de normal identificação dos danos causados, a perda do benefício da responsabilidade limitada, até porque isso "importaria um prejuízo injustificado para os credores pessoais" desse sócio. Siebel admitia tal solução apenas quando não fosse possível, perante um determinado grau de mistura de patrimónios, recorrer à aplicação dos preceitos do direito societário que visam a conservação do capital social. No quadro da admissibilidade legislativa de constituição de sociedades por quotas com um só sócio e face à regulação dos casos de conclusão de negócios entre esse sócio e a sociedade unipessoal, Francesco Galgano, «I gruppi di società», in *Le Società. Trattato diretto da Francesco Galgano*, UTET, Torino, 2001, pp. 250 e ss., chega a conclusão idêntica. Galgano defende expressamente que ao sócio deve ser recusado o benefício da limitação da sua responsabilidade pelas obrigações sociais no caso em que resulte da documenta-

Finalmente, mesmo que se entenda que esta norma determina a responsabilidade ilimitada do sócio único pelas obrigações sociais por responder a um problema *Durchgriff*[53], sempre cumpre assinalar que o legislador foi, ainda assim, longe demais: desde logo, porque qualquer solução *Durchgriff* pressupõe, pelo menos, que o sócio tenha causado (conscientemente) dano à sociedade e, com isso, aos credores sociais, o que não é pressuposto da aplicação do disposto no artigo 270.º-F; depois, já é entendimento pacífico que uma solução *Haftungsdurchgriff*, ou de responsabilização directa do sócio, só pode ter lugar ante a impossibilidade de o património social solver as suas obrigações perante os credores sociais[54].

O que fica exposto permite concluir que o facto de uma parte significativa da doutrina interpretar o disposto no artigo 270.º-F do CSC de modo a que, por via desta norma, se estabeleça uma responsabilidade ilimitada do único sócio pelas obrigações sociais corresponde, no fundo, à sua vontade de encontrar na lei resposta a uma questão que tem merecido, sobretudo

ção dos negócios concluídos entre si e a sociedade que ele se serviu da sociedade para prosseguir fins extra-sociais; e que "deve chegar-se a conclusão semelhante na hipótese de violação sistemática da obrigação de documentação escrita, ou de documentação com lacunas, insusceptível de fornecer elementos idóneos para reconstituir as relações entre sócio e sociedade". Logo, ficaria arredada a possibilidade de afastar a aplicação da norma que limita a responsabilidade do sócio na sociedade por quotas quando o negócio entre sócio e sociedade fosse identificável e ainda, tendo ele sido celebrado em prejuízo do interesse social, sendo possível a determinação e ressarcimento dos danos assim causados à sociedade pelo sócio. Com esta orientação, cfr, ainda, a decisão do *Tribunale di Messina*, 15 de Fevereiro de 1996, in *Giustizia Civile*, 1996, I, 1799-1809, pp. 1799 e ss., com anotação de GIOVANNI LO CASCIO, «Sull'abuso della personalità giuridica qualcosa si muove: recenti profili interpretativi nella giurisprudenza di merito», pp. 1809 e ss.. Também na doutrina alemã se exige, para que se responsabilize ilimitadamente o sócio único pelas obrigações da sociedade, que estejam preenchidos os pressupostos do recurso a uma responsabilidade *Durchgriff* em caso de mistura de patrimónios para a responsabilização do sócio único/gerente, na situação em apreço, perante os credores sociais. Cfr. HANS-JOACHIM MERTENS, «§ 35. Vertretung und Geschäftsführung», *cit.*, pág. 28; HOLGER ALTMEPPEN, «§ 35. Vertretung durch Geschäftsführer», *cit.*, pág. 572; WALTER G. PAEFGEN, «§ 35. Vertretung durch Geschäftsführung», *cit.*, pág. 640.

[53] Ou que existe no artigo 270.º-F, n.º 4, do CSC, uma "manifestação de desconsideração de personalidade", como afirma PEDRO PAIS DE VASCONCELOS, *A Participação Social nas Sociedades Comerciais*, 2.ª ed., Almedina, Coimbra, 2006, pág. 297 (o Autor, *ob. cit.*, pág. 276, qualifica a "responsabilidade ilimitada" do sócio prevista neste preceito como responsabilidade patrimonial).

[54] Cfr. ULRICH DROBNIG, *Haftungsdurchgriff bei Kapitalgesellschaften*, Alfred Metzner Verlag, Frankfurt/Berlin, 1959, pág. 94; MARC-PHILIPPE WELLER, *Europäische Rechtsformwahlfreiheit und Gesellschafterhaftung*, Carl Heymanns, Köln/Berlin/München, 2004, pp. 260 e ss.; VOLKER RÖHRICHT, «Insolvenzrechtliche Aspekte im Gesellschaftsrecht», in *ZIP*, 2005, pág. 516.

na doutrina alemã, uma solução "desconsiderante": o problema da mistura de patrimónios. Estamos perante um caso de mistura de patrimónios quando o sócio ou os sócios de uma sociedade não respeitam a separação entre o seu património pessoal e o património da sociedade, assistindo-se a movimentos de "permeabilidade" entre os bens e os créditos e débitos de um e de outro[55].

Se bem que, à partida, possa existir a tentação de procurar uma única solução para todo e qualquer caso em que possa falar-se de mistura de patrimónios, uma análise mais cuidada leva a que não possa ser ignorada a diferença entre dois grupos de situações. Num primeiro grupo, cabem aqueles casos em que um sócio adoptou comportamentos de desrespeito pela autonomia patrimonial da sociedade, mas em que a contabilidade deste sujeito jurídico se encontra organizada de modo a permitir identificar integralmente os actos em causa e apurar as respectivas consequências. Nestes casos, terá pleno cabimento a aplicação do disposto no artigo 270.º-F do CSC, com a interpretação que propomos.

Mas existem outras situações em que, por se tratar de uma actuação continuada e/ou por essa "mistura" existir também ao nível da contabilidade da sociedade (casos em que se fala de "opacidade", dolosa ou negligentemente causada pelo sócio ou pelos sócios em causa)[56], não é possível determinar com segurança as situações em que teve lugar a confusão de patrimónios, nem quantificar o dano causado, pelo que não se consegue "restabelecer", ao menos contabilisticamente, o património da sociedade. Este segundo grupo de casos reclama uma solução diferente, para a qual o artigo 270.º-F do CSC (quer à luz de uma interpretação

---

[55] Cfr. ULRICH DROBNIG, *Haftungsdurchgriff bei Kapitalgesellschaften*, cit., pp. 33 e ss.; ECKARD REHBINDER, *Konzernaußenrecht und allgemeines Privatrecht. Eine rechtsvergleichende Untersuchung nach deutschem und amerikanischem Recht*, Gehlen, Bad Hommburg/Berlin/Zürich, 1969, pp. 151 e ss.; PHILIPP JOHANNES ZAHN, *Geschäftsleiterhaftung und Gläubigerschutz bei Kapitalgesellschaften in Frankreich. Eine reschtsvergleichende Untersuchung*, Metzner, Frankfurt, 1986, pp. 166 e ss..

[56] Independentemente das demais consequências que caibam no caso, a não observância das regras de organização contabilística é imputável ao órgão de administração da sociedade, pelo que o facto de a sociedade não possuir contabilidade organizada vai determinar a responsabilização dos gerentes. O sócio, se não for simultaneamente gerente da sociedade, não responde enquanto tal por este facto, mas pode responder pelas instruções dadas aos titulares do órgão num sentido que tenha potenciado aquele resultado (o que não deve ser confundido com uma responsabilidade *Durchgriff*), ou pela aplicação analógica das regras de responsabilidade aplicáveis aos gerentes, se estiverem preenchidos os respectivos pressupostos (nomeadamente, se o sócio for o gerente de facto da sociedade). Cfr. ULRICH EHRICKE, «Zur Begründbarkeit der Durchgriffshaftung in der GmbH, insbesondere aus methodischer Sicht», in *Archiv für die civilistische Praxis*, 1999, pp. 292 e ss..

restritiva, quer declarativa) nunca constitui resposta suficiente[57]. Então, a menos que a "mistura de patrimónios" tenha sido operada através de negócio celebrado entre sócio único e sociedade (e, de alguma maneira, conhecido por algum dos potenciais interessados), e estejam verificados os restantes requisitos do artigo 270.º-F (caso em que, à luz da interpretação desta norma como meio de estabelecer a responsabilidade ilimitada do sócio único pelas obrigações sociais, a sua aplicação poderia constituir solução eficiente), resta esperar pela insolvência da sociedade e responsabilizar o sócio, ilimitadamente, pelas dívidas da sociedade, de acordo com o disposto no artigo 84.º do CSC, se estiverem preenchidos os pressupostos para a sua aplicação. E se for impossível distinguir, com segurança, o património social do património de sócio ou sócios, já não será possível afirmar a subsistência daquela vertente da autonomia patrimonial necessária para que possa reconhecer-se a personalidade jurídica do ente em causa (e aqui costuma dizer-se, impropriamente, que o intérprete deverá "desconsiderar" a personalidade da sociedade comercial)[58].

O artigo 270.º-F do CSC destina-se a promover a transparência e a facilidade de controlo da actuação do sócio único, neste contexto particular, pelo que as suas consequências não devem ir além daquilo que esta intenção do legislador exige; e fica plenamente conseguida, com a interpretação que propomos, a função de limitar a potencialidade do dano, no interesse dos terceiros credores que empreendem relações com uma sociedade unipessoal por quotas[59]. A definitiva transformação do regime de responsabilidade do sócio, exclusivamente baseada nestes factos, acabaria por ter duas consequências nefastas: a de incentivar o único sócio a dissolver, imediatamente, a sociedade, para não se sujeitar a maiores e

---

[57] O receio de deixar sem tutela adequada este grupo de casos leva a que mesmo aqueles Autores que estabelecem que ele é diferente do grupo dos casos de mistura de patrimónios isolados ou pontuais acabem por preconizar para ambos os tipos de situações a mesma solução – ou seja, a consideração do artigo 270.º-F como um caso de responsabilidade patrimonial, para depois ser interpretado extensivamente. É o caso de MARGARIDA AZEVEDO DE ALMEIDA, «O problema da responsabilidade do sócio único ...», cit., pág. 82, quando afirma que "[n]a verdade, a via indemnizatória não se apresenta como a mais eficaz quando a interferência é de tal modo intensa, que é difícil identificar os concretos actos praticados em prejuízo da sociedade", o que torna difícil a prova da culpa do quotista.
[58] Cfr. MARIA DE FÁTIMA RIBEIRO, A Tutela dos Credores da Sociedade por Quotas ..., cit., pp. 260 e ss., especialmente pág. 266.
[59] Função que lhe é atribuída por RICARDO ALBERTO SANTOS COSTA, «As sociedades unipessoais», cit., pág. 59, mas para justificar uma solução diferente: para o Autor, o preceito em análise consagra uma responsabilidade ilimitada do sócio único, por todas as obrigações sociais, a partir do momento da celebração do negócio, quer dele resultem para a sociedade unipessoal vantagens, quer prejuízos.

indesejados riscos; e o recurso recorrente à pluripessoalidade fictícia, que o legislador parece, precisamente, ter tentado evitar.

Perante estes dados, só podemos entender que o artigo 270.º-F do CSC apenas contempla os casos a que expressamente se refere, não se vislumbrando a possibilidade de ele se destinar a regular todas as situações que se entenda justificarem "a derrogação do princípio legal da separação entre a personalidade do sócio e a da [sociedade por quotas unipessoal]"[60].

3.1. A aplicação do artigo 84.º do CSC às sociedades unipessoais por quotas

Em nosso entender, quando surgiu, em 1996, a possibilidade de constituição de uma sociedade unipessoal por quotas, o legislador actuou tendo em consideração o sistema já existente, incluindo o disposto no artigo 84.º do CSC, com a interpretação pacificamente aceite pela doutrina de então e pelos tribunais: que o preceito é aplicável a todas as situações de unipessoalidade formal ou material. Subsiste, no entanto, a questão de saber se este regime, estatuído no artigo 84.º do CSC, se aplica agora exclusivamente às situações de unipessoalidade derivada, para os casos em que a sociedade foi constituída com uma pluralidade de sócios e se viu, depois, reduzida à unipessoalidade; ou se pode hoje, quando a unipessoalidade originária é permitida e expressamente regulada pela lei societária, entender-se que aquela norma contempla, ainda, estas últimas hipóteses.

Quer-nos parecer que a segunda solução exposta é a preferível[61], salvo, naturalmente, quanto aos aspectos de regime que se encontrem especialmente previstos para as sociedades constituídas regularmente com um único sócio (nomeadamente, o estabelecido no artigo 270.º-F do CSC). A solução contrária levaria a que o regime legal das sociedades unipessoais por quotas se tornasse, para o sócio único, menos responsabilizador do

---

[60] Como é defendido por RICARDO ALBERTO SANTOS COSTA, *A Sociedade por Quotas Unipessoal* ..., *cit.*, pp. 688 e ss. (em proposta que MARGARIDA AZEVEDO DE ALMEIDA, «O problema da responsabilidade do sócio único ...», *cit.*, pág. 78, considera "interessante" e "pertinente"), nomeadamente para as situações em que tenha havido "mistura de patrimónios", "práticas obrigacionais excessivas da sociedade, pela sua subcapitalização ou descapitalização intencional e preordenada à constituição de outras sociedades", ou "domínio prejudicial aos interesses dos trabalhadores e dos credores em geral", mesmo na ausência de negócio jurídico entre a sociedade e o seu sócio único, pois todos aqueles casos estariam abrangidos pela finalidade de *"prevenir, persuadir e reprimir* condutas abusivas" (cfr. RICARDO ALBERTO SANTOS COSTA, *últ. ob. cit.*, pág. 690).

[61] Neste sentido, cfr. ANTÓNIO MENEZES CORDEIRO, *Direito das Sociedades. II* ..., *cit.*, pág. 474.

que aquele previsto para as situações em que, transitoriamente, a sociedade por quotas se encontra reduzida a um sócio. Não pode ser esta a vontade do legislador, que não pode ter desejado a criação de um novo tipo legal societário[62], até por se encontrar vinculado a um princípio de tipicidade[63]. Não existe um tipo legal "sociedades unipessoais por quotas", mesmo quando a sociedade por quotas é criada por um só sócio. Apenas é verdade que a sociedade por quotas tanto pode ser pluripessoal, como – originariamente ou a partir de certo momento, definitivamente ou durante um determinado período (o que só pode apurar-se em momento ulterior) – encontrar-se numa situação de unipessoalidade[64]. Tudo o que

---

[62] Contra, aparentemente, cfr. MARIA ÂNGELA COELHO BENTO SOARES, «A limitação de responsabilidade do comerciante individual: o EIRL e a sociedade por quotas unipessoal em confronto», in *Os Quinze Anos de Vigência do Código das Sociedades Comerciais*, Fundação Bissaya Barreto, Coimbra, 2003, pág. 38.

[63] Para a análise do princípio da tipicidade no domínio das sociedades comerciais, cfr. JOSÉ DE OLIVEIRA ASCENSÃO, *Direito Comercial. Vol. IV* ..., cit., pp. 43 e ss.; FILIPE CASSIANO DOS SANTOS, *Estrutura Associativa e Participação Societária Capitalística* ..., cit., pp. 204 e ss.; ALEXANDRE DE SOVERAL MARTINS, *Cláusulas do Contrato de Sociedade que Limitam a Transmissibilidade das Acções. Sobre os Arts. 328.º e 329.º do CSC*, Almedina, Coimbra, 2006, pp. 41 e ss.; JORGE MANUEL COUTINHO DE ABREU, *Curso de Direito Comercial. Vol. II* ..., cit., pp. 51 e ss.; ANTÓNIO MENEZES CORDEIRO, *Manual de Direito das Sociedades. Vol. II* ..., cit., pp. 253 e ss.; PEDRO MAIA, «Tipos de sociedades comerciais», in *Estudos de Direito das Sociedades*, 8.ª ed., Almedina, Coimbra, 2007, pp. 7 e ss.. PEDRO MAIA salienta que o princípio da tipicidade não abrange as sociedades criadas *ope legis* (uma vez que a fonte legal que lhes dá origem tem valor hierárquico idêntico ao do diploma que estabelece o próprio princípio da tipicidade), mas apenas aquelas que são constituídas através de negócio jurídico. Atente-se, contudo, no reparo de CHRISTIAN KIRCHNER, «Zur ökonomischen Theorie der juristischen Person – Die juristische Person im Gesellschaftsrecht im Lichte der Institutionenökonomik», in *Festschrift für Thomas Raiser zum 70. Geburtstag*, De Gruyter Recht, Berlin, 2005, pág. 183: um dos efeitos secundários da orientação do Tribunal de Justiça nas decisões *Centros*, *Überseering* e *Inspire Art* é, precisamente, que fica posta em causa a regra de *numerus clausus* dos tipos societários, tal como ela encontra expressão em cada Estado-membro.

[64] Cfr. JOSÉ AUGUSTO ENGRÁCIA ANTUNES, *Direito das Sociedades Comerciais. Perspectivas do seu Ensino*, Almedina, Coimbra, 2000, pág. 99, nota 262; MARGARIDA AZEVEDO DE ALMEIDA, «O problema da responsabilidade do sócio único ...», cit., pág. 70. RICARDO ALBERTO SANTOS COSTA, «As sociedades unipessoais», cit., pág. 48, afirma, com razão, que "[e]m rigor, a sociedade por quotas não é unipessoal, nem mesmo quando nasça originariamente com um único sócio", e nota que nem a situação de unipessoalidade nem a situação de pluripessoalidade são, neste tipo societário, imutáveis (no entanto, em sentido contrário, entendendo ser a sociedade unipessoal por quotas um tipo diferente do tipo sociedade por quotas e que até, em rigor, já nem é um tipo societário, cfr. JOSÉ DE OLIVEIRA ASCENSÃO, *Direito Comercial. Vol. IV* ..., cit., pp. 135 e ss.).

Também com razão, ALEXANDRE SOVERAL MARTINS, «Código das Sociedades Comerciais – Alterações introduzidas pelo Decreto-Lei n.º 257/96, de 31 de Dezembro», in *Revista Jurídica da Universidade Moderna*, vol. I, 1998, pág. 309, critica o facto de o legislador utilizar o

fica exposto leva à imperiosa necessidade de encontrar nos textos legais um regime jurídico harmonioso para o tipo legal sociedade por quotas que corresponda, ainda, a uma tutela suficiente e conciliadora de todos os interesses em causa.

Nestes termos, a aplicação do artigo 84.º às sociedades unipessoais por quotas é não só possível, como necessária. De facto, adaptando-se os pressupostos desta norma à situação das sociedades unipessoais por quotas, conclui-se que este preceito impõe ao sócio único o respeito pela separação entre o seu património pessoal e o património social, durante toda a vida desta sociedade. Se isso não acontecer, em caso de insolvência da sociedade unipessoal por quotas o sócio será ilimitadamente responsável por todas as obrigações contraídas pela sociedade a partir do momento em que ela existe como sociedade unipessoal[65].

O artigo 84.º do CSC veio prever expressamente, na nossa ordem jurídica, a responsabilidade ilimitada, pelas obrigações sociais contraídas no período de unipessoalidade[66], do sócio único nos casos em que este não observe, enquanto sócio único, as disposições legais que "estabelecem a afectação do património da sociedade ao cumprimento das respectivas obrigações". Ou seja, visa-se com esta norma a tutela dos credores sociais, nos casos em que o sócio único não tenha respeitado a autonomia patri-

---

termo "transformação" para definir a situação em que o sócio único declara a sua vontade de "transformar" em sociedade unipessoal por quotas uma sociedade que era, originariamente, uma sociedade por quotas pluripessoal (artigo 270.º-A, n.ºs 3, 4 e 5, do CSC), e utilizar a palavra "modificação" para referir a situação inversa, em que a sociedade deixa de ser uma sociedade unipessoal por quotas para passar a sociedade por quotas plural (artigo 270.º-D, n.ºs 1 e 2, do CSC).

[65] Neste sentido, cfr. MARIA ANTÓNIA PRAZERES PEREIRA, «Responsabilidade ilimitada do sócio único em caso de falência da sociedade unipessoal por quotas», in *Boletim da Associação Portuguesa de Técnicos de Contabilidade*, n.º 264, Março de 1999, pág. 83. A Autora, *ob. cit.*, pág. 84, critica o facto de o legislador manter a censura expressa aos comportamentos de desrespeito pela separação de patrimónios exclusivamente nas situações de unipessoalidade, originária ou superveniente, afirmando que "[o] que deve ser censurável é a confusão de patrimónios e essa pode verificar-se em qualquer sociedade".

[66] Para JORGE MANUEL COUTINHO DE ABREU, *Curso de Direito Comercial. Vol. II* ..., *cit.*, pág. 56, o sócio responde aqui "a título principal", solidariamente com a sociedade, pelo cumprimento dessas obrigações, contraídas no período de unipessoalidade. Também ANA MARIA PERALTA, «Sociedades unipessoais», in *Novas Perspectivas do Direito Comercial*, Almedina, Coimbra, 1988, pág. 266, entende que esta responsabilidade do sócio deve ser solidária com a da sociedade, invocando duas razões: por um lado, e uma vez que o preceito se aplica a todos os tipos legais societários, só assim se alteraria o estatuto dos sócios de responsabilidade ilimitada (pois, de qualquer modo, estes sempre seriam subsidiariamente responsáveis pelas dívidas sociais); por outro lado, por decorrer do artigo 100.º do Código Comercial que a solidariedade é o regime regra nas obrigações comerciais.

monial da sociedade comercial. Contudo, o preceito só encontra aplicação no caso de ser declarada falida a sociedade que esteve, ou ainda está, reduzida a um sócio. Convém notar que, aquando da entrada em vigor desta norma, estava longe da perspectiva do legislador a consagração legal da possibilidade de constituição de uma sociedade por quotas com um único sócio, uma vez que a ordem jurídica não admitia que uma pessoa singular pudesse recorrer ao mecanismo da unipessoalidade originária para a constituição de uma sociedade comercial (muito embora a realidade demonstrasse que tal facto não impedia a proliferação de sociedades materialmente unipessoais aquando da sua constituição). Então, ainda não existiam no nosso ordenamento as normas que vieram criar e regular a sociedade unipessoal por quotas – os artigos 270.º-A a 270.º-G do CSC. Isto, para salientar, especificamente, que o n.º 4 do artigo 270.º-F só em 1996 foi introduzido no CSC (decorridos dez anos após a aprovação deste diploma); pelo que, até então, apenas o artigo 84.º do CSC contribuía para resolver expressamente os problemas específicos de tutela dos credores de sociedade por quotas unipessoal que não se encontrasse inserida em relação de grupo, através da responsabilização directa do sócio único[67].

Desde logo, admita-se que o disposto no artigo 84.º do CSC deve entender-se também aplicável, apesar de tal não resultar expressamente do texto legal, a situações de unipessoalidade "material", ou seja, casos em que a sociedade foi constituída com mais do que um sócio e assim se mantém, mas através da qual, na realidade, só um dos sócios pretende exercer uma actividade económica com o fim de ver serem-lhe atribuídos lucros que se produziram na esfera jurídica da sociedade[68]; nestes casos (nos quais se incluem as situações de unipessoalidade "material"originária), os restantes sócios estão "alheados" e afastados da vida societária, que o sócio "único" orienta com exclusividade. Independentemente de todos os

---

[67] São vários os autores que encontraram no artigo 84.º uma via para "desconsiderar" a personalidade jurídica da sociedade comercial. Cfr. ANA MARIA PERALTA, «Sociedades unipessoais», *cit.*, pág. 265; CATARINA SERRA, «As *novas* sociedades unipessoais por quotas ...», *cit.*, pág. 134; JOSÉ DE OLIVEIRA ASCENSÃO, *Direito Comercial. Vol. IV* ..., *cit.*, pp. 80 e ss.; MIGUEL PUPO CORREIA, «Sobre a responsabilidade por dívidas sociais dos membros dos órgãos da sociedade», in *ROA*, ano 61, Abril de 2001, pág. 671; PAULO DE TARSO DOMINGUES, *Do Capital Social. Noção. Princípios e Funções*, 2.ª ed., Coimbra Editora, Coimbra, 2004, pp. 235 e ss., sobretudo nota 872. E também RICARDO ALBERTO SANTOS COSTA, *A Sociedade por Quotas Unipessoal* ..., *cit.*, pp. 728 e ss., admitia, antes da consagração legal da possibilidade de constituição de uma sociedade por quotas unipessoal, uma "interpretação analógica" que lhe permitia ver no artigo 84.º do CSC "a expressão *possível* de um princípio geral de superação da personalidade jurídica, com referência às situações de sociedades com um único sócio".

[68] Para uma noção de unipessoalidade material, cfr. RICARDO COSTA, «Unipessoalidade societária», in *Miscelâneas*, n.º 1, 2003, pág. 42.

argumentos interpretativos que podem ser convocados, este alcance do texto legal deve ser aceite pela mera razão de que, de outro modo, será extremamente fácil evitar a sua aplicação: numa sociedade pluripessoal temporariamente reduzida a um único sócio, este facilmente encontraria um sócio de favor que, como um "escudo", impediria a sua responsabilização nos termos do preceito em análise[69]. E esta interpretação é reforçada (e não fragilizada) com a entrada em vigor das normas sobre a sociedade por quotas unipessoal: o direito societário é cada vez mais informado pela intenção de evitar (tornando, basicamente, inútil) o recurso a sociedades fictícias; a interpretação declarativa do artigo 84.º do CSC iria promovê-lo[70].

---

[69] Na doutrina italiana, GASTONE COTTINO, *Le Società. Diritto Commerciale. Volume I. Tomo II*, cit., pp. 202 e ss., sobretudo pp. 207 e ss., argumentava em termos semelhantes quanto ao âmbito do artigo 2362 do *codice civile*, entretanto alterado pela reforma de 2003.

[70] Defende-se, então, uma interpretação extensiva do artigo 84.º do CSC, aplicando-se a norma a casos não cobertos pela sua letra (cfr. JOÃO BAPTISTA MACHADO, *Introdução ao Direito e ao Discurso Legitimador*, cit., pp. 185 e 327; JOSÉ DE OLIVEIRA ASCENSÃO, *O Direito. Introdução e Teoria Geral*, cit., pág. 423). Contudo, não se ignora que a noção de interpretação extensiva não é pacífica: entre nós, a interpretação extensiva também é definida como aquela em que a correcção proposta "não ultrapassa o sentido literal ainda possível, embora mais afastado, mediato ou lato" (cfr. ANTÓNIO DOS SANTOS JUSTO, *Introdução ao Estudo do Direito*, cit., pág. 334, nota 4). De todo o modo, não repugnaria ultrapassar, aqui, o estrito domínio da interpretação extensiva: terá cabimento ver no texto da norma um "teor literal demasiado estrito" que, visto "a partir da intenção reguladora", dá origem a uma lacuna na lei. Deste ponto de vista, e se se considerar que o caso não regulado na lei não é "«semelhante» ao que é regulado, «igual» a ele, em todos os aspectos essenciais para a valoração", mas cuja hipótese legal "devia ter sido incluída na regulação legal para esta alcançar também o seu fim em tais casos", é defensável o recurso a uma extensão teleológica (cfr. KARL LARENZ, *Metodologia da Ciência do Direito*, cit., pp. 564 e ss.), alargando-se o campo de aplicação do artigo 84.º do CSC a casos literalmente não abrangidos. O recurso a esta via de correcção teleologicamente fundamentada do texto legal tem sido aceite pela nossa doutrina (cfr. A. CASTANHEIRA NEVES, *Metodologia Jurídica. Problemas Fundamentais*, Coimbra Editora, Coimbra, 1993, pp. 186 e ss.; JOÃO BAPTISTA MACHADO, *Introdução ao Direito e ao Discurso Legitimador*, cit., pp. 185 e ss., e 197 e ss.; ANTÓNIO DOS SANTOS JUSTO, *Introdução ao Estudo do Direito*, cit., pág. 363).
O entendimento de que o âmbito de aplicação do artigo 84.º do CSC não pode ficar circunscrito às sociedades que só formalmente apresentam um único sócio é aquele que permite ultrapassar os receios de que um efeito lateral desta norma seja o de ela passar a constituir um "incentivo à criação e manutenção de sociedades fictícias, agora o único meio de o sócio único camuflado escapar à aplicação daquele regime" (cfr. ANA MARIA PERALTA, «Sociedades unipessoais», cit., pp. 265 e ss.). Alem disso, ignora o facto de uma sociedade que é completamente dominada ou controlada por um único sócio apresentar os mesmos riscos para os credores sociais, uma vez que se mantêm os perigos de uma actuação desrespeitadora do princípio da separação patrimonial (para a identidade entre a ameaça aos interesses dos credores sociais decorrente de uma situação de unipessoalidade

Mas o aspecto que mais importa salientar quanto ao alcance do artigo 84.º do CSC é o de que a responsabilidade pessoal do sócio só tem lugar, caso ele tenha "misturado" os patrimónios pessoal e social, desde que a sociedade seja "declarada falida". Deste modo, existe uma ligação necessária entre a alteração do regime de responsabilidade do sócio e o direito falimentar, ligação que cumpre analisar[71].

Quando uma sociedade por quotas fica, ainda que temporariamente, reduzida a um único sócio, ele é muitas vezes, simultaneamente, o seu gerente, de direito ou de facto. De acordo com o preceituado nos artigos 126.º-A, 126.º-B e 126.º-C do CPEREF, aditados ao CPEREF pelo artigo 3.º do Decreto-Lei n.º 315/98, de 20 de Outubro e em vigor até 2004, esse sócio único já seria, na maioria dos casos, também ilimitadamente responsável[72] pelas dívidas da sociedade falida, por ter contribuído em termos significativos para a sua insolvência. É que a não afectação do património da sociedade ao cumprimento das respectivas obrigações, pressuposto da responsabilização do sócio no caso do artigo 84.º do CSC, encontrava expressão em várias das alíneas do n.º 2 do artigo 126.º-A do CPEREF e correspondência com a ideia de contribuição significativa para a situação de insolvência da sociedade indicada no n.º 1 do mesmo artigo, pressuposto da responsabilização daqueles que, nos dois anos anteriores à sentença que viesse declarar a falência da sociedade, tivessem sido seus gerentes ou, simplesmente, a tivessem gerido de facto (recorde-se que o sócio formal ou materialmente único de uma sociedade por quotas é, muitas vezes, gerente de direito dessa sociedade ou – se se encontra em condições de, nos termos expostos, atentar contra a solvência da sociedade – seu gerente de facto).

A existência deste preceito do CPEREF, surgido dois anos após a aceitação, pelo legislador, das sociedades por quotas originariamente unipessoais, veio repor um equilíbrio que poderia estar, entretanto, à mercê da

---

formal e de uma situação de pluripessoalidade em que um dos sócios controla ou domina a sociedade, cfr. TERESA SAPIRO ANSELMO VAZ, «A responsabilidade do accionista controlador», *cit.*, pág. 333).

[71] Saliente-se, para já, que o Código das Sociedades Comerciais veio prever a responsabilidade do sócio único mesmo quando a falência ocorre muito depois de ter sido reconstituída a situação de pluripessoalidade, quando já é "difícil presumir que a condução dos negócios sociais durante aquele período foi a causa da falência". Cfr. RAÚL VENTURA, *Dissolução e Liquidação de Sociedades. Comentário ao Código das Sociedades Comerciais*, Almedina, Coimbra, 1987, pp. 193 e ss..

[72] Para a análise da discussão doutrinal em torno da expressão "responsabilidade [...] ilimitada" constante do artigo 126.º-A do CPEREF, cfr. MARIA DE FÁTIMA RIBEIRO, *A Tutela dos Credores da Sociedade por Quotas ...*, *cit.*, pp. 364, nota 18.

vontade do intérprete. Na verdade, para quem entendesse que o artigo 84.º do CSC só se aplicava às situações de unipessoalidade superveniente, o regime previsto para as sociedades unipessoais por quotas, nos artigos 270.º-A a 270.º-G do CSC, seria o de uma injustificada ausência de responsabilidade numa situação em tudo semelhante: a contribuição do sócio único, através do seu desrespeito pela separação patrimonial, para a insolvência da sociedade (de resto, a mesma injustiça que existe perante situações de unipessoalidade material, caso se entenda que o artigo 84.º só deve ser aplicado aos casos de unipessoalidade formal). O artigo 126.º-A do CPEREF, introduzido na nossa ordem jurídica em 1998, veio assegurar uma certa paridade de tratamento para situações que são, afinal, semelhantes: mesmo nos casos em que pudesse não haver lugar à aplicação do artigo 84.º do CSC, por não estarem literalmente preenchidos os respectivos pressupostos, aplicar-se-ia (no fundo) a mesma estatuição nele prevista. Em síntese, sempre que um dirigente, de direito ou de facto, pusesse em causa a função de garantia dos credores desempenhada pelo património social, ele responderia ilimitada e solidariamente perante estes credores em caso de falência da sociedade; se o não fizesse, a sua própria falência poderia ser declarada, pelo tribunal, conjuntamente com a da empresa, sendo as importâncias em dívida pagas através da liquidação no processo de falência. A grande diferença entre estes dois preceitos é que o do CPEREF, além de não se destinar especificamente a situações de unipessoalidade, se limitava a prever esta consequência para actos praticados pelos dirigentes da sociedade ao longo dos dois últimos anos anteriores à sentença que declarasse a falência do ente social, enquanto o artigo 84.º se aplica mesmo quando a insolvência da sociedade venha a ser declarada muito tempo decorrido após a reconstituição da pluralidade de sócios (o que dilui um possível nexo de causalidade entre os actos praticados pelo sócio único durante esse período e a situação de insolvência).

Hoje, com o CIRE, a realidade é bem diferente: o legislador veio prever, no Título VIII deste diploma, o incidente de qualificação da insolvência como culposa ou fortuita (artigo 185.º), estabelecendo-se que será culposa (artigo 186.º) desde que a situação tenha sido criada ou agravada pela actuação "dolosa ou com culpa grave" da sociedade ou dos seus gerentes "de direito ou de facto", nos três anos anteriores ao início do processo de insolvência, presumindo-se *de iure* que a insolvência é culposa se este gerente tiver praticado algum dos comportamentos previstos nas diversas alíneas do n.º 2 (e presumindo-se, ainda, no n.º 3, que existe culpa grave do gerente, de direito ou de facto, que não tenha cumprido um dos dois deveres aí referidos). Este elenco de situações das quais decorre necessariamente a qualificação da insolvência como culposa corresponde quase inteiramente àquele que estava previsto nas várias alíneas do n.º 2 do artigo 126.º-A do CPEREF[73]. Mas existe, quanto ao tema em análise neste trabalho, uma importante diferença a assinalar: a qualificação da insolvência como culposa, com a consequente identificação das pessoas afectadas por essa qualificação (artigo 189.º do CIRE), só importará para estas últimas uma consequência significativa no plano patrimonial (de modo a poder determinar uma melhor tutela dos interesses dos credores do insolvente): a perda de quaisquer créditos que as pessoas afectadas pela qualificação da insolvência como culposa detenham sobre a insolvência ou sobre a massa insolvente, bem como a sua condenação na restituição dos bens ou direitos já recebidos em pagamento desses créditos[74]. Agora, o património destas pessoas não responde, em termos gerais, perante os credores da sociedade insolvente, por já não existir a figura das falências conjuntas, nem tão pouco a responsabilização solidária dos dirigentes[75], ou a obrigação de depósito do passivo a descoberto[76]. Esta injustificável

---

[73] Existe actualmente uma referência expressa, na alínea b) do n.º 2 do artigo 186.º do CIRE, aos negócios "ruinosos" celebrados pela sociedade em proveito dos seus administradores, de direito ou de facto, "ou no de pessoas com eles especialmente relacionadas", que tenham criado ou agravado artificialmente passivos ou prejuízos, ou reduzido lucros: caso estes negócios tenham existido, a insolvência será necessariamente declarada culposa. O CIRE não fornece uma noção de pessoas especialmente relacionadas com os administradores de direito ou de facto, mas para a determinação de um elenco possível podemos recorrer à enumeração de pessoas especialmente relacionadas com o devedor que consta no artigo 49.º do mesmo diploma para efeitos de sujeição dos respectivos créditos ao regime de subordinação. Note-se que, se o gerente de direito ou de facto de uma sociedade por quotas reduzida à unipessoalidade ou originariamente unipessoal não for o sócio único, este deve ainda caber no conceito de pessoas especialmente relacionadas com esse gerente.
Nos casos em que a sociedade tenha praticado actos que provoquem uma diminuição fictícia do património, simulando uma situação de insolvência inexistente para prejudicar credores – o devedor vai locupletar-se, à custa dos créditos insatisfeitos ou da parte dos créditos que não seja satisfeita, à custa dos credores –, fica preenchido o tipo legal de crime de insolvência dolosa, punível nos termos do artigo do artigo 227.º do Código Penal (punição que se estende ao gerente de facto). Cfr. PEDRO CAEIRO, «Comentário ao artigo 227.º (Insolvência dolosa)», in *Comentário Coninbricense do Código Penal. Parte Especial. Tomo II. Artigos 202.º a 307.º*, dirigido por JORGE DE FIGUEIREDO DIAS, Coimbra Editora, Coimbra, 1999, pp. 413 e ss.; idem, «A responsabilidade dos gerentes e administradores por crimes falenciais na insolvência de uma sociedade comercial», in *Os Quinze Anos de Vigência do Código das Sociedades Comerciais*, Fundação Bissaya Barreto, Coimbra, 2003, pp. 96 e ss..
[74] Cfr. CATARINA SERRA, *O Novo Regime Português da Insolvência. Uma Introdução*, 2.ª ed., Almedina, Coimbra, 2005, pp. 19 e ss..
[75] Alteração saudada por RUI PINTO DUARTE, «Efeitos da declaração de insolvência quanto à pessoa do devedor», in *Themis*, Edição Especial. *Novo Direito da Insolvência*, 2005, pág. 145.
[76] Previstas, respectivamente, nos artigos 126.º-C, 126.º-A e 126.º-B do CPEREF.

alteração legislativa[77] implicou um importante revés para a tutela dos credores sociais[78].

Do exposto resulta que o artigo 84.º do CSC deve forçosamente, com a entrada em vigor do CIRE, recuperar uma função que entretanto se diluíra, e que é a de constituir o único meio de promover a responsabilização do sócio que é ou já foi formal ou materialmente único, depois de declarada a insolvência da sociedade, desde que ele, durante o período de "unipessoalidade", não tenha respeitado a separação entre o seu património pessoal e o património da sociedade agora insolvente.

Quando afirmamos que o recurso a esta norma é o único meio de promover essa responsabilidade, não estamos a afastar que os credores sociais tenham ao seu alcance outros meios para verem satisfeitas as suas pretensões, nomeadamente, nos termos dos artigos 31.º e seguintes do CSC e dos artigos 120.º e seguintes do CIRE. Simplesmente, os credores deverão, para poderem lançar mão do mecanismo de restituição à sociedade de bens ou valores indevidamente recebidos ou atribuídos, ou para promoverem a resolução em benefício da massa insolvente de actos prejudiciais à massa, identificar concretamente os bens, valores ou actos em causa; para mais, impende sobre eles o ónus de provar a irregularidade de cada específico acto de distribuição, atribuição ou recebimento desses bens ou valores, ou de provar a verificação dos pressupostos da resolução em benefício da massa insolvente (embora a tarefa esteja facilitada no âmbito da resolução incondicional prevista no artigo 121.º do CIRE). Logo, o recurso a estes mecanismos de tutela dos credores sociais implica sempre que estes se encontrem em condições de provar que esses actos existem e de conseguir isolar cada caso de desvio, pelo sócio, de bens da sociedade em proveito pessoal[79], ou de actos prejudiciais à massa.

---

[77] Cfr. Maria do Rosário Epifânio, «Efeitos da declaração de Insolvência sobre o insolvente no novo Código da Insolvência e da Recuperação de Empresas», in *DJ*, 2005, Tomo II, pág. 202.
[78] Neste sentido, cfr. José Augusto Engrácia Antunes, «"Law & economics" perspectives of portuguese corporation law – system and current developments», in *European Company and Financial Law Review*, 2005, pp. 366 e ss., particularmente nota 164; Manuel António Carneiro da Frada, «A responsabilidade dos administradores da insolvência», in *ROA*, 2006, pp. 671 e ss.. Contudo, Manuel António Carneiro da Frada, *últ. ob. cit.*, pp. 683 e ss., afirma a relevância delitual dos casos previstos no n.º 2 do artigo 186.º do CIRE para a aplicação do disposto no artigo 78.º, n.º 1, do CSC e/ou do artigo 483.º, n.º 1, do Código Civil, dado que consubstanciam normas de protecção de interesses alheios.
[79] Nas palavras de Manuel de Alarcão, «Sociedades Unipessoais», *cit.*, pág. 303, que distingue, assim, a necessidade de tutela dos credores sociais, nestas situações, daquela que existe nos casos a que chama "verdadeira" mistura de patrimónios, como se exporá.

Note-se que, apesar de o perigo de mistura de patrimónios existir em qualquer sociedade, ele é reconhecidamente maior nas sociedades unipessoais[80]. E também na situação de unipessoalidade é maior a probabilidade de uma "verdadeira" mistura de patrimónios, ou seja, que o sócio "dirija" a empresa social de tal forma que "seja impossível determinar com segurança a situação económica em que ela se encontra"[81], sobretudo em virtude da falta de transparência da contabilidade social. E será esta "opacidade" da situação a poder justificar o recurso a uma solução "desconsiderante"[82]. Dado que a situação de "opacidade" foi causada pelo sócio, entende a doutrina que defende o recurso à "desconsideração da personalidade jurídica" que o sócio responderá ilimitadamente pelas obrigações da sociedade. Simplesmente, a doutrina *Haftungsdurchgriff* tem evoluído no sentido de afirmar a existência de uma tal responsabilidade apenas quando a sociedade não se mostre capaz de satisfazer as suas obrigações, o que na prática corresponde a fazer depender a responsabilidade

---

[80] De facto, pode entender-se, com Rolf Serick, *Rechtsform und Realität juristischer Personen. Ein rechtvergleichender Beitrag zur Frage dês Durchgriffs auf die Personen oder Gegenstände hinter der juristischen Person*, Tübingen, 1955, pág. 15, que o perigo geral de "abuso da forma jurídica pessoa colectiva" existe com maior probabilidade nas sociedades unipessoais. Também neste sentido, cfr. Philippe Merle, *Droit Commercial. Sociétés Commerciales, cit.*, pág. 122; Hans Christoph Grigoleit, *Gesellschafterhaftung für interne Einflussnahme im Recht der GmbH*, C.H. Beck, München, 2006, pp. 66 e ss..

[81] Regressamos a Manuel de Alarcão, «Sociedades Unipessoais», *cit.*, pág. 303.

[82] Esta solução era preconizada, com extraordinária antecipação, por Manuel de Alarcão, «Sociedades Unipessoais», *cit.*, pp. 302 e ss.. O Autor já distinguia em 1961, dois tipos de consequências diferentes para duas situações distintas. Para o caso de confusão restrita a certos bens ou que possa ser facilmente determinada, a responsabilidade ilimitada do sócio único só pode ser admitida se o legislador a tiver previsto, com a natureza de sanção (o que veio a ser uma interpretação possível para o recém surgido artigo 270.º-F, n.º 4, do CSC. Cfr. Ricardo Costa, «As sociedades unipessoais», *cit.*, pág. 59, que, consequentemente, entende que o artigo 270.º-F do CSC é "[m]ais um caso de consagração *ex lege* de desconsideração da personalidade jurídica"). Mas para Manuel de Alarcão a responsabilidade ilimitada do sócio tem, de preferência, uma natureza diferente: é "uma consequência necessária da própria confusão de patrimónios" (*últ. ob. cit.*, pág. 304), que levará a que os credores sociais concorram ao património pessoal do sócio em pé de igualdade com os seus credores particulares, por ser lícita a presunção de que, perante a impossibilidade de separação dos dois patrimónios, o património social tenha sido o prejudicado. Fundamento para esta responsabilidade ilimitada do sócio único seria o recurso ao instituto do abuso do direito (assim como aos princípios da boa fé e da fraude à lei, todos "intimamente ligados, de tal maneira que se sobrepõem em muitos aspectos", nas palavras do Autor, a pág. 305), por pretender o único sócio valer-se do benefício da responsabilidade limitada numa situação de utilização abusiva desse benefício.

pessoal dos sócios da verificação de uma situação de insolvência[83]. Neste âmbito, o disposto no artigo 84.º do CSC permite resolver o problema sempre que esteja em causa uma sociedade unipessoal (no plano formal ou material).

Assim sendo, a solução que resulta do disposto no artigo 84.º do CSC parece corresponder – já – a um estado de equilíbrio que levou, para estas doutrinas, décadas a atingir. Para mais, constitui a resposta mais eficiente para o problema da mistura de patrimónios, quando ele se coloque no domínio das sociedades unipessoais, quer essa unipessoalidade seja originária, quer superveniente. A interpretação do n.º 4 do artigo 270.º-F do CSC no sentido de estabelecer uma responsabilidade ilimitada do sócio único por todas as dívidas sociais no caso de incumprimento dos pressupostos aí estabelecidos para a celebração de qualquer negócio entre esse sócio único e a sociedade unipessoal, independentemente da verificação de qualquer outro requisito, vai muito mais longe – e sem justificação plausível.

Em síntese, deve a letra do n.º 4 do artigo 270.º-F (que estabelece as consequências da violação do disposto nos números 1 a 3 do mesmo artigo), na parte em que diz "e responsabiliza ilimitadamente o sócio" (ainda se prevê nessa norma que são nulos os negócios jurídicos assim celebrados), ser interpretada no sentido de determinar a responsabilidade "ilimitada" do sócio pelos prejuízos causados à sociedade pela celebração do negócio jurídico em causa e pela respectiva nulidade.

---

[83] Cfr. MARIA DE FÁTIMA RIBEIRO, *A Tutela dos Credores da Sociedade por Quotas ...*, cit., pp. 345 e ss..

CRÓNICAS DE DIREITO ESTRANGEIRO

KLAUS J. HOPT*

Congresso Alemão dos Juristas de 2008 em Erfurt: Secção de Direito Económico**

De 22 a 26 de Setembro de 2008, decorreu em Erfurt o 67.º Congresso Alemão dos Juristas (*Deutscher Juristentag*). O tema da secção de direito económico (*Wirtschaftsrecht*) era o seguinte: *"Justificam-se regras especiais para sociedades cotadas em bolsa e para sociedades fechadas?"*. O tema, que, à primeira vista, para não juristas, poderá parecer puramente teórico, é, sob um melhor enfoque, de grande actualidade e significado prático, tendo por isso suscitado um intenso debate. Inscreveram-se na secção dirigida pelo Professor *Klaus J. Hopt*, de Hamburgo, cerca de 300 participantes, tendo uma grande parte ouvido as quatro comunicações, participado durante dois dias na discussão, e, na deliberação relativa às conclusões, estiveram ainda presentes cerca de 80 membros. Tratando-se de uma deliberação de um Congresso dos Juristas, esta é uma boa base para recomendações ao legislador. As propostas foram preparadas com base num parecer do Professor Dr. *Walter Bayer*, da Universidade de Jena, e já publicadas pela C. H. Beck, em Munique[1]. Dada a vastidão do tema, e para ser possível apresentar os diferentes pontos de vista da universidade, da prática e do estrangeiro, foram pedidas quatro comunicações – o que é pouco usual no Congresso Alemão dos Juristas –: Professor Dr. *Reto Francioni*, Presidente da Direcção da *Deutsche Börse AG* (e um aluno suíço do Professor Dr. *Peter Forstmoser*); Professor Dr. *Gerd Krieger*, advogado em Dusseldorf; Professor Dr. *Peter O. Mülbert*, da Universidade de Mainz; e Professor Dr. *Eddy Wymeersch*, da Universidade de Gent, antigo Presidente da *Comission bancaire, financière et des assurances* belga, em Bruxelas, e actualmente Presidente do CESR, *Committee of European Securities Regulators*.[2]

* Professor Jubilado; Max-Planck-Institut für ausländisches und internationales Privatrecht, Hamburgo

---

** Tradução do alemão de Rui Dias (Faculdade de Direito de Coimbra).
[1] V., em versão abreviada, W. BAYER, "Empfehlen sich besondere Regelungen für börsennotierte und für nichtbörsennotierte Gesellschaften?", em suplemento a *NJW* 21/2008, 21.
[2] Estas comunicações e a discussão, no seu conteúdo textual, estão no prelo e surgirão no ano de 2009, igualmente pela C. H. Beck. Sobre as mesmas, v. o relatório de M. ROTH, in *JZ* 2009, Heft 4.

I. Sobre os quatro campos temáticos

Foram levados a discussão e votação quatro temas, que, antes da reunião, tinham já suscitado entre os especialistas um amplo interesse[3]: I. Diferenciação entre diversos tipos de sociedades por acções; II. Desregulamentação e adaptação do direito das sociedades por acções, em especial a autonomia estatutária e problemas específicos das sociedades cotadas em bolsa, não cotadas em bolsa e possivelmente de ambos os grupos; III. Mudança de tipo legal societário, também listagem (*listing*) e "deslistagem" (*delisting*); e IV. Relação entre o direito das sociedades por acções e o direito da bolsa e do mercado de capitais. Aí colocam-se, entre outras, as seguintes questões, estando em anexo os resultados da respectiva votação:

Será ainda actual, e adequado à realidade, o tipo unitário da sociedade por acções, construído à imagem da sociedade cotada em bolsa? Ao nível da Comunidade Europeia, é feita uma clara diferenciação entre sociedades por acções cotadas e não cotadas. Nas primeiras, revela-se uma necessidade especial de protecção dos investidores (direito das sociedades cotadas em bolsa (*Börsengesellschaftsrecht*)), inexistente nas segundas. A questão nuclear aponta, por isso, para as possibilidades de desregulamentação no direito das sociedades por acções, bem como para a rigidez estatutária (*Satzungsstrenge*) extremamente rigorosa, de acordo com o § 23 (5) da Lei

---

[3] P. ex. J. JAHN, "Aktiengesellschaften sollen ein Zwei-Klassen-Recht bekommen", *Frankfurter Allgemeine Zeitung*, 6.8.2008, n.º 182, p. 19; G. KRIEGER, "Die Rechtsform AG steht auf dem Prüfstand", *AnwBl* 2008, 606; W. RICHTER, "Der Kapitalmarkt und sein Gesellschaftsrecht, Überlegungen zu einem kapitalmarktgemäßen Gesellschaftsrecht börsennotierter Gesellschaften", *ZHR* 172 (2008) 419; M. ROTH, "Börsennotierte und geschlossene Aktiengesellschaften", *AnwBl* 2008, 580; C. SCHÄFER, "Besondere Regelungen für börsennotierte und für nichtbörsennotierte Gesellschaften?", *NJW* 2008, 2536; G. SPINDLER, "Regeln für börsennotierte vs. Regeln für geschlossene Gesellschaften – Vollendung des Begonnenen?", *AG* 2008, 598; C. WINDBICHLER, "Empfehlen sich besondere Regeln für börsennotierte und für geschlossene Gesellschaften?", *JZ* 2008, 840. Já após o Congresso dos Juristas, DEUTSCHER ANWALTSVEREIN, HANDELSRECHTSAUSSCHUSS, "Stellungnahme zum RefE ARUG", *NZG* 2008, 534; F. DRINKHAUSEN/A. KEINATH, "RegE ARUG – Überblick über die Änderungen gegenüber dem RefE", *BB* 2009, 64; U. GOLL/F SCHWÖRER, "Reform des Beschlussmängelrechts", *Zeitschrift für Rechtspolitik* 2008, 245; M. HABERSACK, "Wandlungen des Aktienrechts", *AG* 2009, 1; U. NOACK, "ARUG: das nächste Stück der Aktienrechtsreform in Permanenz", *NZG* 2008, 441; N. PASCHOS/S. GOSLAR, "Der RefE ARUG aus der Sicht der Praxis", *AG* 2008, 605; U. SEIBERT/T. FLORSTEDT, "Der Regierungsentwurf des ARUG – Inhalt und wesentliche Änderungen gegenüber dem Referentenentwurf", *ZIP* 2008, 2145 (2051). Sobre a temática na Suíça, v. por último P. NOBEL, "Aktien- und Börsenrecht: Vielfalt und Einheit", *SZW* 2008, 175.

das Sociedades por Acções (AktG)[4], em termos que não existem por exemplo na Grã-Bretanha, França ou Suíça.

Assim, poderia recomendar-se que, para as sociedades por acções *cotadas em bolsa*, as compensações por *delisting*, *squeeze-out*, transformação e semelhantes fossem em princípio calculadas com base tão-só na cotação bolsista, o que permitiria dispensar os processos de avaliação de empresas, tão custosos em termos de tempo e de dinheiro. Pelo contrário, poderia excluir-se nesse âmbito a possibilidade de limitar a transmissibilidade de acções, porque estranha ao mercado de capitais. Deveremos admitir a possibilidade de escolha entre os sistemas dualista e monista, como na Sociedade Europeia, para todas as sociedades por acções – ou, em todo o caso, pelo menos para as não cotadas em bolsa, como na prática jurídica se vem exigindo? E deve continuar a reconhecer-se o direito especial de designação de membros do conselho geral e de supervisão (*Aufsichtsrat*) nas sociedades cotadas?

Nas não cotadas, poderia abrir-se a possibilidade de serem incluídas, para além das comuns cláusulas restritivas da transmissibilidade de acções, outras limitações, tais como direitos de preferência, ou mesmo direitos potestativos de aquisição de participações, e também direitos de saída dos sócios em caso de alterações significativas, direitos especiais para determinados accionistas ou até um reforço das competências da assembleia geral, à semelhança das sociedades por quotas.

Nas sociedades por acções *fechadas*, poderia ser ponderada a hipótese de se reconhecer um maior espaço de regulamentação aos estatutos, admitindo-se, nomeadamente, e como nas sociedades por quotas, os votos plurais, ou ainda acções preferenciais sem voto, sem as actuais limitações. Pelo contrário, não existe aí, porventura, qualquer necessidade do *squeeze-out*, cuja regulação poderia ser inteiramente remetida para o plano dos estatutos.

Poderá naturalmente dizer-se que, para muitos destes aspectos, está à disposição a *GmbH*, que perderia importância em face de uma desregulamentação de certos tipos de sociedades por acções. Se o quisermos evitar, devemos manter uma determinada distância entre a regulação da sociedade por quotas e a da sociedade por acções desregulamentada. Tal poderia ainda ser conseguido através de uma desregulamentação mais

---

[4] O § 23 (5) AktG prevê: "Os estatutos só poderão derrogar as disposições desta lei, quando tal seja por ela expressamente autorizado. São admitidas disposições complementares nos estatutos, salvo quando a regra contida nesta lei seja concludente."

profunda na MoMiG[5]. Por fim, coloca-se também a questão de, perante uma diferenciação entre regras aplicáveis a sociedades por acções cotadas e não cotadas, como deverão ser moldadas as regras sobre as transformações numa ou noutra dessas formas jurídicas.

II. Em especial sobre a reforma das normas sobre a impugnação e os vícios das deliberações

O problema dos *accionistas ladrões* (*räuberische Aktionäre*) esteve, por razões prementes, no centro de todos os interesses. Ele é conhecido desde há muito. Entretanto, existe na Alemanha uma verdadeira indústria de litigância, que se serve das fraquezas do direito das sociedades por acções alemão. Accionistas que, muitas vezes, detêm somente uma ou poucas acções, marcam presença na assembleia geral apenas para colocarem uma vastidão de perguntas e, seguidamente, intentarem uma acção de impugnação da deliberação da assembleia geral com base nas respostas não inteiramente correctas ou incompletas que receberam, ou outros alegados vícios semelhantes. No ano de 2006, houve não menos que 357 acções judiciais desta sorte, numa tendência drasticamente crescente desde 1980 (apenas 6 acções). Estes processos podem, em concreto, prolongar-se por dez anos ou mais – há pouco ouviu-se falar de um que acabara de entrar precisamente no seu décimo quinto ano. É evidente que é de longe mais vantajoso para a sociedade atingida chegar a um acordo com os accionistas litigantes. A sociedade pode então executar a sua deliberação, e o accionista ganha com isso muito dinheiro. O legislador já quis remediar o problema em anteriores reformas, através da instituição do denominado *Freigabeverfahren*. Este é um processo próprio, em que a sociedade por acções poderá requerer a inscrição provisória da deliberação no registo comercial, de modo a que possa ser integralmente executada. Todavia, os tribunais inferiores têm receio de, por esta via, estarem a antecipar uma decisão quanto à questão de mérito, frequentemente complexa. Por isso, o actual *Freigabeverfahren*, na prática, não tem dado em nada.

---

[5] Lei de Modernização do Direito das Sociedades de Responsabilidade Limitada (*GmbH*) e Anti-Abuso (*Gesetz zur Modernisierung des GmbH-Rechts und zur Bekämpfung von Missbräuchen (MoMiG)*), proposta de lei in *ZIP*, suplemento, Heft 23/07, Lei de 23 de Outubro de 2008 in *Bundesgesetzblatt* I p. 2026.

Este problema foi devidamente investigado numa análise empírica feita em Frankfurt[6], constituindo – o que é de assinalar – uma particularidade alemã. Noutros países, não existe o fenómeno dos litigantes profissionais, ao menos não com esta extensão. Tal só pode significar que "algo vai mal no Reino da Dinamarca", isto é, que o nosso direito das sociedades por acções alemão tem que ser reformado[7]. Esta constatação já não é nova, e o legislador procurou por várias vezes desencadear reformas, mas nunca com a energia suficiente. Também o projecto da chamada ARUG[8] é, a este respeito, demasiado hesitante. O tema foi por isso retomado pelo Congresso dos Juristas, como referido, com muito boa receptividade. As recomendações mais importantes que daí resultaram são em seguida descritas:

1. *As possibilidades de impugnação de deliberações devem ser mais restritas. Com a ARUG, pode ser dado um passo louvável nesse sentido.*

No que toca à primeira metade destas recomendações, onde não se pretende fazer qualquer distinção entre sociedades cotadas e não cotadas, há hoje um vastíssimo consenso, o que também se reflecte na significativa maioria obtida na votação. Em boa verdade, uma opinião diversa poderia apenas surgir do lado dos litigantes profissionais – também Nold[*] apareceu na discussão – e daqueles que, no caso de uma reforma profunda, veriam a sua profissão ser colocada em risco.

Não tão fácil é a apreciação da ARUG. Falamos de uma proposta de lei do Ministério da Justiça federal alemão, para transposição da directiva comunitária dos direitos dos accionistas, que aproveita ainda o ensejo para dedicar algumas normas ao problema dos litigantes profissionais. Nos círculos especializados, a ARUG, na formulação da proposta de lei, é tida como problemática por dois motivos. Por um lado, embora preveja um quórum, ou seja, a detenção de um mínimo de acções como pressuposto processual, é de ficar perplexo com o montante em que se pretende fixá-lo: 100 Euros. Apesar das razões sistémicas, tal não convenceu sociedades nem litigantes, os círculos interessados. Por outro lado, a ARUG atira por

---

[6] T. Baums/A. Keinath/D. Gajek, "Fortschritte bei Klagen gegen Hauptversammlungsbeschlüsse? Eine empirische Studie", *ZIP* 2007, 1629.
[7] V. um bom resumo em P. Hemeling, "Beschlussmängelrecht – Quo Vadis?", *ZHR* 172 (2008) 379.
[8] Lei para a Transposição da Directiva dos Direitos dos Accionistas (*Gesetz zur Umsetzung der Aktionärsrechterichtlinie (ARUG)*), proposta de lei apresentada em 6 de Maio de 2008; entretanto existe a versão de 17 de Novembro de 2008, in *ZIP*, suplemento, Heft 46/2008.
[*] *N. de T.*: referência a Erich Nold, que ficou conhecido na Alemanha como "litigante profissional" no final dos anos 1950.

cima do alvo quando prevê que o accionista demandante fique limitado ao exercício de um direito de indemnização individual, e que o registo provisório não mais pode ser afectado devido ao predomínio do interesse económico da sociedade sobre o do accionista individual. A reforma é urgente, claro está, e, para que passe ainda nesta legislatura[9], isso terá que acontecer nos próximos meses. Por isso, a direcção dos trabalhos incluiu a segunda frase no texto da recomendação, a pedido do responsável do Ministério da Justiça, de modo a conferir-lhe apoio e sublinhar a urgência da reforma.

2. *Nas sociedades cotadas em bolsa, deve fixar-se uma minoria de accionistas qualificada, em não menos de um por cento do capital social/100.000 Euros.*

Esta segunda recomendação foi a surpresa do dia. É certo que os quóruns sempre foram exigidos neste contexto, propondo até os práticos os 5% do capital social ou 1 milhão de Euros[10]. No entanto, não se vem abdicando do poder individual dos accionistas de intentarem acções para impugnação de deliberações da assembleia geral, muito embora já há muito seja lei a exigência de um mínimo de 1% do capital social ou 100.000 Euros para pedidos de "auditoria especial" (*Sonderprüfung*) e acções de responsabilidade de membros dos órgãos sociais[11]. Aliás, é manifesto que o Ministério da Justiça toma por politicamente impraticável um avanço neste sentido, caso contrário dificilmente se fixaria a bitola nos 100 Euros. Igualmente controversa foi a discussão e o eco mediático[12]. Os opositores do quórum chamaram a atenção para o papel dos accionistas como *watch dog* na governação das sociedades, para os direitos sociais dos accionistas, que acabam de ser reforçados pela directiva dos direitos dos accionistas, e para o facto de que assim se dificulta fortemente o agrupamento de accionistas (embora a tal crítica tenha sido contraposto que o quórum não valeria necessariamente para agrupamentos reconhecidos de accionistas). Também se disse que os litigantes profissionais, entretanto, acumularam tanto dinheiro que os quóruns, ainda por cima baixos, seriam simplesmente vãos. Por isso, apesar da deliberação favorável do Congresso dos Juristas, é extremamente incerto que o quórum aconselhado venha a passar no processo legislativo.

---

[9] As eleições legislativas terão lugar em Setembro de 2009.
[10] W. Richter (*supra*, n. 3), ZHR 172 (2008) 419 (450).
[11] §§ 142 e 148 AktG.
[12] J. Jahn, "Überraschendes Quorum", *Frankfurter Allgemeine Zeitung*, 1.10.2008, n.º 230, p. 27.

3. *Normas sobre os vícios das deliberações*

a) As normas sobre os vícios das deliberações devem ser profundamente reformadas

Assim se expressa a opinião de que novas reformas do *Freigabeverfahren* não atingirão os seus objectivos, ou então, como dito acima, atirarão para lá desses objectivos. Melhor seria reformar, desde as suas bases, as normas sobre os vícios das deliberações. Foram recentemente apresentadas propostas de reforma detalhadas pelo grupo de trabalho dedicado ao tema[13]. As recomendações do Congresso Alemão dos Juristas retomam algumas destas propostas, mas não vão tanto ao pormenor, dado que o tema foi apresentado numa perspectiva mais ampla.

b) As acções de impugnação devem apenas bloquear a inscrição no registo comercial quando um tribunal ordene esse bloqueio ("Freigabeverfahren" invertido)

O *Freigabeverfahren*, nos termos actuais, prevê que a sociedade, cujas deliberações de accionistas em assembleia geral sejam objecto de impugnação, possa intentar um processo próprio para possibilitar a sua inscrição no registo comercial, cabendo-lhe o ónus da prova da existência dos motivos que impõem essa inscrição provisória. Contudo, é comum os tribunais, como acima referido, não se atreverem a dar-lhe provimento. A recomendação de reforma seria a de inverter os papéis dos litigantes. Ou seja, caberia ao autor formular o pedido de que a deliberação *não* seja provisoriamente registada. Em conformidade, também se inverteria o ónus da prova, que ficaria então a cargo do autor da impugnação.

c) O Freigabeverfahren deve ser substituído por um procedimento registal acelerado no quadro do processo principal (Zwischenverfahren)

Por detrás desta ideia está a seguinte reflexão: mesmo que reformássemos o *Freigabeverfahren* nos termos propostos na recomendação anterior, essa não seria ainda a solução óptima. Melhor seria que o *Freigabeverfahren* fosse integrado no processo principal, isto é, no processo de impugnação da deliberação, e aí fosse objecto de decisão, num momento processual próprio, o registo provisório. Assim, não seria necessário abrir um novo

---

[13] Arbeitskreis Beschlussmängelrecht, "Vorschlag zur Neufassung der Vorschriften des Aktiengesetzes über Beschlussmängel", *AG* 2008, 617.

procedimento, e seria previsível que a decisão respectiva fosse obtida num curto prazo. Para mais detalhes, vejam-se as propostas do grupo de trabalho dedicado às normas sobre os vícios das deliberações.

d) Apenas devem conduzir à nulidade os vícios que, pela sua gravidade, sejam intoleráveis pela ordem jurídica.

Até à data, certos vícios formais ao nível da convocatória conduzem sempre à nulidade, mesmo quando não sejam necessariamente graves, p. ex. quando a assembleia geral é convocada em Abril para a "sexta-feira, 13 de Maio", mas falta a indicação do ano.[14] Este é apenas um exemplo, entre muitos. Faria sentido, diferentemente, que a nulidade tivesse lugar, não pela violação de qualquer norma imperativa, mas sim apenas perante vícios especialmente graves. Exemplos disso seriam a (também unânime) redução do capital social para 1000 Euros, ou a destituição do conselho geral e de supervisão por deliberação, enquanto o direito alemão negar o direito de escolha aos accionistas que, por razões de direito comunitário, existe já para a Sociedade Europeia.

e) O grupo de trabalho dedicado às normas sobre vícios deliberativos vai aqui mais longe do que as recomendações do Congresso[15], sem que aí se vislumbre uma contradição, dado que o Congresso dos Juristas abordou o tema como um entre muitos outros, apresentando, em conformidade, apenas princípios gerais, e não propostas detalhadas. O grupo de trabalho propõe, também para as acções de anulação de deliberações, portanto para os restantes vícios que por si só não conduzam à nulidade, uma diferenciação. Actualmente, quando a impugnação é bem sucedida, a deliberação é anulada com efeitos retroactivos. Segundo a proposta de reforma, o tribunal teria que proceder a uma ponderação de interesses, avaliando se é ou não justificada uma tal anulação. Tal será o caso quando, p. ex., se verifique uma desconformidade procedimental que intencionalmente onere accionistas individuais. Nesse caso, a deliberação não pode manter-se, tem por isso de ser cassada. Se, diferentemente, a ilicitude não for "especialmente grave" – é esse o *terminus technicus*: "ilicitude especialmente grave" (*besonders schwerer Rechtsverstoß*) –, então deverá o tribunal, segundo o seu melhor critério, impor outras sanções: a título de exemplo, a anulação da deliberação apenas com efeitos para o futuro, a imposição à sociedade de uma sanção pecuniária em favor do Estado, num montante

---

[14] Exemplo retirado de Arbeitskreis Beschlussmängelrecht (v. n. anterior), *AG* 2008, 617 (620).
[15] Arbeitskreis Beschlussmängelrecht (v. *supra*, n. 13), *AG* 2008, 617 (618, 620 ss.).

até ao máximo de um milhão de Euros, a publicação do teor da sentença e, sobretudo, o direito de indemnização do autor. Porém, esta indemnização teria em conta os danos individuais de cada autor no processo, e não também, como resultaria dos termos gerais das normas sobre a indemnização (§ 249 BGB), a recolocação do lesado na situação em que este estaria na hipotética ausência do facto lesivo; isto é, a remoção dos efeitos produzidos pela deliberação da assembleia geral não poderia ser objecto de um pedido indemnizatório.

4. As acções de impugnação de deliberações sociais deveriam ser intentadas, em primeira instância, junto de um tribunal superior (o "Oberlandesgericht")

Um dos principais problemas das actuais acções de declaração de nulidade e de anulação de deliberações sociais é a duração dos processos, que é desanimadora e inaceitável. Ela constitui um dos maiores estímulos à actuação dos litigantes profissionais, levando também a que as sociedades por acções acabem por colocar um fim aos processos através de transacções com eles celebradas. A longa duração de tais processos poderia ser consideravelmente reduzida se, em vez das actuais três instâncias, existissem apenas duas. Houve aqui um rápido consenso no Congresso, não sendo o encurtamento do percurso processual para duas instâncias problemático da perspectiva do Estado de Direito, conforme se receava na discussão. Diferentemente, foi já objecto de debate se a primeira instância deveria ser o *Landgericht*, com possibilidade de revisão atribuída directamente ao Supremo Tribunal Federal (*Bundesgerichtshof*), ou antes o *Oberlandesgericht*. No fim de contas, impôs-se esta última opinião, a meu ver bem. Já hoje existe toda uma série de casos, nos quais o *Oberlandesgericht* actua como primeira instância. E tal deveria ser ainda combinado com a atribuição, por parte do legislador – no caso concreto, os *Länder* –, da respectiva competência, dentro de cada *Land*, a um único *Oberlandesgericht*. Há também já exemplos de semelhantes concentrações.

Com estas recomendações do Congresso dos Juristas, não se terá, porventura, eliminado todos os problemas relativos aos *accionistas ladrões*, mas certamente se conseguiu identificar as soluções essenciais. É agora de esperar que o legislador acolha estas sugestões. Seria especialmente desejável que ele o fizesse rapidamente, se possível ainda durante esta legislatura. Mesmo que, para o efeito, fosse dado apenas um primeiro passo através da ARUG, só isso já se traduziria num ganho para as sociedades por acções e a grande maioria dos accionistas.

III. Sobre o direito das sociedades cotadas em bolsa (*Börsengesellschaftsrecht*)

O tema da secção de direito económico ("*Justificam-se regras especiais para sociedades cotadas em bolsa e para sociedades fechadas?*") foi escolhido pela delegação do Congresso Alemão dos Juristas, por proposta do seu membro *Klaus J. Hopt*, devido ao facto de que, numa perspectiva internacional, a regulamentação alemã da forma jurídica *sociedade por acções*, enquanto tipo unitário construído à imagem da sociedade cotada em bolsa, é pouco comum. Ao nível da Comunidade Europeia, como introdutoriamente referido, é feita uma clara diferenciação entre sociedades por acções cotadas e não cotadas em bolsa, e, nos Estados-membros, pode encontrar-se não só a distinção geral entre sociedade por acções (*AG*) e sociedade por quotas (*GmbH*), como também, em certos casos, outras formas de sociedades por acções, e ainda, em todo o caso, regras especiais para as sociedades por acções que estejam cotadas em bolsa – o que é especialmente nítido, por exemplo, na Itália e na França, e ainda, consoante a matéria, na Inglaterra. Mas também noutros países, nomeadamente na Suíça[16], pode encontrar-se um direito das sociedades cotadas em bolsa. Na Alemanha, segundo números de Novembro de 2008 sobre as sociedades por acções, há 1180 cotadas e 15000 não cotadas. Terão mesmo que valer aquelas regras, criadas para as 1180, também para as restantes 15000, ou deveria antes o legislador alemão seguir a tendência internacional no sentido de uma maior diferenciação e desregulamentação?

Para ser breve, os juristas reunidos em Erfurt votaram de modo conservador e ficaram aquém do que seria devido, na perspectiva não apenas do director da secção[17], mas também na de *Wymeersch*, que é ainda Presidente do CESR. Por maioria, foi recusada uma declaração genérica em favor de uma maior diferenciação e desregulamentação[18]. Tão-pouco fez vencimento a proposta de flexibilização do § 23 (5) AktG[19], em favor de uma maior autonomia estatutária – perante verificação expressa de que

---

[16] V. já P. Nobel, "Börsengesellschaftsrecht?", *Festschrift für Rolf Bär*, Bern, 1998, p. 301; idem, *Transnationales und Europäisches Aktienrecht*, Bern, 2006, Capítulo 5, n.º 1.

[17] Em detalhe K. J. Hopt, "Gestaltungsfreiheit im Gesellschaftsrecht in Europa – Generalbericht", in M. Lutter, H. Wiedemann (Hrsg.), *Gestaltungsfreiheit im Gesellschaftsrecht*, ZGR--Sonderheft 13, Berlin, New York, 1998, pp. 123-147.

[18] Criticamente, W. Bayer, "Empfehlungen des Deutschen Juristentags zur Reform des Aktienrechts", *BB* 44/2008. Na primeira página: "Esta perspectiva tradicional é tacanha e, na substância, também não convence".

[19] V. a sua transcrição *supra*, n. 4.

o direito imperativo permaneceria intocado. De nada serviu a tomada de posição de *Wymeersch*, ao sublinhar que esta é uma singularidade alemã.

Mas, para cada uma das questões, foram-se formando algumas maiorias, de modo por vezes mesmo surpreendente.

1. Recomendações de reforma para as sociedades cotadas em bolsa

Para as sociedades cotadas, foram declaradas as quatro seguintes recomendações ao legislador, que representam evidentes avanços:

Nos futuros desenvolvimentos do direito das sociedades cotadas em bolsa, deverá haver um enfoque mais claro sobre a protecção do património.

As indemnizações e o critério da sua determinação devem repousar, fundamentalmente, quanto a sociedades cotadas em bolsa, e nos limites constitucionalmente admissíveis, sobre a média da cotação bolsista.

Devem ser alargadas, nas sociedades cotadas em bolsa, as possibilidades de exclusão do direito de preferência por montante próximo do curso bolsista.

Deve ser introduzido um duplo nível de instâncias no percurso processual dos litígios societários respeitantes a sociedades cotadas em bolsa.

Assim se recomenda que passe a dar-se uma relevância fundamental ao curso médio bolsista, em vez do recurso ao valor de rendimento (*Ertragswert*), utilizado pelos tribunais, cuja determinação coloca grandes dificuldades, dadas as enormes discrepâncias entre as avaliações dos revisores de cada uma das partes e a longa duração dos processos. Nesta matéria, correctamente, o Tribunal Constitucional Federal (*Bundesverfassungsgericht*) estabelece limites. Em especial, deve manter-se na esfera do accionista afectado a possibilidade de verificação judicial da indemnização, no sentido de averiguar se existem circunstâncias que impeçam o recurso à cotação bolsista. Não obstante, esta reforma teria um efeito positivo na previsibilidade do montante indemnizatório a pagar *a final*, bem como na quantidade e na duração dos processos, sobretudo se conjugada com a introdução de um duplo nível de instâncias a este respeito.

2. Recomendações de reforma para sociedades não cotadas em bolsa

Pelo contrário, para as sociedades não cotadas, a maioria não pretendeu qualquer tipo de simplificação. Nem sequer se concedeu uma maior liberdade de estipulação, em especial nas relações jurídicas dos accionistas entre si.

3. Liberdade de escolha entre os sistemas dualista e monista

Foi também rejeitada a liberdade de escolha entre os sistemas dualista (de conselho geral e de supervisão) e monista (de conselho de administração), tanto para sociedades não cotadas como para cotadas. Tal é, numa perspectiva internacional, pura e simplesmente atrasado. [20] Outros países, como França, Itália e, em face das suas regras flexíveis para o sistema de conselho de administração, também Inglaterra e Suíça, estão claramente à nossa frente. A negação da liberdade de escolha dos accionistas é tanto menos compreensível, quanto essa liberdade está imperativamente prevista para a SE, a Sociedade Europeia, e o legislador alemão já elaborou as respectivas normas para o sistema de conselho de administração. Os dois argumentos aduzidos contra a liberdade de escolha não convencem: poderíamos escolher, diz-se, em vez da sociedade por acções, a sociedade por quotas – sim, mas o tipo sociedade por acções tem as suas vantagens, e não é fácil explicar a um estrangeiro por que motivo ela tem de vir obrigatoriamente associada a um sistema dualista. E o sistema monista, acrescenta-se, não seria escolhido, em todo o caso, por causa da co-gestão (*Mitbestimmung*) – mas isso não diz respeito às pequenas sociedades por acções.

4. Recomendações de reforma para o *delisting* e o *listing* e sobre a relação entre o direito das sociedades por acções e o direito do mercado de capitais

Ainda, muito brevemente, acerca de duas importantes recomendações do Congresso dos Juristas, uma sobre *delisting* e *listing*, outra sobre a relação entre o direito das sociedades por acções e o direito do mercado de capitais e da bolsa.

A passagem de sociedade cotada a não cotada (delisting) não deve ser possível por mera deliberação do órgão de administração, exigindo-se antes uma deliberação da assembleia geral, e mesmo nesse caso somente mediante indemnização.

---

[20] Sobre o assunto, K. J. Hopt, "Modern Company and Capital Market Problems: Improving European Corporate Governance After Enron", *Journal of Corporate Law Studies* 3 (2003), pp. 221, 230 ss..; K. J. Hopt/P. C. Leyens, "Board Models in Europe - Recent Developments of Internal Corporate Governance Structures in Germany, the United Kingdom, France, and Italy", *ECFR* 2004, pp. 135, 163 ss..

Tal corresponde, no essencial, à jurisprudência do *Bundesgerichtshof*.[21] Não foi sujeito a votação o problema da maioria necessária para o efeito; na minha opinião, concordando com o BGH, deve ser suficiente uma maioria simples.

A passagem de sociedade não cotada a cotada (listing) deve ser sujeita a deliberação da assembleia geral.

Este seria um agravamento do *status quo* não desprovido de problemas, uma vez que, até à data, esta decisão é em princípio da competência do órgão de administração, sem intervenção da assembleia geral.

Quanto à relação entre direito das sociedades por acções e direito do mercado de capitais, o Congresso dos Juristas recomendou ao legislador que proceda a uma melhor harmonização das prescrições de ambas as disciplinas jurídicas.[22] Merecem ponderação as importantes contradições e dificuldades que podem surgir, designadamente, ao nível das normas sobre divulgação de informação, sobre a relação entre conselho de administração executivo e conselho geral e de supervisão na defesa contra ofertas públicas de aquisição, ou ainda sobre a publicidade *ad hoc* de deliberações do conselho de administração executivo, quando ainda não haja deliberação do conselho geral e de supervisão.

67.º CONGRESSO ALEMÃO DOS JURISTAS 2008 EM ERFURT: SECÇÃO DE DIREITO ECONÓMICO

Justificam-se regras especiais para sociedades cotadas em bolsa e para sociedades fechadas?

I. Diferenciação entre diversos tipos de sociedades por acções

1. Uma mais forte diferenciação poderia trazer vantagens: às sociedades não cotadas em bolsa, um *plus* em liberdade de estipulação; às sociedades cotadas, uma maior orientação para as necessidades do mercado de capitais e do investidor. Com uma mais forte diferenciação, a Alemanha seria mais competitiva na concorrência entre legislações. **Rejeitado: 29:47:1**

---

[21] *BGHZ* 153, 47 (Macroton); v. K. J. HOPT in BAUMBACH/HOPT, *Handelsgesetzbuch*, 33. Aufl., München, 2008, (14) BörsG § 39, anots. 3 ss., e para a Suíça P. NOBEL, "Zur Dekotierung von der Börse", *SZW* 2003, 113; *idem, supra* cit. na n. 3, *SZW* 2008, 175 (183).
[22] Em sentido semelhante para a Suíça, P. NOBEL (v. *supra*, n. 3).

2. A atractividade da sociedade por acções para as médias empresas pode ser manifestamente aumentada através de uma mais extensa desregulamentação do direito das sociedades por acções. O direito imperativo deve manter-se apenas na medida do necessário para a protecção dos accionistas, dos credores ou do mercado de capitais. **Rejeitado: 18:57:4**

3. A definição de sociedade cotada em bolsa do § 3 (2) AktG deveria abranger também as sociedades cujas acções, por sua vontade, são comercializadas em mercado aberto ou estão num sistema multilateral não bolsista. **Aprovado: 46:17:14**

II. Desregulamentação e adaptação do direito das sociedades por acções

A. Autonomia estatutária

4. § 23 (5) AktG deve ser revogado, direito imperativo mantém-se intocado:
a) quanto a sociedades não cotadas em bolsa, **rejeitado: 6:71:1**
b) quanto a sociedades cotadas em bolsa. **Rejeitado: 1:84:1**

B. Sociedades cotadas em bolsa

5. Nos futuros desenvolvimentos do direito das sociedades cotadas em bolsa, deverá haver um enfoque mais claro sobre a protecção do património. **Aprovado: 39:21:19**

6. As indemnizações e o critério da sua determinação devem repousar, fundamentalmente, quanto a sociedades cotadas em bolsa, e nos limites constitucionalmente admissíveis, sobre a média da cotação bolsista. **Aprovado: 48:16:12**

7.
a) O direito especial de designação de membros do conselho geral e de supervisão, nas sociedades cotadas em bolsa, deve ser restringido. **Rejeitado: 10:63:6**
b) A possibilidade de limitação da transmissibilidade das acções deveria ser limitada, nas sociedades cotadas em bolsa. **Rejeitado: 7:65:7**
c) Devem ser alargadas, nas sociedades cotadas em bolsa, as possibilidades de exclusão do direito de preferência por montante próximo do curso bolsista. **Aprovado: 34:31:13**

8. Deve ser introduzido um duplo nível de instâncias no percurso processual dos litígios societários respeitantes a sociedades cotadas em bolsa. **Aprovado: 65:3:12**

C. Sociedades não cotadas em bolsa

9. Deve ser concedida maior liberdade de estipulação nas sociedades não cotadas em bolsa, em especial nas relações jurídicas dos accionistas entre si. **Rejeitado: 36:38:4**

10. Nas sociedades não cotadas em bolsa, deveriam ser admissíveis direitos potestativos ou deveres de aquisição (*squeeze-out* e *sell-out*) com fonte estatutária. **Rejeitado: 25:49:5**

11. Nas sociedades não cotadas em bolsa, deveriam ser admissíveis direitos especiais de accionistas para designação dos membros do conselho de administração executivo. **Rejeitado: 7:69:2**

12. Nas sociedades não cotadas em bolsa, deveria ser admissível a previsão de matérias em que é exigido o consentimento do conselho geral e de supervisão (*Zustimmungsvorbehalt*). **Rejeitado: 16:61:3**

13. Nas sociedades não cotadas em bolsa, deveria ser admissível o direito de os accionistas darem instruções (*Weisungsrecht*). **Rejeitado: 2:78:0**

D. Sociedades cotadas / não cotadas em bolsa

14. As possibilidades de impugnação de deliberações devem ser mais restritas. Com a ARUG, pode ser dado um passo louvável nesse sentido. **Aprovado: 62:12:5**

15. Nas sociedades cotadas em bolsa, deve fixar-se uma minoria de accionistas qualificada, em não menos de um por cento do capital social / 100.000 Euros. **Aprovado: 47:28:4**

16.
a) As normas sobre os vícios das deliberações devem ser profundamente reformadas. **Aprovado: 65:3:10**

b) As acções de impugnação devem apenas bloquear a inscrição no registo comercial quando um tribunal ordene esse bloqueio (*Freigabeverfahren* invertido). **Aprovado: 52:15:10**

c) O *Freigabeverfahren* deve ser substituído por um procedimento registal acelerado no quadro do processo principal (*Zwischenverfahren*). **Aprovado: 43:22:13**

d) Apenas devem conduzir à nulidade os vícios que, pela sua gravidade, sejam intoleráveis pela ordem jurídica. **Aprovado: 62:8:9**

17. As acções de impugnação de deliberações sociais deveriam ser intentadas, em primeira instância, junto do *Oberlandesgericht*. **Aprovado: 63:4:13**

18. As normas sobre o *squeeze-out* devem ser processualmente reformadas:

a) No âmbito do direito das sociedades por acções, a exigência de deliberação da assembleia geral deve ser eliminada. Tal como no *squeeze-out* em contexto de oferta pública de aquisição, deveria ser directamente requerida a um tribunal a sua exclusão. **Aprovado: 35:29:16**

b) No *squeeze-out* em contexto de oferta pública de aquisição, e tal como no âmbito do direito das sociedades por acções, a adequação da indemnização deveria poder ser determinada judicialmente (em sede do *Spruchverfahren*). **Aprovado: 50:4:27**

19. Deveria ser concedida a liberdade de escolha entre os sistemas dualista (de conselho geral e de supervisão) e monista (de conselho de administração) a:

a) sociedades não cotadas em bolsa, **rejeitado: 32:45:3**

b) sociedades cotadas em bolsa. **Rejeitado: 27:49:4**

III. Mudança de forma jurídica societária

20. A passagem de sociedade cotada a não cotada (*delisting*) deve:

a) ser possível por mera deliberação do órgão de administração, **rejeitado: 0:79:1**

b) ser deliberada pela assembleia geral, **aprovado: 79:0:1**

c) ser possível apenas mediante indemnização. **Aprovado: 73:3:6**

21. A passagem de sociedade não cotada a cotada (*listing*) deve:

a) ser possível por mera deliberação do órgão de administração, **rejeitado: 9:69:3**

b) ser deliberada pela assembleia geral. **Aprovado: 69:7:4**

IV. Relação com o direito da bolsa e do mercado de capitais

22. O legislador deve procurar uma melhor harmonização das prescrições de direito das sociedades por acções e de direito do mercado de capitais. **Aprovado: 77:0:4**

23. O Código de *Corporate Governance* Alemão (*Deutscher Corporate Governance Kodex*) deveria ser desenvolvido tendo em vista as sociedades orientadas para o mercado de capitais que não estão cotadas em bolsa. **Rejeitado: 26:43:11**

Textos para publicação

A Revista aceita a apresentação de textos inéditos para publicação, em português e inglês, sujeita a parecer favorável da Comissão de Redacção e à disponibilidade de espaço.

Cada texto não deverá exceder 75.000 caracteres (contando espaços e incluindo notas de rodapé) e deverá observar as seguintes regras gráficas:

- Nomes de autores referidos em texto: em caracteres normais
- Nomes de autores referidos em notas: em maiúsculas pequenas
- Títulos de livros (monografias e obras colectivas): em itálico
- Títulos de textos inseridos em revistas e em obras colectivas: entre aspas, em caracteres normais
- Nomes das revistas: em itálico
- Sinal de aspas primacialmente usado: « » (as chamadas aspas francesas ou baixas)
- Ausência de espaço entre uma palavra e um sinal de pontuação
- Uso das abreviaturas adoptadas pela Revista (v. lista inserida nas primeiras páginas)
- Os textos deverão ser enviados por correio electrónico para *dsr@almedina.net* ou por via postal para:

> *DSR – Direito das Sociedades em Revista*
> **Secretariado da Redacção**
> Edições Almedina, SA
> Rui Dias
> Av. Fernão de Magalhães, n.º 584, 5.º andar
> 3000-174 Coimbra